Alberto Eiguer und André Ruffiot

Das Paar und die Liebe

Psychoanalytische Paartherapie

Übersetzt von Horst Brühmann

Klett-Cotta

Verlagsgemeinschaft Ernst Klett Verlag –
J. G. Cotta'sche Buchhandlung
Aus dem Französischen übersetzt von Dr. Horst Brühmann
Die ersten drei Beiträge des Buchs erschienen 1984
bei Dunod, Paris,
unter dem Titel »La thérapie psychanalytique du couple«.
© Dunod, Paris, 1984
© für die deutsche Ausgabe
Ernst Klett Verlag für Wissen und Bildung GmbH,
Stuttgart 1991
Fotomechanische Wiedergabe nur mit Genehmigung des Verlages
Printed in Germany
Umschlag: Klett-Cotta Design
Satz: Steffen Hahn FotoSatzEtc., Kornwestheim
Gedruckt auf holzfreiem und säurefreiem Werkdruckpapier
und gebunden von Röck, Weinsberg

Die Deutsche Bibliothek – CIP-Einheitsaufnahme

Eiguer, Alberto:
Das Paar und die Liebe : psychoanalytische Paartherapie /
Alberto Eiguer und André Ruffiot. Übers. von Horst Brühmann. –
Stuttgart : Klett-Cotta, 1991
Einheitssacht.: La thérapie psychanalytique du couple <dt.>
ISBN 3-608-95697-2
NE: Ruffiot, André:

Inhalt

Alberto Eiguer
Für eine Psychoanalyse der Allianzverbindung 11

Alberto Eiguer
Allianzverbindung, Psychoanalyse und Paartherapie 19
Einführung 19
1. Doppelsinn der Wörter, Doppelsinn in den Begriffen: Paar, Gatte, Allianz, Ehelichkeit 19
2. Drei Begriffe der Psychologie des Paares: Scham, Furcht vor Nähe, die beiden Narzißmen 21
   2.1 Intimität und Freiheit 21
   2.2 Angst vor Nähe und Kampf zwischen zwei Narzißmen 23
   2.3 Erste Illustration: Der Kampf zwischen zwei Narzißmen 24

Die systemische Theorie 27
1. War die Entscheidung zu heiraten freiwillig (angenommen) oder erzwungen (nicht angenommen)? 28
2. Das Interesse am Problem der Macht in der Ehe 29
3. Grenzen des systemischen Ansatzes 31

Die Gruppentheorie der Allianzverbindung 35
1. Vorläufer des Begriffs der Bindung 36
2. Die Begriffe der Psychologie der Bindung lassen sich in zwei Gruppen zusammenfassen 42
3. Das Paar: Narzißtische Bindungen und libidinöse Objektbindungen 43
4. Über die libidinöse Objektbindung: Pole und Wechselbeziehung 45

Genese und Struktur 46
1. Typologie des Paares 46
   1.1 Das ödipale (»normale« oder neurotische) Paar 48
   1.2 Das anaklitische Paar 48
   1.3 Das narzißtische Paar 49
2. Der Begriff des unbewußten Organisators 50
3. Die Objektologie der Ehe, begründet durch die Partnerwahl. Der erste unbewußte Organisator 51
   3.1 Pathologische Formen der Objektwahl 54

    3.2 Zweite und dritte Illustration: Beispiele narzißtischer
        Objektwahl 55
4. Das gemeinsame Selbst der Ehegatten. Zweiter Organisator 58
    4.1 Zugehörigkeit zur Familie und zum Paar 59
    4.2 Die innere Wohnung 60
    4.3 Das Ichideal der Paargruppe 63
    4.4 Topische Amalgame 64
5. Die gemeinsame Phantasietätigkeit. Dritter Organisator 66

Die Technik der psychoanalytischen Paartherapie 68
1. Die Ziele der Therapie 68
    1.1 Die drei »Präliminarien« 70
    1.2 Vierte Illustration: Eine Sitzung 70
2. Indikationen und Gegenindikationen 72
    2.1 Indikationen für eine Kurztherapie 73
    2.2 Indikationen für die analytische Paartherapie 74
3. Rahmen und Deutung 78
    3.1 Fünfte, sechste und siebente Illustration: Deutungsbeispiele 79
    3.2 Der Kontext definiert die Rede des Therapeuten 82
    3.3 Neuäquilibration 85
    3.4 Motive, Gegenstand, Ziel, Zeitpunkt und Formulierung der
        Deutung 86
    3.5 Die »assoziative Deutung« 89
    3.6 Die Übertragungsdeutung 92
    3.7 Übertragung auf den Therapeuten, Übertragung auf den
        Rahmen, Übertragung auf den Prozeß 94
    3.8 Achte Illustration: Besonderheiten der Übertragung in der
        Therapie eines perversen Paares 97

Zum Schluß 100

André Ruffiot
Das Paar und die Liebe. Vom Originären zur Gruppe 101

Einführung 101
1. Die beiden Zweckbestimmungen der Liebe: Individuum und
    Gattung 101
2. Das Paar als Maschine zur Produktion von Verschiedenheit 102
3. Methodologisches Vorgehen und Überblick 103

Freud und die verliebte Monade 105
1. Das verinnerliche Objekt unter dynamischem, topischem und ökonomischem Gesichtspunkt 105
2. Die Objektbeziehung und die »objektologische« Strömung 107
3. Die »eigentliche, richtige, wahre Liebe« nach Freud: fünf Markierungspunkte 109
    3.1 Die Pubertät und die Objektfindung (1905) 110
    3.2 Die Objektwahl (1914) 111
    3.3 Die Übertragungsliebe als Modell der Liebe (1915) 111
    3.4 Liebe, Hypnose und Gruppe (1921) 113
    3.5 Das Unbehagen in der Theorie der Liebe (1930) 114

Die verliebte Dyade 115
1. Widerstände gegen die Theorie der dualen Einheit 116
2. Das psychoanalytische Hören auf die Dyade 117
    2.1 Eine Topik der Dyade 118
    2.2 Eine Dynamik der Dyade 119
    2.3 Eine Ökonomie der Dyade 120
3. Illusion der Dyade, Illusion des Ich 121

Das Paar und das Originäre 124
1. Problemstellung 124
2. Das Originäre und das Piktogramm nach Piera Castoriadis-Aulagnier 124
3. Liebe als Schöpfung 127
4. Die Liebe postuliert den Begriff des Originären. Zur Rechtfertigung dieser Hypothese 128
    4.1 Erster Grund: Die Liebe ist ein Traum in Aktion 128
    4.2 Zweiter Grund: Die Liebe ist eine Spiegelung der Beziehung 129
    4.3 Dritter Grund: das Gesetz des »Ganz oder gar nicht« 129
    4.4 Vierter Grund: Die Liebe ist der Versuch, zwei Körper in eine einzige Psyche einzuschreiben 130

Die Liebe als Suche nach der Gruppe 138
1. Erstes Argument: Das Originäre ist ein kollektiver Raum 140
2. Zweites Argument: Die Liebe ist auch Liebe zur Gattung 141
3. Drittes Argument: Die Ehe ist ein Symbol der Gruppe 144
4. Viertes Argument: Das »Entlieben« ist eine Enttäuschung über die Gruppe 144
    4.1 Eine klassische Erklärung des »Entliebens« 145

4.2 Eine Interpretation der Krise zu zweit aus der Perspektive der Gruppe 147

Schluß 149

André Ruffiot
Das Paar und die Liebe. Klinische und psychosoziologische Überlegungen 151

Ehetherapie mit Kindern oder »Ich bin von meinem Papa geschieden« 151
1. »Ich bin ein geschiedenes Kind« 151
2. Der Rahmen der Ehe- und Familientherapie 152
3. Zielsetzungen der Therapie 152
4. Fragen an den Therapeuten zu diesem Behandlungsansatz 153
5. Fragen der Ehegatten 155
6. Fragen der Kinder 156
7. Wie diese Praxis entstand 156
8. Klinischer und theoretischer Gewinn 157
9. Die Kindphantasie 158

Die Passion des Entliebens 159
1. Das Leiden des »Verlassenden«: ein verkannter Aspekt 160
2. Die sozialen Einstellungen zur Scheidung und der Einfluß der Soziologie 160
3. Das »Entlieben« als leidvolle Leidenschaft 162
4. Der Prozeß des »Entliebens« 163
5. Jenseits der narzißtischen Kränkung 164
6. Eine »Entliebtheitsneurose«? 165

Die absolute Macht: Die Imago der vereinigten Eltern oder die Anti-Urszene 166
1. Was ist eine Imago? 169
2. Die Imago der vereinigten Eltern 170
3. Vereinigte Eltern und Gruppenillusion 171
4. Vereinigte Eltern und leere Beziehung 174
5. Vereinigte Eltern und Paradoxie 176

Die Liebe in Gefahr. Zu einer neuen Ethik des Paares 180
1. Aktuelle Phantasien und Abwehrmechanismen im Zusammenhang mit dem AIDS-Phänomen 181

2. Phantasien der unreinen, todbringenden Mutter 182
   2.1 Die Zweideutigkeit des Begriffs »Prävention« 183
   2.2 Warum dieser unbewußte Haß auf die Mutter? 183
3. Mechanismen zur Abwehr der AIDS-Furcht. Ein Überblick 186
4. Die Mutterimago bewahren 187
5. Schluß 188

Bibliographie 200

Register 214

Alberto Eiguer
Für eine Psychoanalyse der Allianzverbindung

Der Plan, dieses Buch zu schreiben, entstand aus dem Bedürfnis, einer Klärung verschiedener begrifflicher, klinischer und technischer Fragen näherzukommen.[1] Im Grunde versucht es, eine bestimmte Leerstelle auszufüllen: In der psychoanalytischen Forschung hat das Paar bisher nicht die Aufmerksamkeit gefunden, die ihm gebührt.

Gegenwärtig verschwindet in den westlichen Ländern die erweiterte Familie und wird durch die Kernfamilie oder, weniger häufig, durch familiale Paargemeinschaften ersetzt, deren Allianz von begrenzter Dauer ist. Diese noch ungefestigte Verwandlung der modernen Familie ruft beim Forscher selbst Konflikte hervor, insofern sie ihn mit seinen eigenen Entscheidungen und seiner eigene Moral konfrontiert. Gleichzeitig weckt dieser Wandel die Neugierde des modernen Menschen für das Thema des Paares.

Dieses berechtigte Interesse findet jedoch in der Formalisierung eines »leidenschaftslos« konstruierten begrifflichen Modells keine passende Antwort. Der Forscher hat bei seiner Arbeit Mühe, sich auf diesem glatten Parkett vor ideologischen Ausrutschern zu hüten, sei es in Richtung auf einen Dogmatismus oder auf antiautoritäre Schwärmerei. Liegt dies daran, daß die Leidenschaft, jener Stoff, aus dem das Band der Liebe gesponnen sein mag, nicht aufhört, den menschlichen Geist zu erregen, der danach dürstet, die Geheimnisse des Paares zu aufzudecken?

Wer für das Verschwinden des traditionellen Paarmodells plädiert oder das Modell des Paares überhaupt abschaffen möchte, hat heutzutage eine gute Presse. In der Tat stellt eine bestimmte Modernität den Wert der Bande des Gefühls unter Verdacht, ebenso wie vor einigen Jahrzehnten die Ehe. Während manchem die Gefühlsbindung und die Ehe als Überrest der Unterwerfung unter die kirchliche oder weltliche Macht (in der man bereits den Keim des totalitären orwellschen Staates zu entdecken glaubt) oder der Unterordnung der Frau unter den Mann erscheinen, sehen andere darin das letzte Bollwerk gegen den Sittenverfall. Die rasche Zunahme ehelicher Konflikte (oder vielmehr der Abbau der Hindernisse für die Gatten, solche Konflikte zu äußern), der Rückgang der Zahl der Eheschließungen, der Anstieg der Scheidungsziffern, die wachsende Anzahl von Erwachsenen, die allein leben, insbesondere unter den Geschiedenen, verschärfen diese Konfrontation zweifellos (vgl. Villac, 1983). Die Sexualität hält sich nicht länger verschanzt und löst keinen Skandal mehr aus. Sie gehört vielmehr zu den Alltagsdingen und ist unterdes zu einem Konsumgegenstand geworden, bei dem die Dimension des Gefühls der orgasmischen Effizienz weicht.

Jede Sexualmoral, jede traditionelle oder antikonventionelle Organisation des Paares antworten jedoch auf Gesetze, die den Zug der Zeit überdauern. Jeder kulturelle oder historische Relativismus, den man uns entgegenhalten mag, wird über die Feststellung der Ethnologen stolpern, daß das Band der Allianz – wie verschieden es auf der ganzen Welt der Form nach auch sein mag – doch überall auf befriedigende Weise »funktioniert«. Die Gestalt der Paarbeziehung gehorcht weniger dem Druck des Augenblicks – dem Zwang, den eine jeweilige Kultur auf die Begegnungsformen zwischen Jungen und Mädchen ausübt, oder der Notwendigkeit eines Heiratsakts – als *dem Interesse an der Erhaltung des Paares als solchen*. Als Beleg dafür mag eine jüngst in Frankreich erhobene statistische Tatsache dienen, wonach die Zahl der »illegitimen Geburten« zwar steigt, noch schneller aber die Zahl der Männer, die ein Kind als das ihre anerkennen. Findet also, im Blick auf die Geburt einer gemeinsamen Frucht, das Paar ebenso leicht zueinander wie vorher – trotz des Rückgangs der Heiratsziffern (vgl. Jentel, 1983)?

Es ist also nicht so, daß die Paarbeziehung tendenziell verschwände; was sich gegenwärtig verändert, ist die Vorstellung der langen Dauer oder der Endgültigkeit der Bindung. Insofern müßte man den Begriff des Paares von dem eines gemeinsamen Lebensentwurfs unterscheiden, der gewiß die Einigkeit stärkt, aber sich nicht mit dem der Gefühlsbindung deckt.[2]

Wenn man jemanden liebt, möchte man Erfahrungen teilen, den gegenseitigen Austausch vertiefen, ein Zuhause gründen, ein Kind haben; man kann sich jedoch auch ein Paar vorstellen, das sich keine bestimmten Ziele setzt und dennoch fest vereint bleibt und zusammenhält. Wie viele verheiratete und »solide« Männer und Frauen träumen von nichts weiter als einem Verhältnis oder von ihrer Scheidung? Und trotzdem hält das eheliche Band, als bedürfte es keiner Verlängerung in die Zukunft, vielleicht gerade deshalb. Ebenso müßte man zwischen ausgesprochenem und und latentem Zukunftsentwurf unterscheiden. Wie viele zusammenlebende Paare leben nach dem Entwurf eines ehelichen Bundes, über dessen Modalitäten sie sich niemals recht klargeworden sind? Wie viele dieser Paare richten sich in einer Vorläufigkeit ein, die ein ganzes Leben lang dauern kann?

Hält man sich vor Augen, mit welch zäher Langlebigkeit das Paar die Wechselfälle der Geschichte überstanden hat und sich immer wieder wie Phönix aus der Asche erhebt, so drängt sich die Vermutung auf, daß die Konstanten vielleicht anderswo als im Bereich des Sozialen zu suchen sind: in der Intimität der Beziehung, im gemeinsamen unbewußten

Funktionieren. Auch aus diesem Grunde glauben wir, daß die Psychoanalyse durchaus in der Lage ist, auf Fragen der Liebesbeziehung allgemeingültige Antworten zu geben.

Erinnern wir daran, daß die Geschichte der Psychologie in diesem Jahrhundert unter Bezug auf das Paar beginnt. Im Mittelpunkt des Freudschen Theoriegebäudes steht nicht so sehr die Vorstellung als vielmehr die Libido, der Eros. Aus der »sexuellen Liebe« entstehen die psychischen Abläufe, und eben deshalb liefert sie dem Subjekt das unbewußte Modell jeglicher Beziehung. Bedenkt man die Rolle der Bindungsfähigkeit und des psychischen Bandes in der erotischen Ökonomie, muß es erstaunen, daß das prototypische sexuelle Band – das des Paares – und die Verliebtheit, die das Paar begründet, nur eine Randstellung in der psychoanalytischen Literatur einnehmen. Gewiß finden wir bei Sigmund Freud oder bei nachfreudschen Autoren zahlreiche Verweise auf das Thema (siehe die Bibliographie dieses Buches); selten sind jedoch die Untersuchungen, die den gedanklichen Bogen zwischen einer Psychoanalyse der Liebe, einer Metapsychologie des Paares und einer therapeutischen Technik spannen, die sich gerade für diese Beziehung eignet.

Unserer Meinung nach sind dafür hauptsächlich zwei Faktoren verantwortlich. Der erste hängt mit dem sehr heiklen Sinn des Zustands der Verliebtheit zusammen, der zweite mit den aktuellen Formen der Praxis der Paartherapie.

Was den Zustand der Verliebtheit angeht, so überließ man die vornehme Aufgabe, ihn zu preisen, gewöhnlich den Dichtern; Freud erinnert ausdrücklich daran. Ein angemessenes psychologisches Modell könne niemals all die Schattierungen der Liebe erfassen, wie es seit der Erfindung der Schrift der Dichter vermag. Sofern es dem Psychoanalytiker überhaupt gegeben sei, dieses Thema zu bewältigen, sei es für ihn schwer, eine Verarmung beziehungsweise Verunstaltung dessen zu vermeiden, was die Dichtung auf so wunderbare Weise zu rühmen wußte. Ein Schelmenstreich der ewig flüchtigen und starken Liebe?

Bald trifft man auf ein weiteres, diesmal theoretisches Hindernis. Der Begriff des Begehrens – per definitionem autarke Schöpfung des Subjekts und Ergebnis durchkreuzter infantiler Liebe – stößt auf eine entscheidende Schwierigkeit: Wie wäre ein autonomes Begehren bei jedem der beiden Liebenden zu denken, wenn Liebe doch Bindung, Kommunikation ist? So wird die Liebe der Theorie zum Skandal. Denn wer liebt, zittert und leidet für den anderen, grämt sich über seine Sprünge und Verletzungen, die nur der andere kitten oder heilen kann. Gewiß, man kann einen anderen nicht besetzen, ohne einen Teil von sich auf ihn zu projizieren; doch das Liebesobjekt ist Objekt nicht nur als Projektionsschirm, es ist ein anderer in seiner Unbeständigkeit, ein anderer, der wartet. Vielleicht erwartet er das Unmögliche, die Naht, das Objekt, das man zurückbehält, oder das Wesen, das man ist? Als gemeinsam errichtetes Gebäude (was die Besitzanzeige maskieren möchte), als wechselseitiges Band (was der Konflikt zu vernebeln sucht) befragt die Liebe zwei Psychen, eine Subjekt für die andere und *alter ego* der anderen.

Es gehört zu den merkwürdigsten Aspekten der psychoanalytischen Literatur, daß allein der perversen Bindung ein relationaler Status eingeräumt wird: man spricht vom sadomasochistischen, voyeuristisch-exhibitionistischen und vom homosexuellen Paar. Den Praktiken des Fetischisten, Transvestiten oder Sodomiten gesteht man dagegen nicht den Charakter einer Beziehung zu. Das ist einsichtig. Aber die Beziehung der Verliebtheit mit dem Begriff des Paares zu analysieren – das erscheint fast schon wie eine Überschreitung.

Soll sich der Psychoanalytiker angesichts dieser Schwierigkeiten auf eine begrenzte Untersuchung der Verliebtheit beschränken? Oder sollte er versuchen, sein Beobachtungsfeld auszuweiten? Diese zweite Auffassung bildete den Ausgangspunkt des vorliegenden Buches. Unsere Studie über die Verliebtheit und das Paar geht dabei so vor, daß sie *die Dyade als Gruppe analysiert.*

Als wir uns entschlossen, das Paar unter dem veränderten Blickwinkel der Arbeit mit Gruppen zu betrachten, schien es uns, als ließen sich die Schwierigkeiten wenn nicht beseitigen, so doch vermindern. Diese methodologische Option – für die Erforschung eines anderen Begriffs, um die Widersprüche und die schamlose Objektivation eines so heiklen Themas zu umgehen – hat sich in der Tat als Möglichkeit erwiesen, gewisse vorgefaßte Ideen neu zu formulieren. Wäre es vorstellbar, daß diese Wahl einen neuen Weg eröffnet, der schließlich zur Neufassung einer Theorie des Subjekts führt, deren Generalschlüssel nicht mehr die Autoerotik und deren Vollendung nicht mehr eine solipsistische Konzeption wäre?

Was die Faktoren betrifft, die in der *Praxis der Paartherapie* (bei der beide Partner gemeinsam behandelt werden) für den Verlust des Interesses am Thema Liebe gesorgt haben, so ist darauf hinzuweisen, daß sich die Praktiker auf zwei Strömungen berufen: (1) die systemische Paartherapie und (2) die psychoanalytische und gruppentherapeutische Paartherapie. Während diese sich für das Phänomen der Liebe interessiert, legt die Strömung der systemischen Therapie den Akzent auf andere Eigenschaften des Paares (auf das Verhalten, die Normen und Regeln, die Beseitigung des Symptoms) und beraubt sich damit von Anbeginn der Möglichkeit, das Gefühlsleben zu erhellen.

Die systemische Paartherapie hat gerade dank ihrer pragmatischen Orientierung zweifellos eine Technik perfektioniert, die den Therapeuten neue Interventionsmöglichkeiten beim Paar erschließt. Sie hat auch dazu beigetragen, die Praktiker der psychosozialen Dienste für den Gedanken einer gemeinsamen Behandlung beider Partner empfänglich zu machen, um zu dem persönlichen Symptom zu gelangen, das sich der Individualtherapie entzieht, oder um den Ehekonflikt zu behandeln, von dem jeder der beiden Partner, wie sich oft genug erweist, nur einen bruchstückhaften beziehungsweise einseitigen Bericht liefert. Doch indem die systemische Praxis die Betonung auf das Verhalten in der Interaktion sowie auf die Realität legt und dabei eine Technik anwendet, die sich häufig von *behavioristischen Methoden* inspirieren läßt, vernachlässigt sie die Phänome der Liebe ebenso wie die Rede und die Phantasietätigkeit. Das Handeln wird selbst zum Totem, so sehr schreibt man ihm magische Kraft zu auf Kosten des Sinnlichen, Emotionalen und Imaginativen. Die systemische Therapie »verirrt sich« bei ihrer Anwendung auf das Paar, denn das Paar ist von jeher ein Ort der Rede.

Wenn der Konflikt sich anbahnt, ist seine erste und hartnäckigste Erscheinungsform das Schweigen. Nicht sprechen, um sich nicht zu zeigen, um sich vor dem anderen nicht bloßzustellen. Natürlich handelt es sich darum, das »Ich liebe dich« nicht mehr zu wiederholen, aber auch das »Warum ich dich plötzlich nicht ausstehen kann«. Diese natürliche Tendenz des Paares findet in der systemischen Praxis gleichsam ein merkwürdiges Echo. Weder ökonomische noch Effizienzgesichtspunkte rechtfertigen es, die Wichtigkeit des gesprochenen Worts als banal abzutun, so grundlegend ist es für den Zugang zum Konflikt und seinen Quellen. Ohne daß sie es wüßten, dürsten die beiden Partner nach Einsicht.

Dieses Buch ist das Ergebnis von Forschungen über das Paar, die sich über mehr als fünfzehn Jahre erstrecken. Es bringt eine Sensibilität zum Ausdruck, die von der Erfahrung der psychoanalytischen Paartherapie geprägt ist: praktisch bei jedem Schritt haben wir uns nach der Entstehung der Beziehung gefragt, nach den unbewußten Kräften, die im Augenblick der Partnerwahl wirksam sind, und nach dem emotionalen Gehalt der Liebesbindung.

So läßt sich die psychoanalytische Paartherapie *definieren* als Therapie der beiden – zusammen und als Gesamtheit behandelten – Partner im Medium der Sprache. Angeregt wird diese Behandlung von der psychoanalytischen Gruppentheorie und Gruppenpraxis. Sie versucht die Bewußtwerdung der unbewußten Bindungen zu fördern, die das Paar seit Beginn der Beziehung eingegangen ist – jener Bindungen, die den Konflikten und Mißverständnissen zugrunde liegen –, indem sie die Wiederherstellung der freien Zirkulation der Phantasien zwischen den Partnern erleichtert. Mit aufmerksamem Blick auf die Entfaltung der

Übertragungswirkungen, die ihr typischer Rahmen erlaubt (nämlich die »kollektive« Übertragungsneurose der Gruppe), untersucht die psychoanalytische Paartherapie gleichermaßen Vorstellungen von Objekten, die einer anderen Generation angehören (»transgenerationale Objektrepräsentationen«), die Mythen, die sie schaffen, und das Festhalten an ihnen, das sie erzwingen.

André Ruffiot legt in seinem Beitrag über »Das Paar und die Liebe« das Fundament für ein Verständnis des Paares als Dyade. Ausgehend von den Schwierigkeiten, denen Freud bei dem Versuch begegnete, die metapsychologischen Grundlagen der Gegenseitigkeit in der Liebesbeziehung zu formulieren, stellt er die Funktionsweise eines dyadischen psychischen Apparats vor (*le grouple*[3]). Bei der anschließenden Untersuchung, auf welches archaische Erlebnis die Liebeserfahrung verweist, entfaltet der Autor eine »Topik der Liebe«. Die von Piera Aulagnier entwickelten Gedanken über das »Originäre« treffen sich mit seinen eigenen Thesen, wie er sie vorzüglich in seinem Beitrag zu dem Band *La thérapie familiale psychanalytique* (1981) dargelegt hat, vor dem phantasmatischen Hintergrund jedes einzelnen: jenem Hintergrund, vor dem sich die primitivsten, noch nicht an einen individuellen Raum gebundenen Vorstellungen abzeichnen (reine, unkörperliche Psyche). Was die Anwendung seiner Ideen auf die Technik betrifft, läßt der Autor in bestimmten Fällen bemerkenswerte Abwandlungen zu, etwa die Teilnahme der Kinder an den Sitzungen mit dem Paar: ihre Phantasietätigkeit, ja selbst ihre Träume, als Kontrapunkt zu denen des Paares, werden zum Resonanzboden der gemeinsamen Phantasien.

Nach einer Einführung, in der drei Begriffe aus der Metapsychologie des Paares vorgeführt werden – Scham, Furcht vor Nähe und Kampf zwischen zwei Narißmen –, analysiere ich die Beiträge der systemischen Theorie und der psychoanalytischen Gruppentheorie zum Verständnis der Allianzverbindung und der ehelichen Streitigkeiten; einer der begrifflichen Angelpunkte dabei ist der Geschlechtsunterschied. Der Begriff der »Paarstruktur« erleichtert die Darstellung dreier unbewußter Organisationstypen der Dyade: ich spreche von einem ödipalen, anaklitisch-depressiven und narzißtischen Typ. Gestützt auf Beispiele aus der Behandlung von Paaren wird der »technische« Teil dieses Buches die folgenden allgemeinen Postulate der psychoanalytischen Paartherapie präzisieren: (1) die Festlegung eines stabilen und gleichbleibenden *Rahmens*, der – im Augenblick der Formulierung des Vertrags definiert – für den guten Ablauf der Therapie sorgt; (2) die Verwendung der dynamischen *Deutung*, die darauf zielt, Phantasien bewußt werden zu lassen und wieder in Zirkulation zu setzen (dabei wird im einzelnen auf die Parameter der Deutung eingegangen: ihre Motive, ihr Zeitmaß, ihr Objekt, ihr

Ziel und ihre Formulierung); (3) die zentrale Ausrichtung auf die *Übertragung*, in der sich die Aktualisierung der Struktur am lebendigsten äußert; (4) das Interesse der Arbeit am *Widerstand*, der zur Durcharbeitung auffordert. Darüber hinaus handelt dieser Text über die Ziele der Therapie sowie über deren Indikationen und Gegenindikationen.

Alberto Eiguer
Allianzverbindung, Psychoanalyse und Paartherapie

Für Thérèse und Libert

»Die Schwächen der Liebe gelten darin als wirkliche Schwächen; die Leidenschaften werden darin nur vor Augen geführt, um all die Unordnung zu zeigen, deren Ursache sie sind...«
Jean Racine, *Phädra*, Vorwort

Einführung

1. Doppelsinn der Wörter, Doppelsinn in den Begriffen: Paar, Gatte, Allianz, Ehelichkeit

Die Behandlung des Paares in der Psychologie weckt ein gewisses intellektuelles Unbehagen. Um es zu überwinden, sehen wir uns beim Studium der Paartherapie (mehr als in anderen Bereichen) dazu genötigt, auf unsere Einbildungskraft und Abstraktionsfähigkeit zu setzen. Sosehr wir uns auch in der Individualtherapie zu Hause fühlen mögen, wir empfinden Unbehagen und Beklommenheit, wenn wir die Behandlung zweier Personen erwägen, zumal zweier Personen unterschiedlichen Geschlechts, zwischen denen sich eine Gefühlsbeziehung hergestellt und gefestigt hat. Das psychische Leben der beiden Partner hat seine Prägung in der Kindheit erfahren, das heißt lange vor der Liebesbegegnung; und wie groß die Versuchung für uns auch sein mag, das Paarobjekt - diese neue, aus der Begegnung geborene psychische Realität - als Gegenstand der Analyse anzuerkennen, dürfen wir dabei doch nicht sein spätes Erscheinen im Leben der Subjekte vergessen. Das Paar ist ein Produkt des Erwachsenenlebens, ein Zusatz zu einer bereits fertigen Existenz.

Niemandem käme es in den Sinn, die Bedeutung zu bestreiten, die dem Faktum der Ehe zukommt; und dennoch verfügt die Sprache nur über anderswo entlehnte Ausdrücke, wenn sie dieses Faktum benennen will. Dabei haben wir es mit zwei Arten von Problemen zu tun: Entweder ist die Bedeutung des Wortes zu eng, um dem Wesen dieses Bandes Rechnung zu tragen; zum Beispiel drückt der Begriff »Paar« nicht die unerläßliche Verschiedenheit der Geschlechter aus (vgl. Robert, 1976).[1] Oder das Wort ist zwingend an die soziale oder religiöse Institutionalisierung der

Beziehung (den Heiratsakt) gebunden; das gilt zum Beispiel für den Ausdruck »Allianz«, aber auch für den Begriff »Gatte« oder das Adjektiv »ehelich«. Die Wörter unterliegen dem Druck der sozialen Norm: Muß man, um »ein Paar zu sein«, ein Ritual absolvieren, das den Bund sanktioniert?

Verliert der Paartherapeut mit den Begriffen auch seine Zuständigkeit? Will er sein Handlungsfeld umgrenzen, bleibt ihm vielleicht gar keine andere Wahl, als eine Kampfposition einzunehmen, von der aus er sein Gebiet zu verteidigen hätte und sich dabei von jeder moralischen Überdetermination abgrenzen könnte. Eine in der fraglichen Debatte ganz zentrale Stellung nimmt das Paar ein, das – wie man so sagt – »in wilder Ehe« lebt. Die Entscheidung für den Akt der Eheschließung und seine spätere Ausführung geht bei solchen Paaren niemals ohne Emotion ab. Schon in dem Augenblick, in dem der Gedanke an Heirat von einem der Partner ausgesprochen wird, können Gefühle aufgewirbelt beziehungsweise Konflikte ausgelöst werden. Stabilität gegen Instabilität, Beständigkeit gegen Hinfälligkeit, erreichte Zustimmung gegen erwartete Zustimmung (und gleichzeitig Zustimmung gegen Verweigerung jeglicher Zustimmung), Nichtidentifikation gegen Identifikation mit einem Familienmodell: das sind die Widersprüche, in die Mann und Frau dann geraten und zwischen denen beide hin und her schwanken. Es sind auch die Instanzen, die selbst bei dem Paar eine Rolle spielen, das sich für ein Zusammenleben ohne Trauschein entschieden hat. Die Reife der Gedanken, die Stichhaltigkeit der unkonventionellen Argumente genügen nicht, um den Infantilismus der Welt des Unbewußten zu kompensieren.

Und der Paartherapeut, was wird er mit all dem anfangen? Wird er sich hinter dem berühmten Satz verschanzen: »Ich bin nur da, um zuzuhören, nichts weiter«? Was macht er zum Beispiel, wenn er merkt, daß hinter der Weigerung zu heiraten eine Entwertung des Bandes der Liebe selbst steht? Was tut er, wenn er spürt, daß der Akt der Eheschließung mehr Ängste weckt als der Status quo ohne Ehe, etwa ein unerträgliches Gefühl der Einengung? Welche Haltung nimmt er ein, wenn das Paar jede Intervention von seiner Seite als Billigung oder Mißbilligung des Nichtverheiratetseins umzudeuten droht? Denn das Spiel der Übertragung führt dazu, daß die Äußerungen des Therapeuten vom phantasmatischen Kontext der Übertragung überdeterminiert werden. Und die Übertragung ist in diesem Fall gewöhnlich ganz extrem überdeterminiert: Wird vom Therapeuten nicht erwartet, daß er »das Gesetz« durchsetzt oder den Ehesegen erteilt – entweder um das sexuelle Begehren (und die Lust) zu verbürgen (durch Instanzen, die der des Vaters ähneln, insofern sie das Paar »heiligen«) oder um ein gegen den Vater gerichtetes Gesetz zu sanktionieren?

Die Paartherapie stellt, für Verheiratete wie für Unverheiratete, die uneingestandene Bitte um Erteilung eines Segens dar, die für das Paar notwendig ist, oft aber die Karten der Übertragung durcheinanderbringt. Was suchen die Paare letzten Endes? *Haben sie etwa Verlangen nach einem zweiten und letzten Heiratsritual?* »Verheiraten Sie uns endlich!« Ein Akt, mit dem der eheliche Frieden auf immer wiedererstehen, wieder einziehen soll. Steht also der Paartherapeut näher beim Gesetz als beim Begehren?

Die Leerstelle, die das Gesetz offen läßt (weil ihm die Wörter fehlen), wird auf diese Weise stillschweigend ausgefüllt durch die Unschärfe der Begriffe und die Unbeholfenheit der therapeutischen Handlungen, rasch verschüttet unter dem Gewicht des Gesetzes. Die Wörter zur Bezeichnung unserer professionellen Tätigkeiten sind mit all dem Doppelsinn und all den Überdeterminationen beladen, welche die Praxis behindern oder zumindest in Frage stellen. Sagt man Paar oder Allianz? Spricht man von Gatten oder von Partnern? Soll man von Ehe- oder von Paartherapie reden? Der Kompromiß nistet sich in den Wörtern ein. Denn jeder Therapeut ist früher oder später mit einem Paar konfrontiert, das ihn zwingt, seine Gegenübertragungsaffekte zu überprüfen: Hinter solchen Bezeichnungen liegt eine Mißachtung der Vernunft. Welche Wirkung ruft der Begriff der Ehelichkeit bei ihm hervor? Welchen verschlungenen Mäander möchte er bei jenen Paaren begradigen, die die Ehe als solche in Frage stellen? Was will er reparieren? Menschen, die sich entzweien, weil sie geheiratet haben – oder weil sie die »herrlichen Freuden des himmlischen Ehebundes nicht zu genießen wissen«?

Um diese intellektuellen Lücken zu schließen, die Doppeldeutigkeiten zu überwinden und sich von Bezeichnungen zu befreien, die im Zeichen der Übertragung stehen, muß die theoretische Behandlung des Paares vertieft werden. Und sie darf nicht überstürzt vorgehen, wenn sie ihm keine Antwort zu geben weiß.

2. Drei Begriffe der Psychologie des Paares:
Scham, Furcht vor Nähe, die beiden Narzißmen

2.1 Intimität und Freiheit

In unserer Kultur ist der Bereich des Paares ein privater Bereich. Man bemerkt, wie sich Verliebte, die jüngst erst einander begegnet sind, von Freunden und Eltern zurückziehen. Sie bleiben auf Distanz und ändern ihre Gewohnheiten. Die verändernde Liebe, die heilende Liebe, die

Wunde alter Kümmernisse, die therapeutische Liebe... Tausend Bilder verbinden sich mit der Liebe, um ihre Macht, ihre Unvernunft, ihre Intimität zu benennen. Wir können uns dazu folgende mythische Fabel ausdenken:

> Eines Tages fiel dem primitiven Menschen etwas auf, dessen Folgen er noch nicht überblicken konnte. Er entdeckte, daß es nicht dasselbe ist, sich geschützt vor den Blicken der anderen oder in ihrer Gegenwart zu lieben. Die Lust, die er und seine Gefährtin aus ihren Spielen zogen, schien ihnen unendlich viel größer, weil sie sich verbargen. Mit der Zeit wurde es ihnen zur Gewohnheit, was die anderen zu verschiedenen Bemerkungen reizte. Diese Kommentare aber bestärkten sie noch darin, diese Praxis im Geheimen fortzuführen; vielleicht sollte man sagen, daß ihr geschlechtliches Vergnügen dadurch wuchs: »Es macht einfach mehr Spaß und ist interessanter, die Neugier der anderen zu wecken, ohne sie freilich zu befriedigen...« Allmählich ließ diese Neugier nach, weil die diskrete Praxis der Liebe von der Gruppe übernommen wurde. So entdeckte der Primitive, welchen Anteil an der Lust die Scham hat. Nach und nach erkannte er den Sinn der Intimität zu zweit und lernte die Vorteile kennen, die sich daraus ziehen ließen. Mit einer einzigen Gebärde konnte auf diese Weise das Geschlechtliche ein zweites Mal entstehen und sich zugleich um etwas Neues bereichern: das Feld des Gemeinsamen und zugleich mit niemandem Geteilte. Wußte der Primitive bereits, daß man seinen Partner immer zu teilen hat? Denn vor dem Eingehen der Verbindung hat er (oder sie) bereits jemand anders geliebt: seine Mutter (oder ihren Vater). Der Primitive begriff, daß er sich damit begnügen mußte, der zweite oder der dritte zu sein, niemals »der erste«. Daher schien es ihm, als genieße er während des geheimen und intimen Akts mit seiner Gefährtin zumindest den Vorzug, zu zweit zu sein. Die Neuerung, die die Privatheit des Geschlechtsakts bedeutete, war für den menschlichen Geist unendlich folgenreich. Der Scham – jenes negative Gefühl, da es Gehemmtheit einschließt – gelang es, zum Garanten des Paares zu werden. Die Scham konnte damit eine ganz andere Bedeutung annehmen...[2]

Diese Fabel läßt bildhaft die Klippen erkennen, die jeder Paartherapeut umschiffen muß. Vielleicht besteht sein »Verbrechen« darin, die eifersüchtig gehütete Intimität ins Licht zu rücken und gleichzeitig privilegierter Zeuge zu werden, derjenige, der zum Bürgen für die Lust wird?

Abgesehen von den Funktionen, die sich die Gesellschaft zunutze macht, liegen die spezifischen Aufgaben des menschlichen Paares darin, der Sexualität einen Raum zur Entfaltung zu geben, sich wechselseitig und verläßlich zu unterstützen sowie darin, einen Haushalt zu gründen, also in den Hauptmerkmalen des ehelichen Lebens. Diese Intimität ist außergewöhnlich; es gibt sie in keiner anderen menschlichen Gruppe. Intimität, »Privatheit« und Freiheit des Paares gehören zusammen. Sie entstehen aus der Umkehrung *exhibitionistischer Partialtriebe* in ihr Gegenteil. Die sexuellen Triebe lösen zudem eine Verdrängungstätigkeit aus, die eine gewisse Hemmung hervorruft, die sich wiederum in das Gefühl der Scham und eine Reihe von Vermeidungshaltungen übersetzt.

Der private Raum ist selten offen, er macht den Reichtum des Paares aus und fördert die Gefühle des Stolzes auf die vermeintlich außergewöhnliche Natur der Verbindung: »Unser Leben *für uns* ist etwas Einzigartiges«. Die Scham wacht über das Denk- und Kommunikationsvermögen zwischen den Gatten. Die exhibitionistischen Triebe unterliegen einer Verdrängung und einer Verkehrung ins Gegenteil; sie verdoppeln sich dabei in einer anderen, diesmal analen Form der Besetzung. Deren Folge ist die Lust am Geheimen, die Lust, in diesem geschlossenen Raum für sich zu bleiben und sich um sich selbst zu kümmern. Noch eine weitere Konsequenz der analen Besetzung ist die gegenseitige Verstärkung des Narzißmus: tatsächlich steht die Analität im Dienste des Nichtverlusts.

2.2 Angst vor Nähe und Kampf zwischen zwei Narzißmen

Neben den Folgen, die mit der Entdeckung des privaten Raums verbunden sind, müssen wir uns noch zwei weitere Kräfte vor Augen führen, um die Konflikte des Paares richtig orten zu können: die Angst vor Nähe und den Kampf zwischen zwei Narzißmen.

Die Angst beziehungsweise die Furcht vor Nähe kann die Ursache des Konflikts sein (vgl. Lemaire, 1979, S. 218-235; dt. 1980); sie kann aber auch eintreten, wenn er bereits begonnen hat. Eventuell wird sie von einem der Partner offen beschworen oder findet ihr Äquivalent in Gefühlen des »Erstickens« oder in Fluchtverhalten. Die Angst vor Nähe läßt den anderen als anders, distanziert und zugleich störend erscheinen. Nicht selten wird der andere als *Agent des Triebes* und als Ursache all der Störungen empfunden, welche die Trägheit des Subjekts (sein narzißtisches Gleichgewicht) durcheinanderzubringen drohen. Auf diese Weise wird der andere, noch ehe er als potentielles Triebobjekt anerkannt ist, als Erregungsfaktor, wenn nicht gar als Quelle des Triebes erlebt.

Dieser Angsttyp geht leicht in Phantasien etwas anderer Art über, nämlich in solche des *Verschlingens*. Der andere wird dann als offener und gieriger Mund vorgestellt, als Danaidenfaß. Wo jedoch Angst vor Nähe besteht, ergänzt oder verbindet sich diese Phantasie mit dem Trieb und trägt faktisch dazu bei, den Sturm der Gefühle etwas abflauen zu lassen. Unser Ansicht nach tritt der durch wechselseitige Gier hervorgerufene Konflikttypus insbesondere bei solchen Ehepartnern auf, die ihr Liebesobjekt nach dem *Anlehnungstypus* wählen (ohne daß dies von den Partnern anerkannt oder verarbeitet worden wäre).

Verwandt mit der Angst vor Nähe ist die *klaustrophobische Angst*, die sich in dem Gefühl äußert, daß die Beziehung einem die Luft zu atmen nimmt; manchmal findet sie ihre Ergänzung in der *agoraphobischen Angst* des anderen Partners, die alle dem Paar äußerlichen Bande als störend empfindet. Dabei erscheint dann die Verbindung als einschnürende, unumgängliche Fessel, und es werden auf die Allianz Kastrationsgefühle oder Phantasien der intrauterinen Enge projiziert, in welcher der andere die embryonale Glückseligkeit wiederzufinden hofft.

Die Angst vor Nähe ist so Ausdruck der Empörung – das »Ich will nicht« – gegen die unmerkliche, unvermeidliche und doch mächtige Bindung, die beide Partner gleichsam zusammenschweißt: »Ich will nicht, wonach mein Herz verlangt: die Verschmelzung«. Diese Angst, oft ein Symptom der Zwietracht, erlaubt es, einer weiteren Kraft der Beziehung ihren Ort zuzuweisen, einer Kraft, »der weder der Geruch noch die Tönung des Geschlechtlichen anhaftet«: dem *gegenseitigen Narzißmus*. Sie ist letztlich die Konsequenz jener mächtigen Attraktionskraft, die der Beziehung zugrunde liegt.[3]

Die erwähnten Eheprobleme sind mit dem jeweiligen persönlichen Universum der beiden Partner in Bezug zu setzen, mit jenem Teil, der nicht bereit ist, dem anderen seine Eigenart zuzugestehen. Ein Begriff, der diesem Sachverhalt sehr nahe kommt, ist der des *Kampfes zwischen den beiden individuellen Narzißmen* (Satir & Liendo, 1980). Dieser Kampf steht im Mittelpunkt der Gattenwahl und des gemeinsamen Lebens: Jeder möchte dem anderen seinen Lebensstil, die Lebensgrundsätze *seines* Milieus und sein unbewußtes Objektmodell aufzwingen. Die Konfrontation ist schmerzhaft, denn der Narzißmus scheint verbunden mit einer *Schuld* gegenüber den eigenen Eltern und ihrer Gefühlsbeziehung. Die Folge ist manchmal Taubheit und Blindheit für den anderen ... Es ist der Versuch einer Weigerung, Phantasien und Ichbestandteile mit dem anderen psychologisch zu teilen.

Die ursprüngliche Scham, die Furcht vor Nähe und der Kampf zwischen zwei Narzißmen haben uns Gelegenheit gegeben, einige Bestandteile des psychischen Lebens des Paares zu umreißen. In den folgenden Kapiteln werden wir zwei Theorien über das Paar in ihren Grundzügen darstellen: die systemische Theorie und die psychoanalytische Gruppentheorie. Zunächst wollen wir jedoch einen Fall vorführen, in dem der Konflikt zwischen den beiden Narzißmen besonders schwerwiegend ist.

2.3 Erste Illustration: Der Kampf zwischen zwei Narzißmen

Herr Alexander Schreïer besucht mich allein, um mir zu erklären, daß er sich mit seiner Frau schlecht versteht. Ich bemerke bald eine Gehemmtheit bei ihm, die mir um so bedeutender scheint, als sie sich im Laufe des Gesprächs verstärkt.[4] Er ist ein großer Mann, eine beeindruckende Erscheinung, und sein Blick ist abwechselnd streng und flüchtig. Ich finde keinen vernünftigen Grund für seine Haltung und stelle mir vor, daß er in manchen Augenblicken geradezu angsteinflößend wirkt; ich nehme mir vor, nach einer Lösung für die Spannung zu suchen, die mich so rasch ergriffen hat. Alexander sagt, daß die Unstimmigkeiten ernst sind und daß er wissen möchte, was er tun soll. Seine Frau ist eine eifersüchtige und tyrannische Gattin. Sie deutet seine Abwesenheiten im Ausland aus »beruflichen Gründen« als Besuche bei einer »imaginären Geliebten«; Abwesenheiten, die im übrigen selten und in den letzten Monaten erheblich kürzer geworden sind. Dann erläutert er die therapeutische Methode, nach der sich das Paar »behandelt«: Seine Frau ist psychisch krank, depressiv, sie hat wiederholt Selbstmordversuche unternommen, einige davon waren sogar ernst. Angesichts der Verschlimmerung ihres Zustands habe der Arzt »ratlos mit den Achseln gezuckt«, sagt Alexander. »Nur eine gemeinsame Anstrengung des Paares«, habe der Arzt hinzugefügt, könne zu einer Lösung führen, da ihre Partnerschaft unzweifelhaft die Quelle der depressiven Schwierigkeiten von Frau Schreïer sei. Die Konflikte sind von den »unsinnigen« Vorwürfen gekennzeichnet, die seine Frau gegen ihn richtet: seine Reisen, sein Desinteresse an den Kindern und am Haus. Er fügt hinzu, daß er sich scheiden lassen möchte, aber er bringt es nur mühsam heraus und fragt mich hilflos und verlegen, ob das denn das richtige sei. Er glaubt nicht an eine Veränderung seiner Frau. Da ist er offener, scheint ungezwungener zu überlegen. Ich sage ihm, daß ich dafür nicht der geeignetste Ratgeber bin. Dann gesteht er andeutungsweise, daß er von seiner Ehe nichts mehr erwartet; seine Frau hat ihn enttäuscht: sie spricht mit den Kindern nicht in ihrer Muttersprache (sie stammen aus einem anderen Land); sie hat ihre Religion geändert und tut nur, was sie will. Seine Enttäuschung mischt sich mit dem Zorn eines Mannes, der gegenüber der Entschlossenheit seiner Frau machtlos ist. Etwas verlegen fügt er hinzu, daß sie nicht mehr zusammen schlafen; da sie trinkt, sagt Alexander, hat er jedes Interesse an ihr verloren. Am Ende des Gesprächs erkläre ich ihm, daß es besser wäre, wenn wir uns das nächste Mal zusammen mit seiner Frau treffen würden. Ich sage das in »lakonischem Ton«, denn ich erinnere mich an zahlreiche Paargespräche, in denen die ehelichen Streitigkeiten eine ganz andere Gestalt annahmen als im Einzelgespräch (mit nur einem der Gatten). Wie um sich zu verteidigen, fügt Alexander hinzu, er sehe ein, daß er nicht »eine konkrete Antwort« von meiner Seite erwarten könne. Die Gehemmtheit und Steifheit (bei mir wie bei ihm) sind noch nicht gewichen. Ich glaube, daß er gekommen ist, um mich etwas möglicherweise Wichtiges zu fragen, aber ich weiß nicht was. Er ist ein äußerst zurückhaltender Mann. Ich nehme an, daß das Wichtigste noch nicht gesagt worden ist. Von *meiner Neugier* angestachelt, frage ich mich, ob es sich um etwas handelt, das die Moral betrifft und ihn schuldig macht. Jedenfalls scheinen ihn sein Gang zu mir, das Eingeständnis seiner Ohnmacht gegenüber einer Beziehung, die ihm entgleitet, und die Abwesenheit seiner Frau, als deren unentbehrliche Stütze er sich fühlt, sehr verlegen zu machen. Bei dem folgenden Gespräch sind beide Gatten anwesend. Die Initiative übernimmt rasch Frau Anna Schreïer, denn sie hat den Wunsch, »die Sache aus ihrer Sicht darzustellen«. Sie ist sicher, daß ihr Mann mir gegenüber die Wirklichkeit verdreht dargestellt hat. Der Angeklagte ist also Alexander: gefühllos weist er sie seit Jahren ab, keine Zärtlichkeit, keine sexuelle Nähe: er ist unfähig, sie zu verstehen, nur seine Arbeit interessiert ihn. Die Kinder sind unter ihrer Obhut aufgewachsen, sie hat sich um alles gekümmert; Alexander dagegen weiß nicht einmal, wie das gewesen ist, »er kennt sie nicht«, er kennt weder ihre Vorlieben noch ihre Schulprobleme (zum Beispiel, in welcher Klasse sie sind) oder ihre persönlichen Sorgen. Sie glaubt, daß sie Angst vor ihm haben. Ich höre schweigend zu. Anna zeichnet ein derart schwarzes Bild von der Person Alexanders und seiner Beziehungen zu seiner Familie, daß ich mich frage, was dieser Gehässigkeit entsprechen soll. Da mich ihre Erregung beunruhigt (eine Erregung, von der diese Notizen – lange nach dem Gespräch niedergeschrieben – höchstens einen blassen Eindruck geben können), interveniere ich und denke an das Gefühl des Ausgeschlossenseins, von dem sie vielleicht erfaßt wurde, als sie erfuhr, daß ich ein Gespräch mit ihrem Mann hatte. Ich sage ihr also, daß ich darauf bestanden hätte, sie gemeinsam zu treffen, da wir gewöhnlich »beide Standpunkte« und auch die Reaktionen des einen auf den anderen kennenlernen möchten. Doch Anna beruhigt sich nicht, sie nimmt ihre Anklagen wieder auf, nur jetzt mit besseren Argumenten. Es folgt ein Bericht über die Reisen und die Aufenthalte der Familie in verschiedenen, oft fernen Ländern. Entwurzelung war gewöhnlich die Folge; die Gleichgültigkeit Alexanders, die Tatsache, »daß er immer mit den Gedanken woanders ist, hat alles kompliziert«, sagt Anna. Dann häufen sich die Vorwürfe in bezug auf die gemeinsamen Freundschaften; Alexander kommt die ganze Zeit nicht zu Wort. Natürlich ist jeder auf *ihrer* Seite. Alexander hat nicht das Recht, sich zu verteidigen, zu sagen (was er zaghaft tut), daß die Freunde ja auch nur *ihre* Version kennen ... Alexander zögert, hüllt sich dann schließlich, den Blick abgewandt, in Schweigen.

Andere Gespräche verlaufen nach demselben Muster. Anna ist unerschöpflich in ihren Argumenten. Wenn ich hervorhebe, daß ihre Heftigkeit Alexander noch schweigsamer und kühler ihr gegenüber werden läßt, als er es sonst ist, nutzt sie meinen Einwurf dazu, auf ihre Einsamkeit den ganzen Tag über zurückzukommen. Wenn ich bei Alexander darauf beharre, daß seine Distanzierung, statt ihm Ruhe zu verschaffen, Anna eher zu Vorwürfen beziehungsweise Bissigkeit reizt, so versinkt er nur noch tiefer in sich. Wenn ich den beiden zu verstehen gebe, daß ihr Kampf dazu dient, ihre »Exilängste« zu bewältigen, rücken sie nur immer weiter voreinander ab.[5]

Die Paartherapie kam gleichwohl zustande, aber beide blieben reserviert. Ich hatte unablässig den Eindruck, daß meine zahlreichen Interventionen ebenso scheiterten wie mein Schweigen. Anna fand neue Argumente und neue Vorwürfe. Ich sollte mir ihren Standpunkt bedingungslos zu eigen machen. Sie sprach auch von ihrer Herkunft, von ihrer Familie mit ihren fernen englischen Vorfahren, fügte aber hinzu, ihr Mann habe sie nicht zu tadeln, daß sie mit ihrer Familie und ihrem Land gebrochen habe, denn er unterhalte ja selbst keine Verbindung zu seinen Verwandten. (Annas Familienname bedeutet so etwas wie Sanftheit und Harmonie.)

Langsam begriff ich, daß Alexander für sie nur als Zielscheibe, als Projektionsschirm existierte. Gleichzeitig erwartete ich Antworten auf anfangs gestellte Fragen. Ich sagte mir zum Beispiel, wann werden sie von Annas »Depression« oder von ihrem »Alkoholismus« reden? Doch eine

Sitzung nach der anderen verging, und keiner sprach darüber. Allmählich sah ich ein, daß ich es nie erfahren würde. Ist Anna eine Alkoholikerin? Welcher Art waren ihre Depressionen? Weshalb machten sie so viele Klinikaufenthalte erforderlich? Ich lauerte auf diese Thematik; ich wußte nicht, ob es sich bei mir um eine nicht ganz ernst zu nehmende oder aus intellektuellem Vergnügen aufgerichtete Abwehr gegen einen derartigen Schwall von schwer erträglichen Sätzen handelte; aber diese Neugier beschäftigte mich, sobald die beiden bei mir erschienen. Das Verschwommene und Ungewisse machte mir diese Fragen nur noch rätselhafter, aber auch um so anziehender (obgleich sie für die Durchführung der Paartherapie völlig zweitrangig waren).

Ich dachte daran, daß Alexander diese Neugier ausgelöst hatte und daß die Antwort von ihm abhing. Zermürbt mußte ich schließlich zugeben (und dachte dabei auch daran, wie Anna sich ständig über Alexander beklagte, er halte sich aus allem heraus), daß sich offenbar weder Anna noch Alexander zu kennen schienen: ihre Beziehung war bloß eingebildet, ein reines Produkt imaginierter Wünsche des einen gegenüber dem anderen. Anna sperrt sich gegen jede Rechtfertigung ihrer Vorwürfe, Alexander sagt, seine Frau trinke, hat sie aber nie trinken sehen. Jeder lebt in seiner eigenen Welt, in seinem narzißtischen Gehäuse, verteidigt sich und verteidigt eine psychische Realität, man weiß nicht welche, und irgendwelche höchsteigenen Objekte. Das Wichtigste bestand darin, zu einer uneinnehmbaren Festung zu werden und gleichzeitig auf die positive Zuwendung des anderen zu warten, aber auch sie zu erzwingen (und damit von vornherein unmöglich zu machen).

Die systemische Theorie

Im Mittelpunkt der systemischen Theorie, soweit sie auf die Psychologie des Paares angewandt wird, stehen die Begriffe, die auch die Hauptmerkmale der allgemeinen Systemtheorie ausmachen: Synchronie, Interaktion, Zirkularität sowie eine besondere Aufmerksamkeit für kybernetische Phänomene (Homöostase und Transformation). Gemessen an der Vielfalt von Aspekten, unter denen die systemisch orientierten Autoren die Familie untersucht haben, sind die Beiträge zur Paartherapie noch nicht sehr zahlreich; allerdings beschränken sich die Beiträge von Haley (1963, dt. 1978;, 1976, dt. 1977), Satir (1964, dt. 1973), Dicks (1967), Lederer und Jackson (1968, dt. 1972) sowie in der letzten Zeit die Arbeiten von Glick und Kessler (1974), Gurman und Rice (1975), Paul und Paul (1975, dt. 1977) nicht bloß auf Probleme, die sich bei der Handhabung der Therapie stellen. Sie betrachten die Abläufe in der Paarbeziehung aus einer umfassenderen Perspektive, legen aber dennoch den Akzent auf das dysfunktionale Paar und das Paar im Konflikt.

1. War die Entscheidung zu heiraten freiwillig (angenommen) oder erzwungen (nicht angenommen)?

Einer der Begründer der Schule von Palo Alto, Jay Haley, der die sogenannte »strategische« Richtung anführt, untersucht in seinem ersten Werk (1963, dt. 1978) in dem Kapitel, das der Paartherapie gewidmet ist, die »formalen Themen der Heirat«. Er betrachtet die Entstehung des Ehebundes und dessen spätere Entwicklung aus dem Blickwinkel der Logik der Paradoxien und sagt insbesondere, daß die Partner beschließen können zu heiraten, ohne letztlich selbst von der Festigkeit der Verbindung überzeugt zu sein und ohne sich hinsichtlich ihrer Dauer große Hoffnungen zu machen. Dies hängt mit dem Problem der *Definition der Beziehung* beziehungweise der Definition des freiwilligen oder erzwungenen Charakters des Heiratsentschlusses zusammen (also mit dem Schlüsselbegriff der Systemtheorie, dessen weitere Entwicklung bekannt ist; vgl. Selvini Palazzoli, Boscolo, Cecchin & Prata 1975, dt. 1981).

Um zu definieren, was einen an einen anderen Menschen bindet, muß man – wie Haley sagt – in gewisser Weise das eigene Begehren anerkennen. Dem Subjekt im inneren Zwiespalt fällt es schwerer, anzuerkennen, daß »die Bindung eine freiwillige ist«, als zu sagen, es sei gezwungen, mit dem anderen zusammenzubleiben. Gleichzeitig ist es sehr schwer, zuzugeben, daß die Beziehung aus Angst vor der Zeit nach der Scheidung oder vor der gesellschaftlichen Blamage aufrechterhalten wird. Ebenso ist es leichter, den anderen zu fragen, warum er das Zusammenleben wollte, als sich selbst auf eine solche Definition der Bindung festzulegen. All das kompliziert sich noch, wenn das Paar eine »Ethik« der Liebe eingeführt hat, welche die Ablösung (das »Entlieben«) verurteilt und Zweifel sowie Enttäuschung als Aggression gegen den anderen auffaßt.

Sonst aber wird die Beobachtung von Gefühlen bei den systemisch orientierten Autoren nur selten praktiziert. Auch Haley hält sich nicht weiter bei der sehr interessanten und bei Paaren häufig anzutreffenden *klaustrophobischen Angst* auf, obwohl er durchaus Beispiele dafür anführt. Die Wünsche, sich voneinander zu entfernen, werden zugunsten *paradoxer* Beziehungen vernachlässigt: In einem der Beispiele des Textes steht die Erklärung, sich trennen zu wollen, in scharfem Gegensatz zum Verhalten desselben Subjekts, das das gemeinsame Band fortzuführen sucht, als ob nichts geschehen wäre. In einem anderen Fall will ein Partner die Trennung nicht akzeptieren, solange der andere sie will, und nimmt dann die gegenteilige Haltung ein, sobald der andere sich nicht mehr trennen will. Es kommt darauf an, den unfruchtbaren Kreislauf der Antinomien herauszuarbeiten: die alternierenden Haltungen beweisen vor allem das Bestreben, die Homöostase zu erhalten.

2. Das Interesse am Problem der Macht in der Ehe

Nach Haley richtet sich das Zusammenleben des Paares nach *drei Arten von Regeln, die sich durch die Weise ihres Zustandekommens unterscheiden*: (a) diejenigen, über welche die Partner gemeinsam beschließen (»zum Beispiel das Recht des Ehemanns, einmal in der Woche auszugehen und seine Freunde zu treffen«); (b) diejenigen, die nicht ausgesprochen werden, über die aber stillschweigend Einigkeit herrscht; (c) diejenigen, die von dem Paar geleugnet werden, für den äußeren Beobachter jedoch offenkundig sind.

Komplizierter werden die Probleme, wenn das Paar uneinig darüber ist, (a) wer offiziell die Regeln aufstellt; (b) wer sie anwendet; und (c) wer ihre Einhaltung durchsetzt. Hier handelt es sich also um einen viel weiteren Bereich, den der *Metaregeln*, das heißt der Regeln, die das Funktionieren der Regeln selbst gewährleisten.

An erster Stelle dienen diese Metaregeln dazu, die konkreteren Schwierigkeiten zwischen Aufstellung und Anwendung der Regeln zu *regulieren*. Ein Beispiel dafür ist jenes Paar, das sich darauf einigt, Entscheidungen erst nach längerem Nachdenken des Ehemannes zu treffen. Es kann aber auch (implizit oder unbewußt, wie wir sagen würden) zu einer Metaregel zwischen den Partnern kommen, die eine Einigung verhindert, um keine Entscheidung treffen zu müssen (beispielsweise über eine Anschaffung für das Haus), denn in Wahrheit wollen sie nicht, daß diese Entscheidung in eine Handlung mündet. Wie man an diesen Beispielen sehen kann, entfachen Metaregeln keine Konflikte, können sie aber auch nicht ersticken. Sie beherrschen das Beziehungsverhalten des Paares, geben ihm gewissermaßen einen Rahmen.

An zweiter Stelle verweisen die Metaregeln auf das Problem der *Werte*, der von den beiden Partnern geteilten Moral, wobei diese Moral das Ergebnis einer langen Arbeit wechselseitiger Anpassung darstellt. Gewöhnlich werden die Metaregeln von Legenden mit allegorischen Eigenschaften abgestützt – also von *Mythen* im geläufigen Sinne –, denen zu entnehmen ist, welche »schlimmen Folgen« eine Regelüberschreitung hätte.

Die Frage der Regeln wird nun bei Haley wieder mit dem Problem der Definition der Beziehung in Verbindung gebracht, und zwar über die

Begriffe der *symmetrischen* und der *komplementären* (asymmetrischen) Beziehung. Die erste Beziehungsform ist offensichtlich egalitärer als die zweite. Gleichwohl sollte jedes Paar über beide Modi verfügen und beide zulassen; es sollte fähig sein, Entscheidungen einvernehmlich zu treffen, aber auch willens sein, dem anderen beizustehen, wenn er schlechter daran ist. Als guter Theoretiker des systemischen Ansatzes legt Haley den Akzent jedoch darauf, *wie* die Regeln in Handlungen umgesetzt werden (das heißt zu Verhalten führen). Für ihn werden Symmetrie und Komplementarität bedeutsamer als die Ethik oder der Affekt. Beide Teile des Paares mögen zwar sagen, daß sie sich gegenseitig achten, doch in den Handlungen eines der beiden kann ein Zug zu *autoritärem Verhalten* liegen, der vom anderen hervorgelockt und gebilligt wird. Ebenso findet sich Komplementarität auf der Ebene der Abhängigkeit und, allgemein gesprochen, im demonstrativen oder verdeckten Beistand (asymmetrisches Band).

Auf diese Weise gelangt er zu einer näheren Charakterisierung der Paarkonflikte. Gewöhnlich lassen sie sich auf den drei schon genannten Achsen abtragen: Regeln versus Metaregeln; symmetrische versus komplementäre Beziehung; und Definition versus Nichtdefinition der Beziehung. Daraus ergeben sich entsprechend drei Konflikttypen: (a) Uneinigkeit über die Regeln des Zusammenlebens; (b) Uneinigkeit darüber, wer diese Regeln aufstellen soll; (c) Versuche der Einführung von Regeln, die miteinander unvereinbar sind – besonders zwischen der Ebene der Metaregeln und der der Regeln.

Der erste Konflikttyp ist der einfachste und zugänglichste. Der zweite ist schon komplizierter, weil es einfacher ist, den Wert einer Verhaltensregel in Frage zu stellen, als über die Person zu diskutieren, die »eine solche Regel durchsetzt«. Wer aber eine Regel durchsetzt, dem fällt bei Paaren, die in Konflikt miteinander stehen, der Schwarze Peter zu. Denn wahrscheinlich wird sich der andere dann ausgenutzt und heruntergesetzt fühlen.

»[...] Zum Beispiel braucht es einer Frau nichts auszumachen, wenn ihr Mann ihr Ratschläge gibt, und sie kann akzeptieren, daß ihre Beziehung komplementären Charakter annimmt, sofern ihr Mann ihr diesen Rat auf die richtige Weise angeboten oder sie ihn selbst darum gebeten hat. Dagegen kann sie sich diesem Beziehungstyp möglicherweise hartnäckig widersetzen, wenn die Initiative von ihrem Gatten ausgeht. [...] Ebenso kann der Ehemann bereit sein, seine Frau ›gleichberechtigt‹ zu behandeln, während er sich dagegen sperrt, wenn seine Frau dies von ihm verlangt« (Haley, 1963).

Wer verwaltet, rät, hilft oder eine Norm einführt, wird allgemein als der Stärkere des Paares angesehen, was den anderen wütend machen kann. Häufig ist aber auch zu beobachten, daß der Schwächere dem anderen anordnen kann, zu handeln (so daß er die Initiative und damit eine gewisse Macht behält).

Eine weitere Ursache von Ehekonflikten ist die Unvereinbarkeit zwischen paradoxen Metaregeln, die aufgestellt wurden, um die Unstimmigkeit *zwischen* Regeln aufzulösen. Haley bemerkt dazu als genauer Kenner das Problems, es sei nicht zu vermeiden, daß die Paartherapie Konflikte und sogar stürmische Konflikte ans Licht bringt; nichtsdestoweniger sei ihre Verbalisierung unleugbar ein Fortschritt.

3. Grenzen des systemischen Ansatzes

Der Text von Jay Haley macht die Position der systemischen Theorie und Praxis sehr deutlich. Zunächst können wir darauf hinweisen, daß sie das Paar als *Dyade* behandelt und insofern dem Vorgehen aller anderen Strömungen der Psychologie des Paares nahesteht. Zweitens fällt auf, daß die langfristigen Konsequenzen des Wechselspiels der Beziehungen zwischen den Partnern den Autor kaum interessieren. Dasselbe gilt für die Ursachen; allerdings entspricht ein solches Vorgehen dem von der systemischen Theorie eingeschlagenen Weg, einem Weg, der im Hinblick auf das therapeutische Handeln möglichst kurz sein soll. Daher auch die geringe Beachtung, welche die systemische Theorie den intimen Funktionsmechanismen des Paares schenkt. Im übrigen ist der Text reich an technischen Ratschlägen; doch bei all diesen Techniken der Symptomverschreibung, der Akte und Rituale, die zu Hause durchzuführen sind, und der positiven Symptombewertung (die 1963 noch nicht so hieß) steht überraschenderweise ständig die Besorgnis im Vordergrund, unmittelbar praktische Ergebnisse zu zeitigen. Die Schwierigkeiten bleiben jedoch, da man versucht, das große Problem des Manifesten und Latenten auf das Handeln und dessen Widersprüche beziehungsweise auf paradoxe Beziehungen zwischen Reden und Handeln zu reduzieren. Für so etwas wie Deckerinnerung oder Erinnern bleibt kein Platz; nichts wird beispielsweise über die *Übertragung* gesagt, *die doch offenbar der geeignetste Mechanismus ist, die verdrängte Vergangenheit im Jetzt zu wiederholen.*

Welches ist nun das wichtigste synthetisierende Element, welches das Ganze der genannten Funktionsweisen am genauesten wiederzugeben vermag? Das »Verhalten« als solches hat nichts, das für die Ehe spezifisch wäre, und gleiches gilt für Machtverhältnisse (siehe unten) oder die Definition der Beziehungen. Verhalten, Regeln, Metaregeln gibt es in jeder beliebigen Gruppe. Wir dagegen glauben, daß es die *Liebe des Paares* ist, die dessen psychische Organisation begründet und strukturiert: die zärtlichen und sinnlichen Strebungen des Paares ähneln in nichts den

Affekten, die in anderen Beziehungen zwischen zwei Personen auftreten (Freud, 1921). Und hier liegt einer der schwachen Punkte des systemischen Gebäudes. Verliebtheit und Liebe sollten im Mittelpunkt jeder Reflexion über das menschliche Paar stehen. Wie bei jeder psychologischen Konzeption, die sich auf Interaktion beschränkt, bemerkt man, wie schwer es der systemischen Theorie fällt, von der Liebe des Paares zu sprechen. Dies gilt auch für den Strukturalismus beziehungsweise seine psychoanalytischen Derivate, in denen die Frage nach den Verhältnissen zwischen »Elementen« – das heißt zwischen Signifikanten – den Affektrepräsentationen nur wenig Raum läßt (Green, 1972). Dennoch scheinen diese nicht weiter reduzierbar. Der Vertrag des Paares, die Regeln, das Spiel der Beherrschung sind offenkundig das Ergebnis der manifesten und latenten Gefühlsorganisation der Partner, sind die *Konsequenz* der Rolle des Prägenitalen, insbesondere des Sadomasochismus und des Geschlechtsunterschieds – alles Sachverhalte, welche die systemische Theorie aus ihrer Analyse ausschließt, obwohl das eheliche Leben gerade von ihnen abhängt.

Die Bisexualität ist eine unumgängliche Frage. Keine Untersuchung über das Band der Allianz kommt daran vorbei, will sie dieses von anderen menschlichen Verbindungen unterscheiden. Die Frage der Kastration des Mannes und der Frau, ihr kleiner anatomischer Unterschied, spielt bei dem Wunsch nach Vereinigung als Suche nach dem Komplementären die bestimmende Rolle. Dabei handelt es sich nicht um eine Nachlässigkeit; Don Jackson, ein weiterer Mitbegründer der Schule von Palo Alto, warnt ganz ausdrücklich davor, den Geschlechtsrollen allzu große Beachtung zu schenken (Jackson, 1965). Er sagt sogar, daß »die Rolle« in der Familie – Mutter, Vater, Kind – »diejenigen Elemente des Interaktionsprozesses verdeckt, die vielleicht die bedeutsamsten sind«; »die Übernahme der Rollen ist einfach ein Nebenprodukt [dieser Elemente]«. Er präzisiert, daß »[systemische] Regeln und Rollen zwei grundsätzlich verschiedenen [beziehungsweise gegensätzlichen] Betrachtungsweisen des Familiengeschehens entsprechen«.[6]

Die Grenzen von Jacksons Ansatz treten noch schärfer hervor, wenn er in den Verhaltensweisen und den ganz bewußten Äußerungen zur sexuellen Identität nichts weiter sieht als den Zweck, dem sie dienen: etwa das klischeehafte Rollenbild des Mannes, der Stärke demonstriert, indem er seine Gefühle beherrscht, und der »sensiblen« Frau, die ihren Platz zu Hause hat. (Die Mühe, die es ihm bereitet, sich auf die inneren Repräsentationen des Geschlechtsunterschieds oder, was noch leichter wäre, auf die Identifikationen zu beziehen, ist erstaunlich.) So wird ein systemischer Therapeut niemals den Anspruch registrieren, der darin verborgen liegt, wenn einer der Partner äußert: »Die Männer (beziehungsweise die

Frauen) sind doch alle so« oder »Du kannst eben nicht verstehen, daß die Frauen so leicht nachgeben, weil du ein Mann bist«. Er wird einzig den Beziehungssinn solcher Sätze zu fassen versuchen, also das, was sie beim anderen hervorrufen können; zum Beispiel wird er bei der Äußerung von Verallgemeinerungen über die soziale Rolle des Mannes (oder der Frau) bloß das Gewicht zu ermessen suchen, das das Subjekt seinen Argumenten verleiht, seine Durchsetzungsfähigkeit, die mittelbaren Folgen; das Unverständnis, das der eine Partner dem anderen zuschreiben möchte, wird es dem Therapeuten gestatten, die Oberflächlichkeit des Subjekts selbst zu bemerken (das so versuchen kann, sich zu verbergen, indem es die Initiative zu Vorwürfen ergreift).

Einem analytischen Therapeuten werden diese Tatsachen wahrhaftig nicht gleichgültig sein. Aber er wird den Umstand nicht für trivial halten, daß jedes Argument von jemandem kommt, der »sexuiert« ist, der einem Geschlecht angehört, der anders ist; und damit ändert sich vieles. Das Geschlecht des Sprechers gibt jeder Handlung, jeder Rede eine bestimmte Richtung. Niemals ließe sich eine bestimmte Äußerung von einem auf den anderen übertragen, denn was er sagt, hinterläßt seine Spur in seinem Sein. Daß die Personen ihre Unterschiede zu Abwehrzwecken oder zur Beherrschung der Beziehung verwenden, darf uns nicht vergessen lassen, daß diese Unterschiede bestehen. Gerade umgekehrt: Ihre Nutzung in manipulativer Absicht ist bereits eine Art, sie in ihrer Verleugnung anzuerkennen. Die *Kastration* als Organisationsprinzip der sexuellen Identität, des psychischen Geschlechtsunterschieds und des ehelichen Bandes wird von den systemisch orientierten Autoren in gewisser Weise unterschätzt, wenn sie annehmen, Identität sei an eine narzißtische Statik des Seins gebunden. Wir dagegen glauben, daß das Sein, das die sexuelle Identität begründet, die dynamischste Seite dieser Identität darstellt. *Die sexuelle Identität geht am anderen zuschanden,* der als *unvermeidliche Ergänzung* vorgestellt wird. Sie ließe sich demnach aus solipsistischer Perspektive gar nicht denken.

Eine gewisse Überschwenglichkeit der systemisch orientierten Autoren im Hinblick auf die Tragweite ihrer Entdeckungen führt dazu, daß sie die Frage der Genitalität insgesamt überspringen. Das im Streit miteinander lebende Paar läßt sich zu sehr von Machtkämpfen fesseln: vom Kampf um Entscheidungsgewalt, um die Macht, Regeln zu bekräftigen oder einzuführen, um die Macht, die Beziehung zu definieren«. Beherrschen oder beherrscht werden, seine Herrschsucht nicht allzu deutlich zeigen, die Position des anderen entwerten, den Sieg davontragen oder sich lustvoll in der Position der Unterlegenheit winden: das ist es, was im Mittelpunkt des sadomasochistischen Austauschs steht, der mit all den Tricks inszeniert wird, die die Autoren beschreiben. Analsadistisches Ungleichgewicht ist freilich nicht das einzige Beziehungsmodell von Paaren, und es wäre von Nachteil, sie darauf zu reduzieren. Daß aber die gemeinsame Genitalität gleichzeitig als Zuneigung erlebt wird, als etwas, wohin sich der prägenitale Austausch retten kann, als unzugänglicher Ort oder Fluchtziel, wird dabei insgesamt nicht genügend beachtet. Bedenkenswert ist in diesem Zusammenhang ein Satz, den eine Patientin in der Paartherapie äußerte: »Das Wichtigste ist nicht, daß ich gewinnen will, wenn ich schreie, oder daß du gewinnen willst, indem du den Mund hältst, sondern die Lust, die uns das macht...«

Es können bei einem Paar Probleme der phallischen, sadomasochistischen, aus Trennungsangst entstehenden und schließlich der omnipotenten Herrschaft auftreten.[7] Nur wenn man eine differenzierende Perspektive einnimmt, zu der Genitalität und Prägenitalität klärend beitragen, können sich die systemischen Entwicklungen vielleicht als nützlich erweisen.

Die *phallische Herrschaft* könnte sich in einigen Zeichen äußern, deren phantasmatischer (vorbewußter, das heißt verdrängter oder uneingestandener) Ausdruck etwa lauten könnte: »Du weißt gar nicht, wie froh du sein kannst, von einer ›Frau‹ (oder einem ›Typ‹) wie mir geliebt zu werden«. Solche Auseinandersetzungen drehen sich um die phallische Macht: am wirkungsvollsten auf irgendeinem Gebiet, das als viril gilt, aber auch im Bereich der uterinen Macht: zum Beispiel die Fähigkeit, schöne Kinder zu bekommen.[8] Die Überbesetzung der jeweiligen Geschlechtseigenschaften zeigt, wie brüchig das Fundament der sexuellen Identität ist. Die Fähigkeit, die Initiative zu ergreifen oder eine Entscheidung zu treffen, nimmt bei solchen Paaren einen eminent sexuellen Charakter oder den eines symbolischen Äquivalents dafür an.

Die *depressive Herrschaft* könnte sich folgendermaßen äußern: »Du siehst doch, daß ich nicht allein leben kann«; »Dein ewiges Bemuttern macht mich wahnsinnig«; »Du nimmst mir die Luft zum Atmen«; »siegen oder krank werden«. Hier geht es um das *Verlassen*, gegen das man sich schützt, indem man sagt: »Stark« ist, wer sich vom anderen lösen kann.

Der Fall Schreïer liefert das Beispiel einer *sadomasochistischen und narzißtischen Herrschaft*. Andere Formulierungen wie »Ich jedenfalls habe ein gutes Gedächtnis« oder »Ich kann mir schon denken, was du denkst« weisen auf die Nichtunterscheidung der Identitäten narzißtischer Paare hin (siehe unten).

Wie wäre eine *genitale Herrschaft* zu denken? Das Paar, das dem Genitalprimat untersteht – wenn sich denn solche Paare finden lassen –, würde nur selten auf Machtspiele zurückgreifen: die phantasmatische Kastration erlaubt es beiden, die eigene Kastration ebenso wie die des anderen hinzunehmen. Zudem würde hier das wechselseitige Kastrationsphantasma eine organisatorische Funktion ausüben, insofern es die Liebenden ihrer Normalität [*non- transgression*] versichert und sie über die beim anderen entdeckten Mängel tröstet; Mängel, die auf die eigenen Unzulänglichkeiten verwiesen werden. An all dem würden wahrscheinlich Einfluß und Macht zerschellen.

Unzulänglichkeiten und Ungenügen stehen am Ursprung der Paarbildung: die Suche nach dem »mangelnden« Geschlecht oder der unwiederbringlichen Mütterlichkeit (siehe Barande & Barande, 1983). Letztlich zielt Machtausübung darauf ab, den anderen zu unterwerfen, um das verbindende Band zur Fessel zu verhärten und so für immer die eigene Angst vor Ungenügen zu lindern. Der Gegensatz zwischen prägenitaler und genitaler Macht hilft uns dabei, das Paar in seiner Verschiedenheit zu würdigen. Zudem gestattet er es uns, die ökonomische und symbolische Grundlage der Herrschaft zu erfassen.

Die Gruppentheorie der Allianzverbindung

Unter diesem Titel stellen wir eine Konzeption des Paares vor, die aus psychoanalytischen Arbeiten über die Gruppe (Bion, 1961, dt. 1971; Anzieu, 1975; Kaës, 1976) sowie über die Familie (Ruffiot, 1981; Eiguer, 1978, 1982a, 1982f) hervorgegangen ist. Aus unserer Sicht ist die Paarbeziehung als Dyade zu betrachten, die wiederum anderen dyadischen Familienbeziehungen verwandt ist.

In der Familiengruppe unterscheiden die Ethnologen vier Typen von Dyaden oder Verbindungen: das Band der Filiation (Vater/Kind oder Mutter/Kind), das Band der Konsanguinität (Bruder/Schwester, Mutter/ Onkel mütterlicherseits), das Band des Avunkulats (die Beziehung zwischen einem Kind und einem Vertreter der Familie der Mutter, insbesondere dem Onkel) und schließlich das Band der Allianz (Ehemann/ Ehefrau). Diese sehr unterschiedlichen Bande sind nicht gegeneinander austauschbar. Sie lassen vielmehr die besonderen Funktionen jeder familiären Rolle und jedes Interaktionspaares erkennen. Allgemein kann man sagen, daß es in der Familie nur Bande und nur diese Bande gibt. Diese Konzeption der Familie ist wegen der Überschneidung der Beziehungen und Phantasien, die dabei angenommen wird, zugleich eine Konzeption der Gruppe. Anders gesagt, eine Funktion wie die des Ehemannes wäre gar nicht vorstellbar, wenn sie nicht unmittelbar in einen weiteren Kontext gestellt würde: den der Ehe, des Vaters und der Vaterschaft, der Familie insgesamt. Die »Gestalttotalität« in Phantasie und Übertragung hinterläßt auf jedem Zeichen des Paares ihren Abdruck.

In der Geschichte der Familien ist das *Faktum der Ehe* im übrigen *ein gegenwärtiges Faktum*, der Augenblick, in dem diese Geschichte am Ende einer langen genealogischen Bahn zur greifbaren und erlebbaren Wirklichkeit wird. Mit diesem Zweig des Stammbaumes tritt eine ganze Vergangenheit auf die Bühne: Nicht nur die Vorfahren werden hier lebendig, sondern auch die unbewußten Objekte, die Mythen, die die festen Realitäten durchdringen, die »Phantome«, die von einem zum anderen weitergegeben werden. Ähnlich legt Claude Lévi-Strauss (1949; dt. 1981, S. 78-81, 249) den Akzent auf die Bedeutung des Paares und den Heiratsakt (die Gabe einer Frau der mütterlichen Familie an einen Mann) gerade wegen ihres nichtevolutiven Charakters: Von den vier Banden schließt nur die Allianz weder Vergangenheit noch Zukunft ein; sie ist reine Aktualität, reine Synthese der Verwandtschaft.

1. Vorläufer des Begriffs der Bindung

Um die Bedrohungen herauszuarbeiten, denen die menschlichen Bindungen durch das Handeln einer dritten Person ausgesetzt sein können, hat Bion (1959, dt. 1990) eine interessante Theorie der Verbindung entwickelt. Er bezieht sich dabei einerseits auf *das Band im Inneren einer Person* (die intrapsychische Verbindung zwischen Trieb und Vorstellung, zwischen verschiedenen Vorstellungen, zwischen Denken und Affekt, zwischen dem Subjekt und seinem eigenen Denkvermögen), andererseits auf *das Band zwischen zwei Personen* (die interpersonale Verbindung). Auch wenn sich beide Bereiche unterscheiden, verweist nach Bion jede Verbindung auf *das frühe Band zwischen Mutter und Säugling*.

Beide Verbindungen, die intrapsychische wie die interpersonale, entspringen der Liebe, also einer libidinösen Besetzung. Wer ein solches Band angreift, vermag diese affektive Inspiration nicht zu ertragen. Er entwickelt Neidgefühle. Es sind die Objektliebe, zumeist das Begehren nach Wissen oder das Leben selbst, die solchen Neid erwecken. Es kann sich auch um einen Selbstneid handeln, der dann eine Verstümmelung der eigenen geistigen Ressourcen oder der Denkfähigkeit des Subjekts bewirkt. Bion nähert sich dem Begriff die Bindung also von ihrer Kehrseite her, von ihrer Anfälligkeit und Verletzlichkeit. Sollte das heißen, daß die Bindung vom Forscher wie auch vom Subjekt höher geschätzt wird, wenn sie in Gefahr ist?

Nach Bion schließt die Verbindung zahlreiche Phänomene ein. Im Mittelpunkt seiner Überlegungen steht gleichwohl der Gedanke, daß sich diese Varianten auf einen einzigen Bezugspunkt zurückführen lassen, nämlich auf das Band zwischen zwei Personen (Mutter und Säugling), die zu zwei Komponenten innerhalb ein und derselben Person geworden sind: Ich und inneres Objekt. Um die Genese der Verbindung zu verfolgen, hebt der Autor eine Variante der projektiven Identifizierung hervor, nämlich die *projektive Identifizierung als Kommunikation*. Im Falle der ursprünglichen und prototypischen Verbindung Mutter/Kind rechnet der Säugling damit, in der Psyche der Mutter nachhaltig Eindrücke zu wecken, in sie eindringen zu können, um an sie zu appellieren, an ihre heitere Gelöstheit, ihre Phantasiewelt. Auch wenn er es vielleicht mit unpassenden beziehungsweise aggressiven Mitteln tut, möchte er letztlich, daß seine Mutter sich mit seinem Schmerz und mit seiner Verzweiflung identifiziert; er versucht in ihr hervorzurufen, was *er* empfindet. Das Kind benutzt die projektive Identifizierung dazu, sich von seiner Unlust und seinem Leid zu befreien. Die Verbindung ist vollendet (der Bogen schließt sich) in dem Augenblick, in dem die Mutter ihrerseits den Affekt zeigt, den das Kind ihr zu übermitteln sucht, ohne Ablehnung zu äußern, ohne ihre Ausgeglichenheit zu verlieren und in dem Wunsch, trotz allem den letzten Sinn des kindlichen Appells zu finden. So induziert die projektive Identifizierung als Kommunikation in der Psyche der Mutter einen vorbewußten und bewußten Prozeß der Verarbeitung und Umarbeitung. Die Verbindung wäre demnach das Ergebnis des doppelten Vorgangs einer von seiten des Kindes gewünschten und von seiten der Mutter akzeptierten Identifizierung (*Abbildung I*). Einige Schlußfolgerungen zu den bisherigen Bemerkungen drängen sich auf.

(a) Die Verbindung läßt an eine Beziehung denken, in der das Entscheidende die Begegnung zweier Psychen ist.

(b) Die Verbindung erklärt sich aus der projektiven Identifizierung, die einen Affekt oder eine unbeständige Vorstellung »deponieren« will und dabei notwendig beim anderen einen Prozeß der introjektiven Identifizierung auslöst.

(c) Umgekehrt schließt die Verbindung es aus, die projektive Identifizierung zu gewaltsamer Ausstoßung zu verwenden, weil eine solche nicht imstande wäre, die Bedingungen einer Beziehung herzustellen, die von Liebe und weiterer Verarbeitung geprägt ist.

(d) Die Verbindung setzt Identifizierungsprozesse in Gang, die beim anderen jeweils eine spiegelbildliche Entsprechung finden. Was übermittelt wird, sucht beim Gegenüber *Identisches* wiederzufinden.

(e) Die Verbindung verweist demnach auf den Narzißmus, auf den wir schon bei der psychischen Interpenetration gestoßen sind. Der Narzißmus steht im Vordergrund des Elements der Identifizierung; nicht nur als empfundene oder ersehnte Regression, sondern als Versuch, zwei Psychen in Gleichklang, »auf gleiche Wellenlänge« zu bringen.

(f) Mehr noch, die Verbindung stellt eine Objektbesetzung dar, der Trieb findet ein wiedererkennbares und befriedigendes Ventil (auch wenn

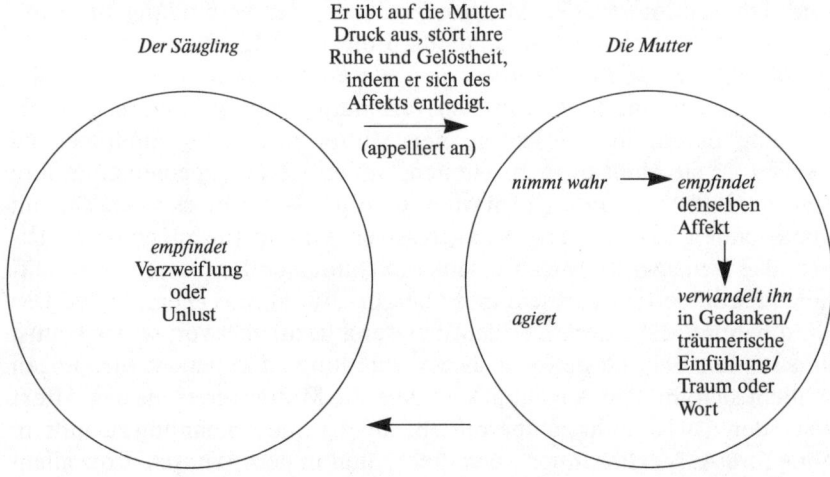

Abbildung 1: Die Theorie der Verbindung nach Bion: Die projektive Identifizierung als Kommunikation des Säuglings und die introjektive Identifizierung der phantasierenden Mutter.

es natürlich keine volle Befriedigung verschafft). Wir sehen also, wie die beiden Aspekte – der des Narzißmus und der des Objekts – Konturen annehmen und in Gegensatz zueinander treten. Während es auf der Seite des Narzißmus darum geht, zwischen den Erlebnissen des einen und des anderen absolute Ähnlichkeit anzustreben, handelt es sich auf seiten der libidinösen Objektbesetzung um eine relative Befriedigung, auch wenn sie sich noch so mächtig, intensiv und unmittelbar dünkt. Die Phantasie, die sich weitgehend aus mütterlichen Quellen nährt, erledigt den Rest. Doch diese Substitution ist die der Ersetzung und also Entwicklung des *Begehrens* in seiner partiellen Erfüllung *via* Symbolverschiebung.

Ausgangspunkt der Verbindung zwischen Mutter und Säugling ist der Trieb; das Kind hat Hunger, es fühlt sich verlassen, von Vernichtung bedroht. Darauf setzt sein Ich einen Mechanismus ein, der nicht Objektlibido ins Spiel bringt, sondern narzißtisch ist und das Ich des anderen zu beeindrucken sucht. Dieser Mechanismus ist keineswegs blind: er weiß zu unterscheiden, wo der andere zu erreichen, wo er empfindlich ist. Dasjenige, was am anderen (an der Mutter) berührt wird, ist ihre Verarbeitungsfähigkeit, also ein libidinöses Vermögen, aber vermittelt durch ihre Bereitschaft zur Identifizierung, in der sich Impulse zur Wiederherstellung des Objekts *und* Mechanismen der (narzißtischen) Verschmelzung verbinden. Die mütterliche Antwort wird folglich *libidinös* sein; Denken und Worte sind die Produkte ihrer Objektbesetzung.

Der Mutter wird es also darum gehen, den narzißtischen Aspekt, der mit der vom Säugling beanspruchten Unterstützung (Anlehnung) verbunden ist (»Ich bin da, um dich zu verstehen und dir zu helfen«), von dem Aspekt der Objektlibido zu trennen, etwa indem sie den oralen Partialtrieb des Kindes befriedigt, der nach einer Abfuhrmöglichkeit sucht. Sie wird aus dieser gelungenen Verführung sogar Lust gewinnen.

Auf dem Grunde des Narzißmus verstärken sich die libidinösen Muster. Insgesamt ist die Bionsche Verbindung das Ergebnis von Spannungen und widersprüchlichen Kräften.

Andere Autoren wie Meltzer (1975), Winnicott (1958b, dt. 1976; 1971, dt. 1973) oder Bleger (1980) greifen den Begriff der Verbindung und der dyadischen Beziehungen auf. Meltzer versteht unter *adhäsiver Identifizierung* einen *früh einsetzenden Mechanismus*, der die Körperoberfläche des Objekts besetzt, das in seiner Dreidimensionalität bestimmt werden soll. Die adhäsive Identifizierung erscheint als Vorbedingung der Objektbeziehung selbst. Sie schließt weder eine Spaltung noch Feindseligkeit oder Sadismus ein, sondern die Suche nach einem umgebenden, haltenden Raum (siehe *Tabelle I*).

Die Erfahrung der Adhäsion unterscheidet sich nach Meltzer u. a. (1975) von jeder anderen Beziehungserfahrung: sowohl von der projektiven Identifizierung, wie sie von Klein (1946, dt. 1962) untersucht wurde, als auch von der Erfahrung der Entstehung einer psychischen Haut (Bick, 1968). Meltzer untersucht diese Erfahrung am autistischen Kind, bei dem die adhäsive Identifizierung an der Aufgabe scheitert, die Einführung einer Beziehung zum dreidimensionalen Objekt zu gestatten. Es handelt sich um einen repetitiven, verzerrten und äußerst schmerzhaften Vorgang. Meltzer nimmt an, daß *jedes Kind* diesen Mechanismus eine Zeitlang benutzt, ihn jedoch schließlich beherrscht und definitiv in die Psyche integriert. Beim autistischen Kind dagegen ist die adhäsive Identifizierung (im Sinne eines psychopathologischen Begriffs) von *klebriger Abhängigkeit* gekennzeichnet. »Die Funktionen, welche die Elternfiguren erfüllen, werden als etwas absolut Selbstverständliches betrachtet, ungefähr so, wie wir glauben, es verstehe sich von selbst, daß unsere Hand unseren Absichten gehorcht« (1975, S. 238). Im Unterschied zu den Eindrücken, die sich aus der ausstoßenden projektiven Identifizierung ergeben – dem wahnhaften Eindruck, das Innere des anderen zu kennen oder in ihn hineinblicken zu können –, »scheinen die Identifikationsprozesse autistischer Kinder sie zur genauen Nachahmung des Aussehens und des Verhaltens der Oberfläche ihrer Objekte zu veranlassen, viel eher jeden-

Tabelle 1: Ähnlichkeiten und Differenzen zwischen Begriffen, die die Objektbeziehung und die Herstellung von Verbindungen oder dyadischen Beziehungen als wesentlich narzißtische kennzeichnen

	Winnicott	Bion	Meltzer	Bleger
Begriff	Einheit	Projektive Identifizierung von Kommunikation	Adhäsive Identifizierung	Synkretismus
Untersuchte natürliche Verbindung	Mutter/Säugling	Mutter/Säugling	Mutter/Säugling	Mutter/Kind; Gruppen
Mechanismus des Individuums oder Beziehungsmechanismus?	Simultane Analyse des Kindes und der Mutter	Individueller Abwehrmechanismus, aber zusammen mit der gleichzeitigen Reaktion der Mutter analysiert	Individueller Abwehrmechanismus (berücksichtigt nicht die Reaktion des mütterlichen Objekts, sondern behauptet, daß eine eventuelle Depression der Mutter die Transformation in eine projektive Identifizierung verhindert)	Simultane Analyse der an der Verbindung Beteiligten
Undifferenziertheit Ich/Nicht-Ich	absolut bei beiden	absolut beim Kind, relativ bei der Mutter	absolut	absolut
Sadismus	fehlt	sehr schwach	sehr schwach	fehlt
Ambivalenz und Konflikthaftigkeit	fehlen	fehlen?	fehlen	fehlen
Verfolgungsangst	fehlt	fehlt	sehr schwach	fehlt
Phantasmatik	präphantasmatische Illusion	präphantasmatische Illusion	die Verbindung ist nicht darstellbar	
Entwicklungsstadium oder Struktur?	Stadium und dauerhafte Struktur zugleich	Stadium und dauerhafte Struktur zugleich	als Entwicklungsstadium verstanden	Stadium und dauerhafte Struktur zugleich
Entwickelte Derivate	Raum und Übergangsobjekte	Alpha-Funktion des Subjekts	?	Zugehörigkeit zu Gruppen
Dauerhafte oder gelegentliche psychopathologische Derviate	Fetisch/Mimikry	?	Adhäsive Identifizierung des Autisten. Oberflächliche Sentimentalität. Beeinflußbarkeit, Mimikry, »klebrige« Abhängigkeit vom Objekt. Sensibilität für den emotionalen Zustand des anderen	Phänomene des Unheimlichen
Pathologie, in der sich dieser Mechanismus eventuell äußert	sein Versagen führt zum falschen Selbst	sein Versagen steht am Anfang einer Prädisposition zur Psychose	Infantiler Autismus oder Person mit falschem Selbst. »Der gelehrte Idiot«	Psychose, gespaltene Persönlichkeit

falls als zur Nachahmung von deren mentalen Zuständen oder Eigenschaften« (ebd., S. 239).

Nach Winnicott wiederum ist die »Mutter-Kind-Einheit« der Musterfall der trügerischen Beziehung, von der sich beide überwältigen lassen (sie geht der »Mutter-Kind-Beziehung« voraus). Ebenso wie die »Bionsche Verbindung« ist die »Winnicottsche Einheit« konfliktlos und läßt an eine *erweiterte narzißtische Bindung* denken, in der jeder dem anderen psychologischen Halt bietet. Das ozeanische Gefühl und das Lust-Ich gehören hierher (Freud, 1930). Winnicott betont, daß die normale primäre Beziehung des Säuglings zur Mutter ohne Versagung verläuft, daß jedenfalls mütterliche Versagung oder das Gefühl des Verlorenseins beim Kind der Entwicklung keineswegs förderlich sind (1958b, dt. 1976, S. 157–164). Beide haben den überschwenglichen Eindruck, die Psyche des anderen zu bereichern oder überhaupt erst zu schaffen (Illusion eines Mutter-Kind-Kontinuums).

Je nach der Art des Zusammenhalts, der eine Gemeinschaft oder Gruppe bindet, unterscheidet Bleger (1980) in seinen Forschungen zwischen *synkretistischen* und *interaktiven Gemeinschaftsformen (Gruppenstrukturen)*. Während die interaktive Gruppenstruktur von der Objektbeziehung geprägt ist, gehen bei der synkretistischen Variante die einzelnen Ich-Nichtichs ineinander auf. Es handelt sich dabei »um eine Nichtbeziehung im Sinne einer Nichtindividuation, die sich als Matrix oder Grundstruktur jeder Gruppe durchsetzt und in wechselnder Gestalt deren ganzes Leben begleitet« (ebd., S. 89). Bleger hebt hervor, daß der Synkretismus von »Undifferenziertheit« gekennzeichnet ist, »in der sich keiner vom anderen unterscheidet oder unterschieden sieht. Anders gesagt, es gibt keine Unterscheidung zwischen Ich und Nichtich, so wenig wie zwischen Körper und Raum oder Ich und dem anderen« (ebd., S. 92). Der Synkretismus bleibt nicht ohne Affekt; die Individuen akzeptieren ihn zweifellos, wenn er mit der interaktiven Gruppenstruktur im Gleichgewicht steht; er kann jedoch Probleme hervorrufen, wenn er sich als Bedrohung für die strukturierte persönliche Identität erweist und das Verschwimmen der Körpergrenzen bewirkt. Immerhin ist der Synkretismus nicht bloß eine Desorganisation, »sondern auch eine Organisation« (ebd., S. 95). Zum Beispiel ist die Zugehörigkeit zu einer Gruppe ein Element dieser synkretistischen Gemeinschaftsform.

Trotz der Kluft, die zwischen ihnen liegt, sind diese beiden Gruppenstrukturen – die synkretistische und die interaktive oder integrative – in Wirklichkeit nicht voneinander zu trennen. Sie finden sich in informellen wie in formellen Gruppen und treten sogar in der Verbindung zwischen Mutter und Säugling hervor (*Tabelle 1*).

2. Die Begriffe der Psychologie der Bindung lassen sich in zwei Gruppen zusammenfassen

Wenn wir nun die Beiträge von Bion, Meltzer, Winnicott und Bleger zur dyadischen Beziehung vergleichen, so ergeben sich zwei Bündel einander verwandter Begriffe: auf der einen Seite Bions »projektive Identifizierung als Kommunikation«, Meltzers »adhäsive Identifizierung«, Winnicotts »Mutter-Kind-Einheit« und Blegers »Synkretismus« (*Tabelle 1*); auf der anderen Seite die »ausstoßende projektive Identifizierung« bei Bion und Meltzer, die »Beziehung« bei Winnicott und die »interaktive Gruppenstruktur« bei Bleger (*Tabelle 2*). Die projektive Identifizierung leitet den Prozeß der Objektbeziehung ein, während die mehr oder weniger endgültige Introjektion des guten Objekts ein Akt der Wiederherstellung (der depressiven Position) ist.[9]

Jedes dieser beiden Bündel umfaßt Begriffe, die einander benachbart sind, sich aber nicht unbedingt decken (Meltzer würde sogar sagen, daß die adhäsive Identifizierung der projektiven Identifizierung als Kommunikation nicht einmal annähernd entspricht). Was das erste Bündel betrifft, unterscheiden sich die Beiträge Meltzers, Winnicotts und Blegers vom

Tabelle 2: Ähnlichkeiten und Differenzen zwischen Begriffen, die die Objektbeziehung und die Herstellung von Verbindungen oder dyadischen Beziehungen als wesentlich libidinöse kennzeichnen

	Winnicott	Bion	Meltzer	Bleger
Begriff	»Beziehung«	Objektbeziehung, deren einfachster Ausdruck die projektive Identifizierung wäre – und deren vollendetster die Wiedergutmachung	Objektbeziehung, deren einfachster Ausdruck die projektive Identifizierkerung wäre – und deren vollendetster die Wiedergutmachung	Interaktive Beziehung
Phantasmatik	ersetzt das Objekt durch den Raum und die Übergangsphänomene	Unbewußtes Phantasma	Unbewußtes Phantasma	Unbewußtes Phantasma
Mechanismus des Individuums oder Beziehungsmechanismus?	Mechanismus des Individuums und Beziehungsmechanismus	Mechanismus des Individuums	Mechanismus des Individuums	Beziehungsmechanismus (funktioniert in wechselseitiger Abhängigkeit)
Ambivalenz und Konflikthaftigkeit	vorhanden	vorhanden	vorhanden	vorhanden
Unterschiedenheit Ich/Nicht-Ich	vorhanden	vorhanden	vorhanden	vorhanden
Eventuelle Pathologie	die gesamte neurotische Pathologie	die gesamte neurotische Pathologie	die gesamte neurotische Pathologie	die gesamte neurotische Pathologie

Bionschen Begriff der Verbindung möglicherweise darin, daß sie Konflikte ausschließen, zumal den zwischen Liebe und Aggressivität. Ihnen geht es mehr um psychische Mechanismen oder Aktivitäten, die eng mit dem *primären Narzißmus* zusammenhängen, während Bions Begriff der Verbindung vielleicht eher mit dem *sekundären Narzißmus* in Verbindung zu bringen ist, als erste Skizze einer Objektbeziehung, die in das eingreift, was man als »Vorspiel zur Rücknahme der libidinösen Besetzung« bezeichnen könnte.

3. Das Paar: Narzißtische Bindungen und libidinöse Objektbindungen

Nach Bion bleibt die Situation, die sich in der Verbindung darstellt, auf dem Stand ihrer subjektiven Verarbeitung – das heißt in dem Maße, wie die Verbindung vom Subjekt verinnerlicht wird – im Subjekt bestehen, wenn auch in verwandelter Gestalt (Denkapparat/Denken, Phantasievermögen/Phantasien und so weiter). Auch die synkretistische Gruppenstruktur bei Bleger oder die Einheit bei Winnicott sind psychische Vorgänge, die im Individuum auf Dauer erhalten bleiben: an ihnen orientiert sich jede dyadische Beziehung.

Ausgehend von unserer Gegenüberstellung der Konzepte, die sich aus der Theorie der libidinösen Objektbesetzung ergeben, können wir den Begriff der Bindung nun auf die Paarbeziehungen anwenden. So umfaßt das Band der Allianz zwei Arten von Beziehungen: erstens die einer *narzißtischen Bindung*, die der narzißtischen Besetzung untersteht, die allen menschlichen Banden gemeinsam ist und zu der Mann und Frau ihren Beitrag leisten. Der zweite Typ wäre der einer *libidinösen Bindung*, die der libidinösen Objektbesetzung untersteht und zwischen den Partnern mittels projektiver Identifizierung oder Interaktion einen gegliederten Zusammenhang zwischen getrennten, aber einander zugeordneten Wesen stiftet. Beide »Bande« tragen zur Festigkeit und Dauer der Allianz bei.[10]

In jeder Allianzbeziehung neigt der Narzißmus zum Synkretismus, zu jener »Einheit«, welche die Grenzen zwischen den Individuen verwischt und den individuellen Raum überflutet: er ist der Überrest des stets aktiven, stets nach Ähnlichem suchenden primären Narzißmus. Die narzißtische Allianzverbindung äußert sich sich in einfachen und in komplexen Formen. Zu den einfachen Formen gehört *die Verschmelzung* (die Vorform eines Rahmens) als Grundlage jeder Bindung, der psychische Apparat der Familie oder der Ehegatten, »die Familien- oder Ehepsyche«, wie Ruffiot (1981c) sagen würde. Bei den komplexen Formen finden wir das *gemeinsame Selbst der Ehegatten* [*le soi conjoint*], von dem noch die

Rede sein soll. Seine Bestandteile sind: die gegenseitige Zugehörigkeit oder eheliche Identität; die Besetzung eines Wohnraumes, etwa des Hauses (oder mehrerer Häuser); der gemeinsame Weg, der mit Erinnerungen und materiellen Zeichen versehen ist; das Ichideal der Ehegattengruppe und dergleichen (Eiguer, 1982b; 1982f; 1983b). Auch wenn ihnen die Tatsache gemeinsam ist, daß sie die Paargruppe stärken, unterscheiden sich die narzißtischen Bindungen von den libidinösen Objektbindungen durch ihre Tendenz zur Uniformierung. Die ersten repräsentieren die Identifikation des Ichs mit dem Identischen, während die zweiten die Identifikation des *unbewußten Anderen* (Eltern- oder transgenerationalen Objekts) mit dem realen Anderen darstellen, und zwar in einer Verbindung zwischen innerem und äußerem Objekt.

Je weiter sich das gemeinsame Leben der Partner entwickelt, desto mehr können die narzißtischen Bindungen von den libidinösen Bindungen »zehren«, aus ihrer Erfahrung schöpfen: sie liefern dem gemeinsam Vorbewußten ein *Metawissen*, eine Vertrautheit von Gesten und Worten, die ein gegenseitiges Wiedererkennen ermöglicht. Normalerweise rufen die narzißtischen Bindungen keine unangenehmen, sondern eher beruhigende und Gelassenheit ausstrahlende Affekte hervor. Erst wenn sie sich in den Vordergrund drängen, erzeugen sie Unlust und Leiden. Die libidinösen Bindungen enthalten dagegen die »Mißgeschicke« der Interaktion, der gemeinsamen Sexualität und des Gesetzes. Überdies kann sich die Zerbrechlichkeit eines Paares auch im *Ungleichgewicht* zwischen den narzißtischen und den libidinösen Objektbindungen äußern, was zu zwei unterschiedlichen Situationen führen kann:

(1) Entweder die narzißtischen Bindungen »überwuchern« die libidinösen, »schmarotzen« an ihnen, wie es bei jenen narzißtischen, eng miteinander verschmolzenen Paaren der Fall ist, bei denen einer den anderen ignoriert, etwa dann, wenn einer der Partner psychisch krank ist. Hier mangelt es an jener Unterschiedenheit, zu der die »interaktive Gruppenstruktur« beiträgt (vgl. Eiguer, 1983b).

(2) Oder die libidinösen Objektbindungen gewinnen die Oberhand über die narzißtischen, wie es etwa dort der Fall ist, wo Elternimagines, »Familienmythen« (Boszormenyi-Nagy & Spark, 1973, dt. 1981) oder »Delegationen« (Stierlin, 1977) – Aufträge, die von Mitgliedern der Herkunftsfamilie erteilt worden sind – das Paar »durchsichtig« machen, ihm seine *haltende, Halt bietende Identität* rauben. Die Paar-Identität, der alle Besetzungen entzogen wurden, »zerfällt in Staub« zugunsten des allzu idealisierten oder als Verfolger erscheinenden Anderen. So lassen sich die Partner beispielsweise von einer imponierenden Großelternfigur, von dem »Phantom« eines Vorfahren (Abraham & Torok, 1978), der eine als verwerflich und beschämend empfundene Tat begangen hat, oder von

einem Wunsch der Familie vereinnahmen, der sie zwingt, ohne ihr Wissen eine »Wiedergutmachung« zu leisten.

Sobald also ein Ungleichgewicht zwischen den narzißtischen und den libidinösen Objektbindungen entsteht, erscheinen beide entstellt und verzerrt.

4. Über die libidinöse Objektbindung: Pole und Wechselbeziehung

Von der Seite der libidinösen Objektbindungen aus betrachtet, umfaßt das Band der Allianz die dauerhafte Objektbesetzung jedes Partners durch den anderen, gleichzeitig aber die Umsetzung dieser Bindung in Szene und Handlung (wie man auf der Bühne sagt), in Interaktion: die gegenseitige Auslösung von Haltungen und Verhaltensweisen, ihre Zirkularität und Rückkopplung.

Eine Interaktion und zwei Pole machen also die libidinöse Objektbindung der Allianz aus. Die Interaktion steht für den relationalen Aspekt. Die beiden Pole, vom Kastrationsphantasma geprägt, betreffen den personalen und (durch die sexuelle Identität) identifizierbaren Aspekt der Verbindung (Ehemann/Ehefrau), einen Gesichtspunkt, auf den unsere theoretische Perspektive nicht verzichten kann.

»Pol« bedeutet:
- sexuelle Identität (»ich bin ein Mann oder eine Frau«);
- besondere Funktionalität (»ich handele als . . .«);
- zugeschriebene oder institutionell verankerte Permanenz der Rolle (»ich bin verheiratet mit . . .«);
- aber auch eine Permanenz, die mit jeder Geste und jeder Handlung in der Interaktion verteidigt werden muß;
- vom anderen als dieser oder diese (Ehemann, Ehefrau) phantasmatisch besetzt zu werden;
- von den anderen Familienmitgliedern als dieser oder diese bezeichnet und anerkannt zu werden.

Die Gestaltung einer Rolle ist demnach nicht allein das Werk des einzelnen Rollenhandelnden oder seiner mehr oder weniger entwickelten Fähigkeit, seine Kastration hinzunehmen, sondern auch das Produkt der Beziehungen zwischen dieser Rolle und den übrigen Rollen, zwischen diesem Band und den übrigen Banden in der Familie. Hier ähnelt jeder dem römischen Gott Janus mit seinen zwei (oder mehreren) Gesichtern. So verhält sich der Vater im Rahmen der Filiation als *Vater*, innerhalb der Allianz als *Ehemann*, im Verhältnis zu seiner Schwester (also im Rahmen der Konsanguinität) als *Bruder* und schließlich (innerhalb der Filiation) als *Kind* seiner Eltern. Letztlich definiert diese Rollenverschiedenheit das familiale Subjekt als *vielfältiges und widersprüchliches Wesen*; es sind die affektiven Gegensätze, die Ambivalenz der verschiedenen Positionen zwischen Liebe und Ablehnung, die dem familialen Subjekt seine Einheit verleihen: eines der Kennzeichen der Genitalität liegt gerade darin, den Familienbeziehungen das Siegel der *Verschiedenheit* aufzudrücken. Diese Verschiedenheit gestattet es erst, ein Gleichgewicht herzustellen, Kompensationen zu akzeptieren. Die Festigkeit der ehelichen Organisation ist das Ergebnis vielfältiger Kompromisse. Die sexuelle Identität wird durch die Kastration, deren Ergebnis sie ist, anpassungsfähig und beweglich. *Je mehr einer »mehrere« ist, desto mehr ist er er selbst.*

Wenn die Gruppentheorie der Allianzverbindung den Begriff des Individuums neu zu formulieren sucht, um die Verschiedenheit der Funktionen jedes Partners zu unterstreichen, wird die Arbeit der sexuellen Identität im Rahmen der libidinösen (Objekt-) Bindungen vorrangig. Die sexuelle Identität als letzte Bastion des Paares ist die Form von Gemeinsamkeit, auf die sich die Paargruppe notfalls zurückzieht. Grundsätzlich kann man sagen, daß die narzißtischen Bindungen die Einheit wieder zusammenschweißen.

Genese und Struktur

1. Typologie des Paares

Aus der therapeutischen Praxis läßt sich eine Typologie von Paaren nicht ohne weiteres herausfiltern. Die meisten Paare »zeigen sich von ihrer schlechtesten Seite«, wenn es um Konflikte geht. Die Schwere der Vorwürfe, die Erpressungen und kaum verhüllten Drohungen, die jeder Logik spottende Hartnäckigkeit, die Verbissenheit, allem Augenschein zuwider recht behalten zu wollen, die Verwendung eines Deutungsmechanismus, der demjenigen paranoider Patienten nahekommt: das alles sind leider ziemlich geläufige Bestandteile des Konfliktlebens von Paaren. Während der Begegnungen mit dem Paar, insbesondere bei den ersten Gesprächen, ist es schwierig, das strukturell Gegebene vom Zufälligen zu unterscheiden; das, was dauerhafte Struktur und feste Organisation ist, von der augenblicklichen Erbitterung zu trennen. Unter diesem Vorbehalt lassen sich drei Typen von Paaren herausarbeiten, wobei jeder Typ auf den ersten Blick disparate Fälle umfassen kann, denen freilich *eine ähnliche unbewußte Gruppenphantasmatik* eigen ist. In diesem zuletzt genannten Sinne findet unsere Typologie ihre Rechtfertigung: sie übersetzt die unbewußte Struktur des Paarkollektivs.

Die drei Paartypen sind die folgenden: (1) das normale oder neurotische, (2) das anaklitische oder depressive und (3) das narzißtische Paar. Willi (1975) hat eine Klassifikation vorgeschlagen, die der unseren sehr nahe kommt: unser erster Typ ähnelt seinem »phallisch-ödipalen Paar«, unser zweiter seinem »oralen Paar«, während unser dritter Typ Aspekte von Willis Kategorien des »narzißtischen« wie auch des »analsadistischen« Paares umfaßt. Um den Begriff des *dauerhaften Paarstruktur* näher zu kennzeichnen, wollen wir sagen, daß sich jede solche Struktur in einer bestimmten Art des unbewußten Konflikts zwischen Gruppeninstanzen und einer bestimmten Art kollektiver Phantasien äußert. So definiert sich die unbewußte Struktur des Paares (a) *unter ökonomischem Gesichtspunkt* als gegenseitige narzißtische Besetzung und Objektbesetzung (narzißtische und libidinöse Bindungen), wobei nicht nur die Spaltung, sondern auch ein ausgewogenes Verhältnis zwischen beiden Bindungsarten erforderlich ist. Jeder Paartyp weist damit ein mehr oder weniger stabiles Gleichgewicht zwischen narzißtischen Bindungen und libidinösen Objektbindungen auf; (b) *unter topischem Gesichtspunkt* durch die Beziehungen innerhalb der Paargruppe zwischen den konvergierenden unbewußten Objekten und der erworbenen Organisation des Paares (siehe unten, S. 52). Mit jedem Paartyp gehen verschiedene Modalitäten von Objektbeziehungen einher (vgl. *Tabelle 3*). Entsprechend ähneln sich die Beziehungen zwischen gemeinsamem Selbst und gemeinsamem Ichideal nur zwischen Mitgliedern von Paaren desselben Typs. (c) *Unter dynamischem Gesichtspunkt* läßt sich die »unbewußte Struktur des Paares« durch konvergierende Triebtendenzen charakterisieren, die eine »gemeinsame Spannung« schaffen (Ezriel, 1960, dt. 1960): der narzißtische Paartyp wird von Trennungsimpulsen und Verfolgungsangst geprägt, der Anlehnungstyp von Verlustängsten und der neurotische Typ von Kastrationsangst und der Furcht vor emotionaler Nähe. (d) *Aus genetischer Perspektive* schließlich setzt jeder Typus ziemlich nahe beieinanderliegende lebensgeschicht-

Tabelle 3: Der erste Organisator (Objektwahl des Paares) und die Strukturierung der kollektiven Innenwelt bei den einzelnen Paartypen

	Normale oder neurotische Paare	Paare, die mit Verlustangst zu kämpfen haben (anaklitisch)	Narzißtische oder psychotische Paare
Typ des Organisators: Objektwahl	positiver und negativer Ödipuskomplex	Asymmetrisch oder Anlehnungstyp	Symmetrisch oder narzißtisch
Gemeinsame Objektwelt in der Ehe	Triangularität. Beschränkte Imagines	Imponierende kollektive Imagines (phallische Mutter). Gestalt eines Vorfahren als überichhaftes oder idealisiertes Objekt	Partialobjekt. Verschmelzung von Imagines

liche Fixierungen voraus, wobei die Art und Weise der phantasmatischen Kollusion (Willi, 1975) ein gemeinsames psychisches Feld eröffnet.

1.1 Das ödipale (»normale« oder neurotische) Paar

Dieses Paar lebt fest verankert in seinen libidinösen Bindungen, weist aber gleichwohl komplexe Vorstellungen der sexuellen Identität und oft einander überkreuzende sexuelle Identifizierungen auf. Hierzu sind die meisten menschlichen Paare zu zählen, von denen eine kleine Minderheit Probleme hat und ärztlichen Rat sucht. Sie kommen vor allem wegen sexueller Schwierigkeiten (Impotenz, Dysorgasmie, Ejaculatio praecox, Vaginismus und so weiter) sowie wegen offener Konflikte, bei denen Eifersucht, berufliche Rivalität (phallische Herrschaft, siehe oben, S. 34) und gewisse Schwierigkeiten im sprachlichen Austausch im Vordergrund stehen. Ansonsten treten bei ihnen Krisen im Zusammenhang mit außerehelichen Verbindungen auf. Die Probleme sind klar gestellt, und die Einsicht entwickelt sich ohne Schwierigkeiten.[11] Willi

1.2 Das anaklitische Paar

Das anaklitische, auf unbewußter Verlustangst gründende Paar versucht sein Verlorenheitsgefühl sowohl durch eine geeignete Abwehrstruktur wie auch durch eine entsprechende Gruppenorganisation zu bewältigen (die beim einen oder beim anderen Partner auftreten und Mißhelligkeiten hervorrufen kann). *Als Abwehr* dient die Beziehung als Stütze, »Anlehnung«, fester Halt, der alles Leiden der Partner mildert oder dämpft. *Als Organisation* gestattet sie es, die Sorgen des Paares, seine Weltauffassung (seine Mythen) zu bündeln und unter das Leitmotiv der Begleitung zu stellen (»Gemeinsam sind wir stark«).[12]

Bei den Konflikten dieser Paare geht es um die Vertrauenswürdigkeit der Personen ihrer Umgebung. Anders als bei neurotischen Paaren, die grundsätzlich von ihren eigenen Schwierigkeiten sprechen, sind es bei anaklitischen Paaren andere Personen, die die Gespräche in der Ehe in Beschlag nehmen und buchstäblich ausfüllen. Oft ist die Rede von Freunden, Eltern, Kindern, die den einen oder den anderen Partner fallenlassen oder mit Zuwendung überhäufen, was gelegentlich Konflikte hervorruft. Diese Paare sind sehr empfindlich für Veränderungen; darin ähneln sie den narzißtischen Paaren. Doch im Unterschied zu diesen ist der vorherrschende Affekt bei ihnen die *Nostalgie* (während beim narzißtischen Paar das Ressentiment im Vordergrund steht). Beim anaklitischen

Paar gibt es ein Ungleichgewicht zwischen narzißtischen Bindungen und libidinösen Objektbindungen zuungunsten der ersten.

1.3 Das narzißtische Paar

Beim narzißtischen Paar oder dem Paar mit einem psychotischen Partner rückt das Problem des Machtbesitzes in den Mittelpunkt. Kontrolle, Verachtung, Betonung der Unzulänglichkeiten des anderen sind die Aspekte des sadomasochistischen Interaktionsmusters. Hierher gehören die Paare, deren Partner ein Wort oder einen Satz »niemals vergessen«, auch wenn er schon Jahre zuvor gesagt wurde (»Ich hätte ein Tonband aufstellen sollen«). Häufig prüfen sie, ob das, was der andere sagt, nicht auf geheime negative Absichten schließen läßt. Die Bildung von Phantasien wird gewöhnlich als etwas Falsches oder Irriges betrachtet: in Wirklichkeit ist sie Zeichen der eigenständigen Existenz des anderen. Narzißtische Paare sehnen sich nach totaler Verschmelzung. Wenn sie mit sexuellen Störungen zu kämpfen haben, handelt es sich im allgemeinen um ernste Schwierigkeiten wie den »Nicht-Vollzug der Ehe« oder sehr lange Unterbrechungen der sexuellen Aktivität. Beim narzißtischen Paar wird der Geschlechtsakt häufig *gemieden*; beim anaklitischen Paar sind die Beziehungen vielleicht sehr selten, aber dort handelt es sich um Verweigerung aus *Desinteresse* (beim einen, beim anderen oder bei beiden Partnern; siehe unten, S. 70); das neurotische Paar schließlich kann gegenüber der Sexualität *Abscheu* empfinden.

Jeder »Paartyp« kann Aspekte eines anderen aufweisen; wichtig ist jedoch, die vorherrschende Struktur zu beachten. Der Fall »perverser« Paare, Hauptthema vieler Reflexionen über das Paar, läßt den Unterschied zwischen Abwehrvorrichtung und unbewußter Struktur deutlich werden; man bemerkt dabei nämlich, daß perverse Sexualpraktiken, Verhaltensweisen oder Charakterzüge bei manchen dieser Paare – den neurotischen – im Dienste der Regression stehen (als beiderseitige Verleugnung der Kastration), während sie bei anderen Paaren – den anaklitischen – als strukturelle Phänomene anzusprechen sind (die Unzulänglichkeiten des einen werden vom anderen ausgebeutet).

Wir haben mit Nachdruck hervorgehoben, daß jedes Band einer Allianz, sei es normal oder »pathologisch«, narzißtische Bindungen und libidinöse Objektbindungen einschließt. Bei narzißtischen Paaren herrschen die ersten vor, während die zweiten kaum entwickelt sind und von der allmächtig und tyrannisch gewordenen narzißtischen Logik bedrängt werden. Eben deshalb können narzißtische Paare die Unterschiede zwischen den Partnern nicht ertragen oder verleugnen sie. Umgekehrt werden diese Unterschiede bei normalen oder neurotischen Paaren zu einem Angelpunkt der Beziehung (Komplementarität). Beim neurotischen Paar löst die sexuelle Differenz (und selbst die Bisexualität oder die psychosexuelle Inversion) entweder Faszination oder Ablehnung aus. Bei anaklitisch-depressiven Paaren siedeln sich die grundsätzlichen Differenzen zwischen den Partnern auf den Achsen infantil/reif, schwach/stark oder abhängig/unabhängig an und wirken auf die Beteiligten bald verführerisch, bald ernüchternd.

Nach der Vorstellung der verschiedenen Typen wollen wir nun das Problem ihrer Genese stellen und dabei von einem gruppentheoretischen Begriff ausgehen: dem unbewußten Organisator der Gruppe. Zwar sind die narzißtischen und die libidinösen Objektbindungen von der ersten Begegnung an strukturiert, nehmen aber erst nach einer Anfangsphase der Gefühlsbindung Gestalt an (Eiguer, 1983c).

2. Der Begriff des unbewußten Organisators

»Sich einer einzigen Seele bedienen, um zwei zu sein«
Paul Claudel, *Journal*

René Spitz (1965, dt. 1967) hat in seiner Konzeption der frühkindlichen Entwicklung einige Momente herausgehoben, in denen sich die gesamte Psyche des Kindes auf ein einziges inneres (und äußeres) Element konzentriert. Entwicklungsströme aus unterschiedlichen Quellen gehen in den Reifungsprozeß ein und verschmelzen zu einer entwickelteren »neuen psychischen Struktur«, die Spitz als *Organisator* bezeichnet (das Lächeln als Reaktion auf den Blick der Mutter, die Fremdenangst, das Ja und das Nein). René Kaës (1976) hat diesen Begriff aufgenommen und zu dem eines »psychischen Apparats der Gruppe« weiterentwickelt, einer kollektiven Instanz, die sich über Gruppenorganisatoren aus der individuellen Psyche herausbildet. Die Urphantasien, insbesondere das Phantasma der Urszene, die Imagines und die inneren Objekte eignen sich als »Gruppenphänomene« schon von Natur aus dazu, Verbindungen zwischen Individuen zu stiften. Die Effekte von Synthese und Reifung, die sich nach Spitz genau dann einstellen, wenn ein individueller Organisator tätig wird, finden sich Kaës zufolge auch in jenen entscheidenden Momenten, in denen die Gruppe von den Gruppenbildungen der Subjekte ins Leben gerufen wird. Didier Anzieu (1975) hat die Idee des Organisators auf den *Entwicklungsprozeß informeller (nichtfamilialer) Gruppen* angewandt (etwa Therapie- oder Ausbildungsgruppen). Später hat André Ruffiot (1979) die Entdeckungen Anzieus auf die *Familienthera-*

pie ausgedehnt. Dabei hat sich herausgestellt, daß sich die (formelle) Familiengruppe auf ganz ähnliche Weise entwickelt wie Gruppen unter therapeutischen Bedingungen.

Ich habe meinerseits in einem früheren Aufsatz (Eiguer, 1982f) die Idee des unbewußten Organisators mit Rücksicht auf die Verwendungsweise dieses Begriffs bei Spitz, Kaës, Anzieu und Ruffiot fruchtbar zu machen versucht. Dabei ging es mir um die Erforschung der unbewußten Kohärenz der Familie, jedoch nicht in dem klar begrenzten Bereich der Familientherapie, sondern unter *natürlichen Bedingungen*. Hier interessieren wir uns für die Mechanismen, die dem Paar Zusammenhalt verleihen. Die Paargruppe setzt sich aus Individuen zusammen, die innerhalb ihres eigenen psychischen Apparats eine unbewußte Vorstellung von sich als Gruppe besitzen; dennoch muß das Paar viel erleiden, bis es sich einig geworden ist und ein Gefühl der gegenseitigen Zugehörigkeit entwickelt hat, das es mit niemandem teilt: eben darauf zielt der »Paarorganisator«.

Eine solche Organisation unterstellt keineswegs, daß es keine Auseinandersetzungen gäbe: ein und derselbe Organisator kann das gemeinsame Leben strukturieren und zugleich Konflikte auslösen. Oft liegt darin sogar ein technisches Problem, denn indem man den Konflikt behandelt beziehungsweise entschärft, läuft man Gefahr, die ansonsten befriedigende Organisation des Paares anzugreifen. Wir werden drei Organisatoren des unbewußten Lebens des Paares betrachten – die Objektwahl (Partnerwahl), das gemeinsame Selbst der Ehegatten und die gemeinsame Phantasietätigkeit – und dabei darauf achten, wie sie jeden der drei Paartypen strukturieren.

3. Die Objektologie der Ehe, begründet durch die Partnerwahl. Der erste unbewußte Organisator

Als den *primären* Organisator der Familiengruppe – im Unterschied zu informellen Gruppen – betrachtet Anzieu (1975) den Ödipuskomplex. Durch das Zusammenspiel zwischen intensiver inzestuöser Liebe und ihrem Verbot bereitet die Familie das Subjekt darauf vor, eine andere Bindung zu besetzen, die am Ursprung einer neuen Familie stehen wird. Für das Individuum bedeutet die Wahl eines exogamen Sexualobjekts einen gangbaren Ausweg aus dem Ödipuskomplex und dem Inzestverbot. Zwar trägt die Kastrationsangst in hohem Maße zur Auflösung, zum *Untergang des Ödipuskomplexes* bei; einen Ausweg bietet jedoch nur die Identifikation mit dem Vater, die von Anfang an mit einem Paradox behaftet ist: das Über-Ich (Freud, 1923) schreibt vor, sich mit dem Vater zu identifizieren und zugleich nicht zu identifizieren, nämlich sich bei der

Wahl des Sexualobjekts (der Mutter) gerade nicht so zu verhalten wie er. Kommt dabei keine dritte Dimension ins Spiel – wird also für das Kind keine Unterscheidung zwischen der Ebene *der* Frau und *dieser* Frau eingeführt –, handelt es sich durchaus um ein Paradox!

So wird also durch einen doppelten paradoxen Zwang einem Begehren freie Bahn gegeben, das zur Autonomie und zur Besetzung der Exogruppe führt. Das Subjekt hat seine Mutter (als Partnerin) verloren; doch es hat die (bedingte) Freiheit gewonnen, eine andere Frau zu wählen, die seiner Mutter ähnelt (Gear & Liendo, 1972).

Nach Freud (1933) steht das Mädchen noch lange, insbesondere bei der Liebeswahl, unter dem Bann des Ödipuskomplexes. Deutlich zeigt sich das etwa an dem Partialobjekt, welches bei einem Mann gesucht wird (seine männliche Erscheinung; mehr das, was er erworben hat, als sein ganzes Sein; anders gesagt, Äquivalente für den Phallus), oder an der anaklitischen Wahl eines väterlichen Mannes. Auch wenn bei der Partnerwahl vermutlich noch mehr Faktoren mitspielen, folgt sie doch einem Determinismus, der in gewisser Weise den Charakter einer Organisation aufweist: sie hat einen ähnlichen Wert wie die unbewußten Kompromißbildungen, wie das Symptom oder die Fehlleistung. Sie führt zu einer ökonomischen Entlastung und wirkt in mehrfacher Hinsicht als Abwehrmechanismus. Wir können also die Bedeutung dieser Wahl für die Festigung und die unbewußte Organisation des Paares ermessen; beide Partner *überkreuzen* ihre unbewußten Objekte. Wie Freud (1905, S. 123) schreibt, ist die Objektfindung in der Gefühlsbeziehung eigentlich eine *Wiederfindung* und zugleich *Vollendung der infantilen Liebe*. Bedenkt man die Entschiedenheit und den hohen Wiedergutmachungs- und Symbolwert der Liebesbegegnung, so erkennt man, daß die Beziehung das Erbe all dieser Aspekte antritt und dazu neigt, sich zu festigen und zu verewigen.

Das unbewußte Objekt des einen ist also mit dem unbewußten Objekt des anderen verschlungen, und zusammen eröffnen sie den Horizont einer »von beiden geteilten Objektwelt«, die damit eine organisatorische Bedeutung annimmt. Trotzdem deckt sich das äußere Sexualobjekt nicht ohne weiteres mit dem unbewußten Elternobjekt, es ist auch keine »unbekannte« Realität. Es liegt zwischen beiden: weder völlig real noch reines Phantasma. Statt dessen regt es das Subjekt dazu an, jenen »potentiellen Raum« (Winnicott, 1971, dt. 1979) zwischen Phantasie und Realität mit Hilfe des »Übergangsspiels« schrittweise zu füllen. Dieser Raum wird *der Raum* der Verliebtheit und der Liebe in der Familie, der Bereich, in dem sich Phantasieleben, Humor und gegenseitiger Austausch entfalten können.[13]

Wenn die Gruppe der Ehegatten dem ödipalen Primat untersteht – und im Grunde haben wir uns bisher nur mit diesem Fall beschäftigt –, handelt es sich um Objekte und zugleich um *libidinöse Bindungen zwischen Objekten*. Ein Junge »findet« seine Mutter »wieder«: er nimmt gegenüber dem Mädchen die Verhaltensweisen, das »Liebesverhalten« seines Vaters gegenüber seiner Mutter ein und erwartet von dem Mädchen ähnliche Reaktionen wie die seiner Mutter gegenüber seinem Vater. Beim Mädchen stellen sich die Dinge mehr oder weniger analog dar. In beiden Fällen handelt es sich natürlich um Phantasien der beiden jungen Leute hinsichtlich der Haltungen oder Erwartungen ihrer jeweiligen Eltern. Die Liebesbeziehung gestattet dem Sohn die Identifikation mit dem Vater, der die Mutter begehrt, von ihr verführt wird, »die Liebe praktiziert«. Vorstellung der *Mutter*, die mit der Partnerin assoziiert wird (Verschiebung); Vorstellung des *Vaters* (Identifikationsobjekt); und schließlich Vorstellung der *Bindung zwischen Vater und Mutter*, ihrer Interaktion als Liebende, einander Begehrende, miteinander Handelnde.[14]

Unsere therapeutische Erfahrung mit neurotischen Paaren erlaubt uns die Feststellung, daß die Wahl auf jemanden fallen kann, der »ganz das Gegenteil ist«, der dem gegengeschlechtlichen Elternteil nicht im mindesten ähnelt, weder äußerlich noch psychologisch, also dessen doppeltes Gegenteil darstellt. In diesem Falle fällt die Wahl – die man als *defensiv* bezeichnen könnte, insofern sie die Wahl des heterosexuellen Objekts abwehrt – also auf die Figur des gleichgeschlechtlichen Elternteils, und zwar in dem Maße, wie »Vater und Mutter das komplementäre Universum der infantilen Objekte ausmachen« (Liendo).[15] In ihrem klinischen Dialog über eine Supervision einer ehetherapeutischen Behandlung weisen Satir und Liendo (1980) übereinstimmend darauf hin, daß die Wahl eines Partners, der dem gleichgeschlechtlichen Elternteil ähnelt, durchaus häufig vorkommt. Die Autoren schlagen folgende Formel vor: »Der Mann sucht als Sexualobjekt das, was seine Mutter nicht war, und die Frau das, was ihr Vater nicht war.« Im ersten Falle wäre das »der Vater«, im zweiten »die Mutter«. Damit öffnen sich neue theoretische Perspektiven; zum Beispiel werden wir sagen, daß das, was ein Elternteil nicht ist, sein inneres (großelterliches) Objekt sein kann. Eine solche »homosexuelle« Objektwahl kann also die unbewußte *ödipale Objektwahl des betreffenden Elternteils* verdecken: also einen vom Vater beziehungsweise von der Mutter phantasmatisch überbesetzten Partner (beim Mädchen die Großmutter väterlicherseits; beim Jungen der Großvater mütterlicherseits).

Bei der Analyse der Auseinandersetzungen eines Paares macht Liendo deutlich, daß der Konflikt in diesem Falle mit der Kluft zwischen der Erwartung an das Objekt (dem, was auf es projiziert wurde) und seiner Realität, seinen Reaktionen verbunden war, also mit der Diskrepanz zwischen erwarteter und erfüllter Rolle. Nach einem Moment der Enttäuschung und der Forderungen läßt sich dann eine Phase beobachten, in der das Subjekt mit seinem Verhalten den anderen dazu bringen möchte, den Erwartungen seines inneren Objekts zu *entsprechen*. Der andere kann ganz ähnliche Gefühle gegenüber dem ersten hegen und wie dieser mit seinem Verhalten (Erpressungen, Szenen, *acting out*) zu erreichen versuchen, daß der erste wie sein unbewußtes Elternobjekt »wird« (veranlaßt durch projektive Identifizierung). Ein solches Paar leidet an Reminiszenzen der Vergangenheit: und diese Vergangenheit hängt mit der Idealisierung und der Wahl des anderen als des einzigen Trägers des phantasierten Objekts zusammen. Der gegenwärtige Konflikt des Paares ist das Ergebnis einer Interaktion, die ihre Quelle in jener Vergangenheit hat.

3.1 Pathologische Formen der Objektwahl

Das Modell, das wir eben umrissen haben, ist ein »normales« oder »neurotisches« Modell. Es hat uns dazu gedient, den Begriff einer inneren Welt gemeinsamer Objekte einzuführen, einen der unbewußten Organisatoren der Paargruppe. Im Laufe der Zeit haben die Analytiker, an erster Stelle Freud selbst, mehrere Arten der Objektwahl entdeckt; Freud unterscheidet

– *den narzißtischen Typus*, der liebt, »a) was man selbst ist (sich selbst), b) was man selbst war, c) was man selbst sein möchte, d) die Person, die ein Teil des eigenen Selbst war« (1914, S. 156);

– *den Anlehnungstypus* (wie er für das anaklitisch-depressive Paar charakteristisch ist), zu dem diejenigen Männer oder Frauen gehören, die an ihrem Partner eine Stütze finden wollen (den Vater oder die Mutter der Kindheit; Anlehnung an den Selbsterhaltungstrieb). Im Unterschied zum klassischen ödipalen Typus handelt es sich bei dieser Liebeswahl nicht um eine aktive und reife Identifikation mit dem gleichgeschlechtlichen Elternteil, sondern um eine partielle und narzißtische Identifizierung mit der infantilen Haltung des Subjekts selbst. In der Tat ist die anaklitische Wahl im Verhältnis zu der Stufe der Auflösung des Ödipuskomplexes regressiv. Diese Wahl, die häufig dann eintritt, wenn einer oder wenn beide Partner einen schmerzlichen Verlust erlitten haben, bietet dem einen eine infantilisierende Komplementärbeziehung und dem anderen ein Wiederaufleben seiner Elternrolle. Hierher gehört das Beispiel der Krankenschwester, die ihren Patienten heiratet, oder der Fall jenes depressiven Mannes, der sich vor jedem Anfall in eine andere Frau verliebt, die jedesmal ebenfalls depressiv ist: wahrscheinlich versucht er mit diesen Liebesverhältnissen, seine Niedergeschlagenheit »auszutreiben« (Guillaumin, 1979a; Eiguer, 1983a).

– *Der »ödipale« Typus* der Objektwahl stellt dagegen eine reifere Wahl dar, die neurotischen oder »normalen« Strukturen entspricht.

Indem wir die fast beunruhigende Formulierung verwenden, wonach der Partner ein unbewußtes Objekt des Subjekts symbolisiert (oder ihm gleicht), ein »Stück« seiner Innenwelt darstellt, wollen wir den »gespenstischen« Aspekt solcher Elternobjekte hervorheben (*Tabelle 3*). In der Phantasiewelt, die sich die Ehepartner aufbauen, überkreuzen sich Phantasien, Ideale, Wünsche, die sich dann gegebenenfalls auf dem Nachwuchs »ablagern«. Die Tatsache, daß zwischen den Partnern keine »Blutsbeziehung« besteht, macht die Verbindung zu einer »rein psychischen«, intensiv psychischen. (Ein Band zwischen Vater und Sohn versteht sich sozusagen von selbst.) Vielleicht ist die Allianz deshalb auch der Ort, wo so viele komplexe Phantasien brodeln.

3.2 Zweite und dritte Illustration: Beispiele narzißtischer Objektwahl

Herr und Frau Guillaume. Die Guillaumes sind ein extremes Beispiel dafür, was geschieht, wenn zwei Menschen eine Verbindung eingehen, ohne ihr Begehren anzuerkennen. Ihre Tochter, eine junge Studentin, zeigt eine Schizophrenie und mußte vor einigen Jahren in einer Anstalt eingeliefert werden. Diese Sorge nimmt ihnen alle Lebensfreude. Die Entscheidung für die Familientherapie wird von den drei Mitgliedern der Familie gut aufgenommen. Bei einem der Vorgespräche möchte der Therapeut von den Eltern Genaueres darüber erfahren, wie sie sich kennengelernt haben. Darauf hört er vom Vater die folgende Geschichte: »Was ich an meiner Frau gefunden habe? ... Wie ich meine Frau kennengelernt habe? Ja . . . Das war so: Meine Frau und ich waren auf demselben Internat. Der Pavillon der Mädchen war von unserem getrennt, wir hatten keinerlei Kontakt miteinander. An einem Samstag bekamen wir Ausgeherlaubnis. Die Jungen beschlossen daraufhin, mit den Mädchen auszugehen, die ebenfalls ihren freien Abend hatten. Durch Vermittlung des Direktors haben wir sie gefragt, ob sie einverstanden seien. Die Mädchen haben »ja« geantwortet und uns eine Liste mit ihren Namen geschickt. Nach einigem Hin und Her haben wir uns geeinigt, wie jeder von uns zu einer Gefährtin für den Abend kommen sollte. Wir haben die Liste der Mädchen genommen, die uns alle unbekannt waren, und haben - ohne hinzuschauen - einer nach dem anderen mit dem Finger auf das Blatt getippt. Das Mädchen, neben dessen Namen auf dem Blatt der Finger landete, sollte mit uns gehen; es war der reine Zufall. Und mein Finger tippte auf den Namen derjenigen, die später meine Frau geworden ist. Ich habe sie an jenem Samstag kennengelernt.« Herr Guillaume gibt diesen Bericht ohne jeden Hinweis auf seine Gefühle und macht auch später keine Bemerkung dazu.

Herr und Frau Dutronc. Herr und Frau Dutronc haben während eines kurzen Zeitraums von zweieinhalb Monaten einmal wöchentlich an einer Paartherapie teilgenommen. Zu der Unterbrechung der Behandlung kam es eher wegen einer Wendung der bis dahin erstickten Konflikte als wegen der Weigerung, sie tiefer zu erforschen. Tatsächlich wurde die Entscheidung dieses durch seine Streitigkeiten bereits sehr mitgenommenen Paares beschleunigt durch das Nahen der Weihnachtszeit, das bei älteren Paaren *ohne Kinder* recht sensible Reaktionen auslöst. In ihrer letzten Auseinandersetzung ging es um die Frage, wo sie die Festtage verbringen sollten: zu Hause oder bei der Mutter von Frau Dutronc, die im Ausland lebt. Für beide war das Eheleben bedrückend, und zwar im stärksten Sinne des Wortes. *Er* konnte »die Extravaganzen« seiner Frau nicht ertragen. »Sie redet zuviel, verlangt dauernd etwas von mir.« Und er war es auch, der eine lange Liste von Beschwerden vorwies, die um so erstaunlicher waren, als ihr Anlaß zum Teil mehrere Jahre zurücklag. Die fünfzehn Jahre Ehe seien die Hölle gewesen: »Wissen Sie, ihre Mutter hat mich nie akzeptiert.« Frau Dutronc antwortet, er täusche sich: ihre Mutter habe sich wiederholt wohlwollend ihm gegenüber gezeigt. »Er duldet es nicht, daß wir beiden Frauen Dialekt miteinander sprechen...« Dann: »Was kann man von einer alten Dame von achtzig Jahren denn erwarten?« Herr Dutronc äußert seinerseits sein Mißfallen darüber, daß seine Frau sich bei ihrer Mutter und bei den Nachbarn über ihn beschwert. Das ist der Grund, weshalb er ihr verboten hat, ins Ausland zu telefonieren (wenn er nicht da ist, blockiert er die Wählscheibe mit einem Schloß). Die Liste der Verbote und Drohungen, die Frau Dutronc vorweist, ist lang und wird unverständlicherweise von ihr akzeptiert. Sehr ruhig und selbstsicher rechtfertigt der Ehemann sein Verhalten; sie greift ihn unablässig an, sie demütigt ihn. Und damit der Therapeut nicht glaubt, er sei im Unrecht, merkt er an, daß jede Handlung von seiner Seite *nur die Folge* eines verbalen Ausbruchs seiner Frau sei. Sie beklagt sich daraufhin ungeschickt über seine mangelnde Zärtlichkeit und darüber, daß er oft tagelang nicht mit ihr spricht (»schließlich muß ich doch mit jemandem reden«). Der Ehemann fügt sogleich hinzu: »Meine Frau kann nicht zuhören«. Frau Dutronc scheint in der Tat manchmal Verständnisschwierigkeiten zu haben. Wird sie zum Beispiel vom Therapeuten (oder auch von ihrem Mann, was allerdings sehr selten geschieht) ausgesprochen positiv herausgestellt, nimmt sie das als abwertendes Urteil, gleichsam als ob sie von den anderen nichts als Klagen und Vorwürfe erwarten könnte. Ohne es zu wissen, zieht sie den raffinierten, man könnte sogar sagen: den aufgeklärten Despotismus des Herrn Dutronc auf sich, der darin eine wohlkonstruierte Rechtfertigung findet, um sein Handeln zu rechtfertigen. Auch die Forderungen, die sie äußert (»er gibt mir nicht genug Geld für den Haushalt«, »wenn ich ein Kleid kaufen will, muß ich mir etwas sparen«) versetzen sie unweigerlich in eine ungünstige Lage. Im übrigen ist sie Gefangene der *Ethik*, die sie akzeptiert hat und die das Paar beherrscht: eine gute Ehefrau oder ein guter Ehemann darf sich niemals beklagen und eine Meinungsverschiedenheit schon gar nicht ständig lauthals wiederholen. Das sind die Worte aus dem Munde des Ehemanns (Metaregel). Die ungerechte Haltung, die man ihm unterstellen könnte, ist nur die Antwort auf die mangelnde Beherrschtheit seiner Frau, sagt er. Merkwürdig ist, wie sie gegenüber solchen Argumenten wehrlos bleibt. Frau Dutronc antwortet dann auf eine der drei folgenden Arten: (1) Sie läßt nicht locker und versucht es noch einmal mit weniger gut artikulierten Beschwerden, zeigt aber damit nur »ihr schlechtes Gedächtnis oder ihren Unverstand« und macht sich auf diese Weise lächerlich. (2) Sie nimmt eine im Verhältnis zum Begehren ihres Mannes völlig symmetrische Stellung ein. Sie möchte tun, was er tut. Er nimmt sich das Recht, abends auszugehen, oder gestattet sich eine Ausgabe, während ihr solche Vergnügungen untersagt sind. (3) Sie beginnt damit, alle Freunde und alle Verwandten ihres Mannes irgendwie zu verdächtigen.

Abgesehen davon, daß sich eine Konfrontation, die zu einer solchen Paralyse führt, ständig weiterentwickelt, wird die Frau bis zum Eintreten einer neuen sadistischen Situation, die sie wehrlos macht, zu einem äußerst wirksamen Träger der Vorurteile des Mannes; so behauptet dieser am Ende: »*Meine Frau ist eine autoritäre Person. Wie alle, die aus Savoyen stammen: die Frauen von dort sind herrschsüchtig.*« In der vierten Sitzung erzählt Herr Dutronc, wie er seiner Frau begegnete:

»Ich hatte gerade in einem Unternehmen als Praktikant begonnen. Es war weit weg, und bald (am Ende der Ausbildungszeit) sollte ich nach Hause zurückkehren ... Es waren zwei Praktikanten dort, wir waren ein bißchen isoliert und hatten Heimweh. Eines Tages beschlossen wir, zwei Sekretärinnen der Firma zum Essen einzuladen. Die eine der beiden ist meine Frau geworden. Warum sie? Das ist einfach; der andere Praktikant war groß, und ich bin klein. Mein Kollege nahm die andere Sekretärin, die zehn Zentimeter größer war als meine Frau. Wir haben kurz darauf geheiratet, ohne uns wirklich kennengelernt zu haben.«

Die affektive Gleichgültigkeit dieses Berichts ist verblüffend und paßt erstaunlich gut zum Fall Guillaume. Der erniedrigende und für sie selbst harte Kampf im Verlauf der Paartherapie geht allmählich in die Richtung der *Übertragung*: in der Übertragungsphantasie von Herrn und Frau Dutronc wird der Therapeut in die Rolle des *Richters* versetzt, der zunächst einmal darüber entscheiden soll, was richtig und was falsch ist, und dann einen Urteilsspruch über die Lust an der gegenseitigen Vernichtung fällen soll. Es ist diese – von seiten des Ehemanns eifersüchtige, von seiten der Frau fordernde – Leidenschaft, die er verurteilen soll. Die Übertragung nimmt hier eine Form an, die wir aus der Familientherapie bereits kennen: *die Suche nach einem Schiedsspruch*; sie trägt das Zeichen eines unbarmherzigen, auf den Therapeuten projizierten Über-Ich-Objekts (Eiguer, 1981c, 1982b).[16]

Etwa in der sechsten Sitzung liefert der Ehemann die Bestätigung dafür, wie sehr er selbst und sie beide von der *Phantasmatik eines höchstinstanzlichen Urteils* beherrscht sind; und er sagt damit etwas, das uns grundlegend scheint, um sowohl die Wahl seiner Gattin als auch seine Tyrannei zu erklären. Er weiß nicht, warum er seine Frau geheiratet hat. Doch sie kommt aus einer Familie, die während der Okkupation mit dem Feind kollaboriert hat, während die seine zu den Opfern gehörte ...

Was für eine sinnlose Anstrengung, im Ehebett die Gerechtigkeit wiederherstellen zu wollen! Welch unheilvolles Begehren, die Frau zuerst zu wollen und dann zu verdammen! Alles in allem besteht diese Ehe aus »transparenten« Wesen ohne Substanz. Sie stehen im Konflikt, doch sie sind miteinander verschmolzen, ineinander zerflossen: so sehr durchdringen die Familienschicksale ihre eheliche Intimität; Familienschicksale im übrigen, die den Partnern eigentlich fremd sind. In dem Gefängnis, das sie sich gemeinsam erbaut haben, sind Okkupation, Kollaboration, Unterdrückung und Widerstand allgegenwärtig.

4. Das gemeinsame Selbst der Ehegatten. Zweiter Organisator

Ebenso wie die vielfachen Beziehungen zwischen Objekten, aus denen die Innenwelt der Gruppe entsteht (libidinöse Objektbindungen), strukturieren sich die narzißtischen Bindungen des Paares nach den Vorgaben einer organisierenden Instanz: des gemeinsamen Selbsts der Ehegatten. Dieses Selbst, definiert als die gemeinsame Vorstellung beider Partner von sich als Paar in raumzeitlicher Dauer, bildet sich schließlich zur permanenten *neutralen Zone* der Gruppenpsyche heraus – auch wenn es auf sehr heftigen Affekten beruht. Für diese neutrale Zone gilt, was Bleger (1966) vom Rahmen und von der synkretistischen Gruppenstruktur sagt: sie sind »stumm« und »sprechen« nur dann, wenn sie in Gefahr geraten. Wie *Abbildung 2* zeigt, sind das Gefühl der Zugehörigkeit, die innere Wohnung und das gemeinsame Ichideal der Gatten drei Bestandteile des *gemeinsamen Selbsts der Gatten* (Eiguer, 1983c; siehe auch *Tabelle 4*).

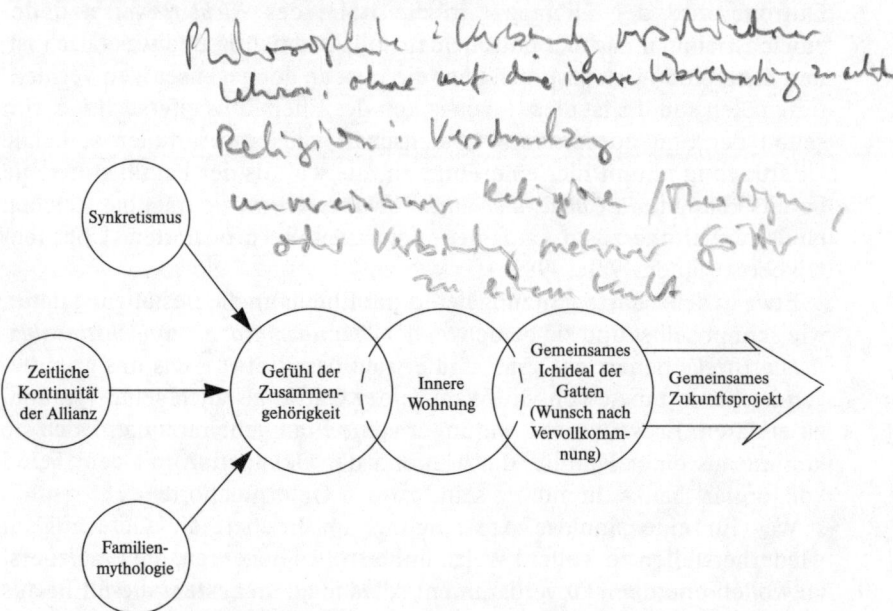

Abbildung 2: Das gemeinsame Selbst der Gatten. Vergangenheit, Gegenwart und Zukunft und ihre drei Komponenten.

Tabelle 4: Der zweite Organisator (das gemeinsame Selbst der Gatten) und die verschiedenen Paartypen

	Normale oder neurotische Paare	Anaklitische oder depressive Paare	Narzißtische oder psychotische Paare
Gefühl der Zugehörigkeit	vorhanden	vorhanden	wird nicht von beiden geteilt; muß ausgehandelt werden; instabil; wird als unheimlich empfunden
Innere Wohnung	vorhanden	vorhanden; Überbesetzung von Dingobjekten	Instabil: anfällig bei Krisen oder bei Umzügen
Gemeinsames Ichideal der Gatten	gefestigt	Grenzen mit dem familialen Ichideal verschwimmen	Grenzen mit dem narzißtischen Idealich oder mit dem Überich verschwimmen

4.1 Zugehörigkeit zur Familie und zum Paar

Das Gefühl der familialen Zugehörigkeit entspricht den Gefühlen, die jedes Mitglied gegenüber dem Ganzen der Familie hegt: der Empfindung einer besonderen Nähe; der Empfindung, in der Familie anders als in anderen Gruppen betrachtet und behandelt zu werden; der Erinnerung an eine gemeinsame Vergangenheit, eine gemeinsame Herkunft; einem bekannten und festgelegten Typus der Kommunikation untereinander (zum Beispiel: »Jedesmal wenn ich nach Hause komme, weiß ich genau, was jeder sagen wird«). Ein Aspekt dieses Gefühls besteht in dem Eindruck, daß der andere »mich als Teil der Familie *wahrnimmt* und daß ich das mit denen, die nicht zu unserer Familie gehören, nicht erlebe«.

Jeder verbindet diese Zugehörigkeit mit seiner Stellung in der Geschwisterreihe, in der Rangordnung der Generationen und Geschlechter sowie mit seinem Platz im Phantasma des anderen. Es sind »einzigartige Empfindungen«, die auf die Vergangenheit projiziert werden (denn der Bezug zur Vergangenheit ist in die Gegenwart stets eingehüllt); Empfindungen, wie Marcel Proust sie im Zusammenhang mit seinem Geburtshaus evoziert: einzigartige und nirgendwo sonst wiedergefundene Gerüche, Blicke, Eindrücke voller Wärme, von denen das Subjekt für immer seine Prägung empfangen hat.[17]

Die Zugehörigkeit zum Paar ist ein wesentlicher Bezugspunkt innerhalb der Familie und für ihre verschiedenen Bande (Abstammung oder Blutsverwandtschaft). Das Gefühl der gegenseitigen Zugehörigkeit der Gatten absorbiert den Synkretismus, dem sich Mann und Frau ergeben, ohne darin einen Identitätsverlust zu erfahren. Wenn sich bei Konflikten der unzerstörbare Narzißmus und die Weigerung bemerkbar machen, mit dem anderen alles, was es auch sei, zu teilen, zerfällt das Gefühl der Zugehörigkeit; dann betonen die Partner ihre Fremdheit und die Verschiedenheit ihrer Herkunft. In solchen Fällen gehen Zugehörigkeit und Unterwerfung ineinander über (Phantasien der Bemächtigung oder des Verschlingens).

Wegen der Exogamie ist das Band der Allianz von allen familiären Banden das einzige, das kein Blutsband ist (sondern rein psychisch fundiert ist). Die Filiations- oder Geschwisterbeziehung ist weniger anfällig, weil unauflöslich. Ein Vater ist für immer der Vater. Die Ehegatten können dagegen beschließen, die Allianz aufzulösen. Daß das sehr lange dauert, daß die Scheidung nur ein äußerer Aspekt einer Auflösung ist, die viel seelischen Schmerz kostet, »steht auf einem anderen Blatt«; ein Bündnis kann man jederzeit brechen. Das Gefühl der Zugehörigkeit, das die Bande der Filiation oder der Konsanguinität vermitteln, ist dagegen im Körper verankert und besitzt dank der narzißtischen Prägung viel stärkere Bindekraft.

Das ist der Grund, weshalb die Gatten gezwungen sind, ihrerseits über die Erhaltung der Zugehörigkeit genauer zu wachen: sie beruht auf keinem hereditären Band. Einige von der Gesellschaft *institutionalisierte* Zeichen helfen ihnen freilich dabei: der *Akt* der Heirat; der *Name*, der in unseren patrilinearen Gesellschaften der Name des Mannes ist (»Herr und Frau X.«): die Art und Weise, wie sie von der Umwelt aufgenommen werden, wie sie von ihrer Umgebung gekennzeichnet, das heißt eben als Paar angesprochen werden. Ebenso tragen dazu die in der Psyche beider vorhandenen Gruppeninstanzen bei, insbesondere der Synkretismus, von dem bereits die Rede war; aber auch die Familientraditionen, denen sie jeweils anhängen mögen (*Abbildung 2*). Was aber dieses Gefühl nährt, ist die zeitliche Fortdauer der Beziehung: der Nachhall der Vergangenheit in der Gegenwart.

4.2 Die innere Wohnung

Bereits in zwei früheren Artikeln habe ich auf die Bedeutung der Wohnung als reale und phantasmatische »Haut« der Familie hingewiesen (in Berenstein, 1976, 1981). In der Tat wird die Gruppe - als Menge von Individuen, einzelnen Körpern, die niemals zu körperlicher Einheit findet - ständig *von der Idee der Zerstückelung heimgesucht*. Als psychisches Kompositum hat die Familiengruppe »Furcht« davor, die Individuen, ihre somatischen Bestandteile, könnten ihre Besetzung des kollektiven Soma zurückziehen. Um diese Furcht zu besänftigen, besetzt die Familie einen realen geographischen Ort, der sie umgibt, den heimischen Herd, das

Haus der Familie. Gleichzeitig ermöglicht die - anfangs tastend, dann immer entschlossener vorgehende - Einrichtung der Familienwohnung, im Gruppen-Unbewußten die Erinnerungsspuren dieses entstehenden Heims zu markieren. Die innere Wohnung »ersteht« also in den Bezügen jeder einzelnen Psyche zur Gruppe. Als von allen Bewohnern geteilte Vorstellung ist diese Wohnung gewissermaßen die Grundlage der An- und Wiedererkennung der Gruppe (im doppelten Sinne von Dankbarkeit und vertrautester Kenntnis). Hat sich die innere Wohnung einmal gefestigt, fühlt sich die Familie umfangen, »gehalten«: sie hat dann auf der Ebene der Gruppe erreicht, was für das einzelne Subjekt die psychische »Haut« darstellt (Anzieu, 1985). Auf einer zweiten Stufe wird die äußere Wohnung dann durch die prägenden Zeichen, die sie auf der inneren hinterläßt, zu einem Ort von Lust und Erfüllung, ebenso wie die psychische Haut bei den Individuen.

Die reale Wohnung ist Zeuge der Vergangenheit, von deren Spuren geprägt, mit den intensiven Momenten dieser Vergangenheit und ihren Augenblicken der Erstarrung. Die Mauern, die Gegenstände, die Verteilung der Räume auf die einzelnen Familienmitglieder sind voller Leben, voller Sinn.

In bestimmten Fällen kann die innere Repräsentation der Wohnung »zu labil« bleiben - das heißt: ständig anlehnungsbedürftig an die reale Wohnung -, um die psychologische Einheit der Familie festigen zu können. Vielleicht lernt man erst bei Ortsveränderungen, die in die Kontinuität der realen Wohnung eine Lücke reißen, die Stabilität der inneren Wohnung richtig schätzen. Wenn sich die Gruppenpsyche ausschließlich auf die äußere Wohnung stützt, da es an einer inneren mangelt, kann die Angst vor Zerstückelung wieder auftauchen. Ist dies der Grund, weshalb bestimmte krisenhafte Konflikte von Paaren bei *Umzügen* auftreten, eben um der Verzweiflung Ausdruck zu geben, die sich aus der Schwäche der inneren Wohnung ergibt?

Während also das Gefühl der Zugehörigkeit auf die Identität des Paares verweist, so verweist die innere Wohnung auf sein »Körperbild«. Das Innere, das durch die psychische Gruppenhaut vom Äußeren getrennt ist, gibt dem eigenen Körper ein Volumen - seine Dreidimensionalität. Dabei kann *der häusliche Komfort* bei dem Paar an die Stelle einer echten Beziehung treten. In einer Analyse der schleichenden Veränderungen, die sich im Leben der Paare während der letzten Jahrzehnte vollzogen haben, bemerken Guenkine und Benedikt (1981):

»Die Ideologie des Wohlstands und des Vergnügens stellt ein dionysisches Modell auf, das die Erweiterung des Ichs und des Paares zugleich, besser gesagt, die Erweiterung des einen auf Kosten des anderen, durch das andere, für das andere predigt. Die Norm des behaglichen Komforts, der flüchtigen Befriedigungen ist fast schon überholt, künftig richtet sich der Anspruch auf ein Besserleben, ein Bessersein, das die Dinge zurückdrängt und an ihre Stelle das Gefühlte, die Empfindung setzt. Der unter kontingente Zeichen verstreute Körper findet wieder seinen Wert als Träger von Identität ... Das [moderne] Paar verliert seine Rolle als heimischer Mittelpunkt und gewinnt sie zurück als Ort wärmender Intimität, wo die Individuen zueinanderfinden und Schutz vor den Anforderungen der Konkurrenzgesellschaft suchen. Die blokkierte Kommunikation zwischen der ›Kernfamilie‹ und der anonymen Familie trägt zu den inneren Spannungen bei, die mit den widersprüchlichen Bedürfnissen nach Rückzug und Öffnung zusammenhängen und oft mit einer erstarrenden Isolierung enden.«[18]

Gewiß haben die Autoren ein allgemeineres Phänomen im Sinn, aber gerade bei anaklitischen Paaren haben wir Beispiele für ein solches aktuelles Entwicklungsmuster entdeckt. Die »Dinglichkeit« der Dinge und der Möbel ersetzt ein Erleben, das im übrigen weder beim einen noch beim anderen zu finden ist, durch eine sekundäre Fetischisierung: *das Ding ist das Paar*; die Bewunderung für das Objekt, das vor einer Öffentlichkeit von Freunden ausgestellt wird, ersetzt die Umarmung der Liebenden.

Beobachtung zur Bedeutung der Wohnung. Herr und Frau Dutronc haben mir erklärt, daß ihr großes, lichtdurchflutetes Haus leer sei. Während der fünfzehn Jahre ihres Zusammenlebens war es ihnen nicht möglich gewesen, Möbel zu kaufen. Nur einige Überseekoffer, die ihre zerknitterten Kleider enthalten, gehören zur Innenausstattung ihrer Wohnung. Frau Dutronc beeilt sich zu sagen, daß ihr Mann sich geweigert habe, Möbel zu kaufen, und damit beginnt der Streit in der vierten Sitzung ihrer Paartherapie: »Sie sehen, wie sie alles verdreht: sie war es, die es nicht wollte.« Seit Jahren konnten sie sich nicht über den Stil der Möbel einigen; schließlich kauft Frau Dutronc »mit den Ersparnissen meiner letzten Anstellung« ein antikes Möbelstück. Sie stellen fest, daß das Vergnügen, diese wertvolle Antiquität zu besitzen, die Wohnung nicht behaglicher macht. »Uns fehlen Stühle«, sagt Frau Dutronc, »er wollte selbst welche bauen, aber er ist nie damit fertig geworden«, und das gleiche gilt für die übrigen Möbel, »er hat mir verboten, sie zu kaufen, ich habe kein eigenes Geld dafür« (sie arbeitet jetzt nicht mehr). Der Ehemann protestiert: »Sie begreift nicht, welches Vergnügen es macht, seine Möbel selber zu bauen.« So ist es auch mit dem Computer, den er sich gerade gekauft hat. Sie fällt ihm ständig auf die Nerven, stellt dauernd Fragen ... »Du willst nicht einsehen, daß ich nicht weiß, wie so ein Ding funktioniert«; »Ich will *auch* mit deinem Computer spielen« ... und so weiter. Später kommt sie damit heraus, daß sie keine Möbel mehr will, unter dem Vorwand, es sei zu spät. »Wir werden nicht mehr sehr lange zusammenbleiben, und wenn wir jetzt Möbel kaufen, müssen wir sie gleich wieder loswerden.« Bald bringt sie ein weiteres Argument vor: Wohnzimmermöbel würden nur ihrem Mann und seiner Familie nützen, die dann zu oft eingeladen würde. (Die Familie ihres Mannes kommt nicht zu ihnen, weil man ganz einfach nicht weiß, wo man sich hinsetzen soll ...)

4.3 Das Ichideal der Paargruppe

Das Gefühl der Zugehörigkeit und die Wohnung erhalten ihre Bedeutung vor einem gemeinsamen Hintergrund, der Vergangenheit. Das *Ichideal* dagegen ist etwas, das noch nicht verwirklicht, sondern erst noch herzustellen ist.

Zur Frage des *individuellen Ichideals* gibt es in der psychoanalytischen Literatur zwei Richtungen: Die erste neigt dazu, das Ichideal mit dem Über-Ich zu verlöten, versteht es als Repräsentation zielgehemmter Sexualstrebungen, als die Summe aller Einschränkungen, denen das Ich sich auf Verlangen der Eltern fügen soll (Freud, 1921, S. 147). Die zweite Tendenz legt es nahe, das Ichideal vom Über-Ich zu trennen. Die *Neue Folge der Vorlesungen zur Einführung in die Psychoanalyse* definiert es als diejenige Instanz, die sich – als idealisiertes Elternbild – den Vollkommenheitswünschen des Ichs als anzustrebendes Ziel präsentiert (Freud, 1933, S. 71), ohne daß die Elternobjekte dabei Zwang oder Strenge ausübten. Natürlich ist diese Vollkommenheit imaginär und wird niemals wirklich erreicht, wirkt aber auf das Subjekt als Ideal seiner selbst stets anziehend. Das setzt eine Fähigkeit zu hoffen voraus, eine Fähigkeit, die Enttäuschung über die stets ausbleibende Erfüllung dieses Strebens zu ertragen. Das Vollkommenheitsideal verweist auf das eigene Ideal der Eltern, ihr Idealich. In welches Dilemma gerät hier das Subjekt! Soll es nun so zu werden, wie die Eltern sind, oder soll es so werden, wie sie sich sehen oder wie sie werden möchten?

Wir würden der zweiten theoretischen Richtung den Vorzug geben, die das Ichideal vom Über-Ich ablöst. Die Anwendung des Begriffs des Ichideals auf die Gruppenpsyche unterstellt ein Zusammentreffen oder Zusammenfallen der individuellen Ideale der Paar- oder Familienmitglieder, setzt aber auch voraus, daß das gemeinsame Ichideal der Gruppe von den Ichidealen der einzelnen innerhalb der Gruppe zu unterscheiden ist. In der Tat müßte man annehmen, daß jeder Partner die Vorstellung eines »gemeinsamen Ichideals« neben der Vorstellung seines individuellen Ichideals besitzt. Eine solche Annahme könnte sich auf Freud stützen. Man darf sagen, daß der Begriff des Ichideals auf die Gruppe verweist (1921, S. 137); denn was eine Gruppe oder Masse zusammenhält, sind die Projektionen individueller Ichideale auf einen Führer, der wiederum alle Mitglieder mit gleicher und gerechter Liebe liebt. Der Inhalt der Idealvorstellung mag von einem zum anderen wechseln. Entscheidend ist die »topische Verknüpfung« mit der Fähigkeit, Verbindungen zu stiften.

Das *Ichideal der Familie* enthält unserer Auffassung nach einen Zukunftsentwurf der Gruppe selbst, die Vorstellung ihrer eigenen Vollkommenheit als Fluchtpunkt eines sozialen und kulturellen Aufstiegs, einer Verbesserung des Bildungsniveaus und der Wohnsituation der Familie. Ein solcher Zukunftsentwurf nimmt in der Tat Einfluß auf die spätere Lebensgestaltung, die Leistungen und die Entscheidungen der Kinder im Erwachsenenalter, beispielsweise auf den Typus der Ehe, die sie eingehen, und den beruflichen Erfolg. Die Gruppe kann sich vornehmen, Aufgaben zu erfüllen, Ideale zu erreichen.

Entsprechend isoliert und festigt sich auch das *normale Ichideal der Ehegatten*, ausgehend von einem gemeinsamen Entwurf, an dem sich die Konstruktion der Dyade orientiert. Das Ichideal des Paares enthält die Wünsche der Partner nach *gemeinsamen Fortschritten*, die dem Paar möglich erscheinen, weil sie im Interesse des Paares beziehungsweise der Einheit des Paares liegen. Ich denke dabei etwa an den imaginierten oder gewünschten Beziehungsstil der Elternpaare jedes Partners. In anderen Fällen tritt das Ideal des Paares mit dem individuellen Ichideal in Widerspruch. Solche Partner beklagen sich dann darüber, nicht genug Anregung und Unterstützung erhalten zu haben, um ein bestimmtes berufliches Vorhaben zu verwirklichen.

Hat das gemeinsame Ichideal der Gatten ein bestimmtes Ausmaß an Stabilität erlangt, wird die Beziehung in einer zeitlichen Perspektive erlebt, mit der Hoffnung auf Veränderung: auf besseres gegenseitiges Verstehen etwa oder mehr sexuelle Erfüllung. Diese Instanz (die wir mit dem gemeinsamen Selbst der Gatten verknüpfen) erscheint uns als grundlegender unbewußter Organisator der Bindung; denn sie erlaubt es, auf die Triebbefriedigung zu warten oder sie sogar aufzuschieben, und übt eine regelnde Funktion aus, insofern sie den Kompromiß zwischen Begehren und Abwehr erleichtert. Kurz, um das gemeinsame Ichideal zufriedenzustellen, entwirft das Paar ein Projekt, entwickelt einen Plan und setzt die erforderlichen Mittel zu dessen Erfüllung ins Werk.

4.4 Topische Amalgame

In bestimmten Fällen können das gemeinsame Ichideal der Gatten und das Ichideal der Familie sich als *ununterscheidbar* erweisen; zum Beispiel in solchen Familien, deren Zukunftsentwürfe einzig die Zukunft der Kinder zum Inhalt haben. Die Eltern leben nur noch für sie; auf den Kindern ruhen alle ihre Hoffnungen. An ein gemeinsames Interesse oder Wohl des Paares glauben sie nicht mehr, entweder aus großer Enttäuschung über die Ehe oder weil sie sich über die gemeinsam genossenen Freuden zutiefst schuldig fühlen. Gerade weil es seine Herkunft aus dem Eros verleugnet, eignet sich das Ideal somit dazu, die Enttäuschung zu bewältigen oder die Scham abzuwehren.

Beim narzißtischen Paar tritt das gemeinsame Ichideal der Gatten als eine kaum ausdifferenzierte Gruppeninstanz auf, die sich von der narzißtischen Allmachtsvorstellung nicht zu lösen vermochte: Solche Paare erwarten wenig von ihrer gemeinsamen Zukunft, nehmen sie gleichsam als etwas Bedrohliches wahr, das die Omnipotenz des Mannes und der Frau beeinträchtigen und das Bild beflecken könnte, das sie einander von sich als unfehlbaren Wesen vermitteln möchten. Es handelt sich um ein Amalgam oder ein Verschwimmen der Grenzen zwischen dem auf die Paargruppe projizierten narzißtischen Idealich und dem gemeinsamen Ichideal der Gatten. Auf eine Formel gebracht: »Warum sollten wir vollkommen werden, wir sind es doch schon!«[19]

In anderen Fällen äußert sich das familiale Ichideal in extrem überhöhten Ansprüchen und Bestrebungen, die ein idealisiertes Bild der Familiengeschichte vermuten lassen. Die Kernfamilie scheint sich die Aufgabe zu setzen, die Versagungen auszugleichen, welche die vorigen Generationen hinnehmen mußten: Enttäuschungen darüber, daß die gesteckten sozialen Ziele »wegen äußerer Hindernisse« unerreicht geblieben sind. Und während das Paar sein gemeinsames Ideal aufgibt, wird die historische »Revanche« der gegenwärtigen Familie als Mission empfunden: »Jetzt ist die Stunde gekommen, das Gleichgewicht wiederherzustellen...«, einen Auftrag zu erfüllen, den vor langer, langer Zeit ein Vorfahr erteilte, der einen Pakt mit »Gott« eingegangen war.

Ein ähnlicher Fall liegt vor, wenn die Grenzen zwischen Ichideal und gemeinsamem Über-Ich der Gatten verschwimmen. Das Paar wird dann in seinem Bemühen um »Fortschritte« von einer fiebrigen Betriebsamkeit erfaßt und setzt sich zwanghaften Forderungen aus. Die Vervollkommnung erscheint als Pflicht, um die »Furie« eines Vorfahren in der von beiden geteilten Welt unbewußter phantasmatischer Objekte zu besänftigen (*Tabelle 4*). Bei pygmalionhaften Bindungen kann das Begehren, den anderen – häufig die Frau – zu erziehen oder zu domestizieren, analen Charakter annehmen; er äußert sich dann in dem Wunsch, das Objekt zu modellieren und den als unzähmbar erlebten Trieb zu überwachen. Während die Lust den hohen kulturellen Zielen geopfert wird, sieht die Tyrannei im Begehren, in den Eigenheiten und überhaupt in allem, was der Partner sich selbst vorbehält, nur Trägheit und Willensschwäche, die es zu vernichten gilt.

Jeder Aspekt des gemeinsamen Selbst der Gatten (das Gefühl der Zugehörigkeit, die innere Wohnung und das gemeinsame Ideal) kann im Falle von Störungen den anderen ersetzen. Das Paar kann sich selbst zum absoluten Projekt, zum anzustrebenden Ideal erheben, um die Unbeständigkeit des Gefühls der Zusammengehörigkeit zu kompensieren. Die Zukunft wird dann gleichsam zum Ersatz der Vergangenheit.

5. Die gemeinsame Phantasietätigkeit. Dritter Organisator

Welches Interesse die gemeinsame Phantasietätigkeit der Gruppe und der Familie verdient, ist den Arbeiten von Analytikern abzulesen, die Impulse der Gruppenanalyse aufnehmen (Anzieu, 1975; Kaës, 1976). Der von Dicks (1967) eingeführte und von Willi (1975) stark erweiterte Begriff der »Kollusion« von Paaren liegt auf derselben Linie. Auch die libidinösen Objektbindungen und narzißtischen Bindungen des Paares sind von dieser gemeinsamen Phantasietätigkeit beeinflußt, die ihnen einen Sinn, eine bestimmte Form und Festigkeit verleiht.

Die *Angst vor Nähe,* die auf den ersten Blick als Zentrifugalkraft, demnach als Zerfallstendenz des Paares erscheint, setzt in Wirklichkeit einen unbewußten Konsens voraus, der primär um die *Angst vor dem Fremden* kreist: beide »deponieren« jeweils beim anderen die Quelle der Angst. Aus diesem Mechanismus kann der *Kampf zwischen den beiden Narzißmen* hervorgehen. Im übrigen sind der Synkretismus der narzißtischen Bindungen sowie die verschiedenen Bestandteile des familialen Selbst der Niederschlag solcher gemeinsamer Phantasietätigkeit. Die Art, wie sich beide Gatten auf ihr Familiengeschlecht beziehen, und die Mythen, die sich daraus herleiten, sind ein weiteres Beispiel dafür.

Bei der Vorstellung unserer Fallbeispiele hat sich gezeigt, daß der gemeinsamen Phantasietätigkeit eine ziemlich bedeutende Rolle zukommt. Herr und Frau Schreïer, die im übrigen ein sehr eindrucksvolles Exempel für den Kampf zweier Welten liefern, haben uns die gemeinsame Phantasie des »verlorenen Paradieses« und des »Rätsels, hinter dem sich nichts verbirgt« vorgeführt. Herr und Frau Dutronc leben in der Gegenwart einen Konflikt zwischen Unterdrücker und Unterdrücktem aus, der sich in der Familiengeschichte der beiden mit umgekehrter Rollenverteilung abgespielt hat: die Familie des Ehemannes hatte unter dem Unterdrücker gelitten, die Familie der Frau hatte mit ihm kollaboriert. Es handelt sich um einen Konflikt, der von der *Wiederkehr des Verdrängten* der kollektiven Phantasien ausgelöst wurde. Letztlich liegt die gemeinsame, identische Phantasietätigkeit jener »Troika« von Mechanismen zugrunde, die das Verhalten des Paares regeln: Sie spielt *erstens* eine wesentliche Rolle beim *Sich-Verlieben,* legt *zweitens* die typische *Struktur* des Paares und *drittens* seinen *Konfliktmodus* fest.

Die Phantasietätigkeit der Familie und des Paares, in der die unbewußten Phantasien der einzelnen Mitglieder aufeinandertreffen, regt die *bewußte* Phantasietätigkeit an, das heißt die Schaffung eines Übergangsraums für den gegenseitigen Austausch, für Humor, für die Entfaltung schöpferischer Fähigkeiten und für Erzählungen aus der eigenen Lebens- und Familiengeschichte (*Tabelle 5*).

Tabelle 5: Der dritte Organisator (die gemeinsame Phantasietätigkeit) und die verschiedenen Paartypen

Normale oder neurotische Paare	Anaklitische oder depressive Paare	Narzißtische oder psychotische Paare
Urphantasie handelt von Verführung, Kastration (und Bisexualität)	Urphantasie handelt von Verlust und gegenseitiger Schädigung Anale oder eventuell orale Besitzergreifung (Verschlingen)	Urphantasie handelt vom Durchbohren, von Umklammerung, Verschlingen, Vernichtung, vom Greifen und Besitzen
Phantasie der »schöpferischen« Urszene	Phantasie einer »verdorrten« oder »verdorbenen« Urszene	Phantasie einer verworrenen Urszene: infantiles Grauen

Der Mythos nimmt unter den Phantasiebildungen eine Sonderstellung ein: Als gemeinsam geteilter Glaube, der die Epochen überdauert, ist er gegen Kritik immun und wird von Legenden und Fabeln getragen. Gewöhnlich dient er als Stütze, spielt jedoch manchmal auch pathogene Rollen. Er ist das Scharnier zwischen gemeinsamer Phantasietätigkeit und ehelichen Konflikten oder erfüllt Abwehraufgaben; er ist Quelle der Zwietracht oder liefert ihr Rationalisierungen.

Der von Herrn und Frau Dutronc beschworene Mythos – »Die Frauen aus Savoyen sind nun mal herrschsüchtig«, eine Vorstellung, die das Paar einträchtig akzeptiert – erfüllt die zuletzt genannte Funktion des Mythos, die der bewußten Phantasie: die Funktion nämlich, einen bestehenden Zustand zu festigen. Der Konflikt dreht sich, ganz im Gegensatz zum gemeinsamen Mythos, um das autoritäre Verhalten des Mannes und die passive Hinnahme der Unterdrückten, der Frau. Der Konflikt ist die *Umkehrung* des Mythos; er nimmt also genau die Stellung ein, die – wenn die Ethnologen recht haben (Lévi-Strauss, 1958, dt. 1967) – bei den »primitiven Völkern« dem *Ritus* zukommt. Bei Herrn und Frau Dutronc verläuft die gemeinsame unbewußte Phantasie, die für den Konflikt bestimmend ist, über den *Kampf* zwischen Besatzern und Kollaborateuren einerseits und Unterdrückten und Widerstandskämpfern andererseits. Dieser Kampf, tragische Reminiszenz aus beider Familiengeschichte, steht am Ursprung der Partnerwahl, die sich dann in der sadomasochistischen Bindung wiederholt.

Viele Mythen, die das Paar übernommen hat, stammen aus dem Fundus kultureller Stereotypen; manche sind Ausdruck des Geschlechterkampfes (»Die Frauen sind schwach«; »Die Männer haben vom weiblichen Körper keine Ahnung«; »Wir haben zu jung geheiratet; wenn man jung ist, weiß man noch nichts vom Leben«; »die Hausarbeit macht keine große Mühe«; »Wer praktisch veranlagt ist, kann nicht so gut reden«); andere sind eigene Schöpfungen des Paares (»Wir hätten besser keine Kinder gehabt ... seitdem läuft alles schief«; »Wir sind so verschieden« – eine Feststellung, mit der manchmal erklärt werden soll, warum man sich so gut versteht, manchmal aber auch, warum man sich nicht versteht; »Mir war gleich klar: da wir verschiedener Herkunft sind, würden wir uns über die Kindererziehung streiten«); wieder andere schließlich sind Familiengeschichten, die die Generationen durchlaufen haben und allegorischen Charakter annehmen.

Die Technik der psychoanalytischen Paartherapie

>»Man braucht nicht sehr weit zu gehen, um Gespenster zu finden. Es genügt, sie zu Hause zu vertreiben.«
>»Keiner von uns wohnt in dem Körper, den die anderen sehen, sondern in dem Geist, der von wer weiß woher spricht... Mit diesem göttlichen Vorrecht der Kinder, ihre Spiele ernst zu nehmen, dehnen wir das Wunderbare in uns auf die Objekte aus, mit denen wir spielen, indem wir uns verzaubern lassen.«
>Luigi Pirandello, *I giganti della montagna*, 2. Akt

Die Paartherapie muß sich von der Eheberatung, von der Kurztherapie für Paare, vom »Eherat« oder anderen Formen des klinischen Gesprächs zwischen (Ehe-) Partnern unterscheiden (Marty, 1980; Rucquoy, 1976). Ihr Wesensmerkmal liegt in der Erweiterung des Übergangsraums, der im Verlauf der Sitzungen – ausgehend von einem ganz bestimmten, zu Beginn der Therapie gezogenen Rahmen – allmählich entsteht. Was dieses Feld kennzeichnet, ist eine Dichte in den Gefühlen und den Phantasien, eine Arbeit an der Übertragung sowie die Durcharbeitung (Bearbeitung der Bearbeitung).

1. Die Ziele der Therapie

Versuchen wir zunächst, einige Ziele der psychoanalytischen Paartherapie anzugeben, die sich freilich oft erst nachträglich formulieren lassen:

(1) Der Versuch, *den Anteil des Narzißmus im Dienste des Sadismus und der gegenseitigen Manipulation beider Konfliktpartner zu vermindern*, damit sich ein neues Gleichgewicht zwischen narzißtischen Bindungen und libidinösen Objektbindungen herstellen kann. Mit anderen Worten, die Therapie zielt darauf ab, die wechselseitig und oft gleichzeitig benutzten projektiven Identifizierungen durch Umwandlung von Projektion in Introjektion abzubauen: manipulatives Agieren im Denken, Verschweigen und Ausweichen in der Rede (»Definition der Beziehung«).

(2) Sosehr auch *die Beseitigung der Konflikte utopisch* wäre (weil damit im Zweifelsfall alles Leben in der Beziehung ersticken würde), versucht der therapeutischen Prozeß das Leiden der Partner, ihre Erschöpfung und Verzweiflung zu mindern, die mit ihren destrukturierenden Folgen für die persönliche Integrität eine fatale Konsequenz jeder Auseinandersetzung darstellen. Gleichzeitig kann der Konflikt des Paares »genitalere« Formen annehmen: Rivalität, Eifersucht und so weiter.

(3) Das alles bedeutet, daß *die Arbeit der Bewußtwerdung über die »unbewußten Organisatoren«* an erster Stelle stehen muß. Die Objektwahl, die Entdeckung der grundlegenden Objekte des Paares, die Organisation des »Selbst« und die Geschichte der Bindung sind Themen, die von dem Paar früher oder später zur Sprache gebracht werden.

(4) Die *Übertragung*, die sich im Verlauf der Kur entwickelt, rückt nach und nach in den Mittelpunkt der Gruppenanalyse.

(5) Ein weiteres Ziel der psychoanalytischen Paartherapie ist *die Analyse der Familienmythen und Ehelegenden.*

Alle genannten Ziele liegen auf der Ebene der Gruppe, betreffen das gemeinsame Terrain und die gemeinsamen Phantasien. Die »objektive Aufgabe« (Pichon-Rivière, 1971) im Leben des Paares beziehungsweise die »(natürliche) Arbeit« (Bion, 1961, dt. 1971) der aus Mann und Frau bestehenden Gruppe liegt darin, durch Ersatzbildungen oder Träumereien das bei beiden Partnern vorhandene Kastrationsphantasma und ihre Bisexualität im Medium der Kommunikation *zirkulieren zu lassen* mit allem, was das an gegenseitiger Anerkennung einschließt. Dysfunktionale Paare gehen dieser entscheidenden Aufgabe häufig aus dem Wege, indem sie sich, wie Bions »Grundannahmen-Gruppe« (ebd.), von der Arbeit an »vorgängigen Aufgaben« oder Vorarbeiten ablenken lassen, begünstigt durch die Ideologie, welche die sexuelle Differenz verneint. Zu den Aufgaben des Therapeuten gehört es, das Erleben in der Ehe wieder auf diese (ihre) Aufgabe hin auszurichten, dabei aber der Beschäftigung mit »vorgängigen Aufgaben« Raum zu lassen, solange es nötig scheint. Sämtliche Hinweise zur Deutung auf den folgenden Seiten lassen sich von diesem Ziel des Therapeuten leiten.

Das Gewahrwerden des eigenen Sadismus und jede Entdeckung, die über die gemeinsame Geschichte des Paares gemacht wird, hat Auswirkungen auf die individuelle Psyche, die aus diesem Prozeß am Ende deutlicher konturiert, besser definiert hervorgeht. Die analytische Paartherapie fördert keineswegs die gegenseitige Verschmelzung, sondern gibt jedem das Seine zurück: vieles, was beim anderen in Gestalt von Erwartungen, infantilen Hoffnungen, Delegationen, ständiger Weckung von Verhaltensweisen und Gefühlen »deponiert« war, kehrt durch die Wirkung der Therapie zum delegierenden Akteur zurück. Der andere ist damit nicht mehr fetischisiertes Werkzeug oder sichtbares Symptom der Pathologie jedes Partners, sondern einfach ein Liebesobjekt.

1.1 Die drei »Präliminarien«

Um die Ziele der analytischen Paartherapie mit ihren Techniken zu verknüpfen, werden wir einleitend von »drei Präliminarien [*prétextes*] der therapeutischen Arbeit« sprechen:

(a) Wenn man sich mit der *Interaktion* zu beschäftigen glaubt, hat man es in Wirklichkeit mit etwas anderem zu tun, nämlich - wenigstens implizit - mit Erinnerungen.

(b) Wenn man meint, sich mit *Erinnerungen* zu befassen, handelt es sich Wirklichkeit um die Übertragung auf den oder die Therapeuten.

(c) Wenn man sich mit der *Übertragung* zu beschäftigen glaubt, geht es in Wirklichkeit um das Paar selbst - um seine inneren organisierenden Objekte. (»Man« heißt dabei: der Therapeut und das Paar.)

Trotzdem sollte man nicht meinen, es sei fruchtlos, sich mit der Interaktion, den Erinnerungen oder der Übertragung zu befassen; vielmehr verdient jede Sequenz in jeder Sitzung unsere größte Aufmerksamkeit, gerade um die Transformation des einen ins andere zu ermöglichen und dem Prozeß Gestalt zu verleihen. Das gilt auch für die folgende Illustration.

1.2 Vierte Illustration: Eine Sitzung

Es handelt sich um die neunte Sitzung einer Familientherapie mit einem Therapeutenpaar.[20] Zum ersten Mal sind die beiden Jungen und das Mädchen (Anorexia mentalis) nicht dabei. Die Eltern präsentierten sich derart nervös, daß wir von der zu Beginn der Therapie ausgesprochenen Regel abwichen, es müßten immer Angehörige beider Generationen anwesend sein. Das Ergebnis erwies sich als positiv.

Herr und Frau Rampal erklären (zum ersten Mal), daß sie seit vier Jahren nicht mehr miteinander schlafen. Aus Mangel an Interesse. Gefallen sie sich nicht mehr? So fragen sie sich immer wieder. Herr Rampal sagt jedenfalls, er habe keine Lust mehr auf seine Frau, argwöhnt, er sei ihr gleichgültig, und *wartet ab*. Vergeblich wartet er darauf, daß sie den ersten Schritt tut. Doch um jede Hoffnung auf eine Klärung aussichtslos erscheinen zu lassen, fügt er hinzu, so sei es vom Anfang der Beziehung an gewesen. Frau Rampal verteidigt sich sogleich damit, daß »normalerweise« die Frau warten *muß*, bis der Mann die Initiative ergreift. Dieser gibt umgehend zurück, daß er das gerade nicht möchte, seine Frau wisse das sehr gut. Er argumentiert, daß er, wenn er die Initiative ergriffe, niemals wüßte, ob sie *wirklich* Lust habe. Das löst einen Wutanfall bei seiner Frau aus, die bereits früher gemachte Äußerungen mit gleicher

Heftigkeit wiederholt: »Er liebt mich nicht. Wir hätten niemals heiraten sollen. Er ist wie seine Schwester« (die gewöhnlich als verhärtete, vertrocknete, wenig anziehende alte Jungfer beschrieben wird und ein eintöniges Leben führt). Madame Rampal beginnt vor ihrem Mann zu weinen, während er bedrückt schweigt. Dann erwähnt sie (in vorwurfsvollem Ton) den Vater von Herrn Rampal, den dieser jeden Tag eine Stunde besucht. Während sie behauptet, keineswegs eifersüchtig zu sein, spricht sie von der Mutter ihres Mannes in sehr positiven Worten.[21] *Frau R.* »Du bist wirklich sehr unglücklich gewesen, als sie gestorben ist. Wenn ich sterben würde, wärst du nicht so unglücklich. Überhaupt, wenn ich sterbe, will ich niemanden an meinem Grab. Man muß die Leute lieben, solange sie leben, und nicht, wenn sie tot sind. [. . .] Ich hätte dich gern auf meine Art geformt, daß du so wärst, wie ich es wollte, ein Sklave. [. . .] Ich hätte gewollt, daß du ein *Mann* bist.« *Herr R.* »Ein Mann, ein Sklave?« *Frau R.* »Ja.« *Herr R.* »Und das ist natürlich der Grund, weshalb ich nie meinen Führerschein machen wollte.« *Frau R.* »Ja, du hast deinen Führerschein nicht gemacht; welche Schande für mich, für meine Eitelkeit. Das ist doch kein Mann, der bereit ist, neben mir zu sitzen, während ich fahre.« *Die Therapeutin* fragt *Herrn R.*, was er damit sagen wollte: daß er sich geweigert habe, seinen Führerschein zu machen. *Herr R.* präzisiert, er habe sich geweigert, weil seine Frau es ihm befohlen habe und ihn zwingen wollte, Autofahren zu lernen. *Frau R.* setzt uns daraufhin in Erstaunen: »Ich konnte dich nur lieben, wenn ich dich total heruntergemacht hatte. Ich hätte dich oft zertrampeln mögen, wenn ich gekonnt hätte. Erst wenn ich sehr böse gewesen war, erst wenn ich dich zum Weinen gebracht hatte, konnte ich dich lieben und freundlich sein. Das erste Jahr unserer Ehe war die Hölle, fast nicht zum Aushalten. [. . .] Alles, weil du mich nicht so geliebt hast, wie ich es wollte.« *Die Therapeutin* »Was hätten Sie denn von Ihrem Mann erwartet?« *Frau R.* mit einem koketten Kleinmädchenblick: »Daß er mir sagt, daß ich gar so nicht übel aussehe. Ich hatte immer das Bedürfnis, das bestätigt zu bekommen.« *Herr R.* »Mir schien das klar zu sein, weil ich sie doch genommen habe. Daß sie mir gefiel, wie sie war.« Alle lachen. *Frau R.* erinnert dann an die Liebe ihres (bereits gestorbenen) Vaters zu ihr und das Abwechseln von Liebe, Haß und Verehrung. »An einem Tag trank er, und es konnte passieren, daß er mich schlug; am nächsten Tag trank er nicht, und alle waren erleichtert. Wenn er mittags rauchte, wußte ich, daß er am Abend getrunken haben würde. So dachte ich nur an ihn, [. . .] ich lebte nur durch meinen Vater. Eines Tages, als er getrunken hatte, habe ich ihn geohrfeigt . . .« Sie spricht dann sehr bewegt von ihrer Mutter und bedauert, sich ihr fern zu fühlen. Schweigen. In diesem Augenblick erinnert sie sich an den Bruder ihres Vaters, der kam, um der Mutter beizustehen, und *sich rettungslos in sie verliebte*: »Ich habe es ihr übelgenommen, meiner Mutter. Mein kleiner Bruder ist in Wirklichkeit der Sohn des Bruders meines Vaters. Sie hat ihn von *ihm*. Heute verstehe ich sie: das Leben, das sie mit meinem Vater hatte [!]. Sie hat leiden müssen. Ich nehme es ihr nicht mehr übel.«

Worauf ein Bericht des Dramas folgt, das die quasi-inzestuöse Beziehung der Mutter von Frau Rampal für alle Beteiligten bedeutete, vor allem für den kleinen Jungen, der die wahre Identität seines Erzeugers »nicht kannte«. Frau Rampal schildert die Feindseligkeit, die diese Affäre zwischen ihrer eigenen Familie und der des Onkels auslöste (immerhin war er verheiratet und hatte zwei Kinder): Geheimnisse, Gemunkel, Intrigen und häufige Vorwürfe waren die Folge.

Frau R. »Beim Tode des Onkels [der lange Zeit der Liebhaber ihrer Mutter blieb] wollte mir meine Kusine die Wahrheit enthüllen und schrieb mir einen Brief, sehr freundlich und sehr versöhnlich; ich war aber schon im Bilde. Dann, am Tag der Beerdigung, holte diese selbe Kusine meinen kleinen Bruder von unserer Seite auf die andere, zum anderen Teil der Familie. Auf diese Weise wurde er als Sohn meines Onkels anerkannt.« *Der Therapeut* wendet sich an Herrn R. und fragt ihn, mit welchen Gefühlen er diese *Enthüllung* aus der Familie seiner Frau aufgenommen habe.[22] *Herr R.* murmelt stockend eine Antwort und sagt schließlich: »Ich hab's zur Kenntnis genommen.« Dann gesteht er, daß er sich kaum vorstellen konnte, »daß es sowas wirklich gibt«. Er versucht »es« durch Distanzierung zu bewältigen: »Ich habe in einer Sozialstation gearbeitet, und dort habe ich mitbekommen, daß es noch viel komplizierte Situationen gibt. Ich habe mir gesagt: So ist das Leben ...« Schließlich räumt er ein, daß er anfangs peinlich berührt war. Dann, daß solche Probleme in ihm eine gewisse Neugier geweckt haben. *Frau R.* »Ich bin zu kompliziert für ihn. Ich habe immer nur Extreme gekannt: Liebe, Zärtlichkeit, Drama, Leiden. In deiner Familie herrschte die Ruhe.« *Der Therapeut* »In Wirklichkeit liegt das, was Sie beide sagen, gar nicht so weit auseinander. Sie, Herr R., lieben Ihre Ruhe, und Ihre Frau hat uns gerade auf die Gefahren der Sexualität hingewiesen, auf die Gefahr, die es bedeutet, wenn man seinem Verlangen nachgibt, wie es ihrer Mutter passiert ist. Sie, Frau R., haben uns möglicherweise das Drama der Untreue vor Augen führen wollen, das Drama der Geburt eines außerehelichen Kindes und der Vorwürfe der einen gegen die anderen. Aber sowohl Sie, Frau R., als auch Sie, Herr R., scheinen sich *verbündet* zu haben, um gewissermaßen das Sexualleben der anderen, der Großen, der Eltern zu verurteilen.«[23] *Frau R.* reagiert ambivalent, als ob sie ihre Spielfiguren aus dem Spiel zurückzöge. »Was ich sagen wollte, war, daß es bei mir zu Hause hoch herging.« Später kommt die Rede auf die Probleme des Paares, die Unterschiede ihrer Herkunft, die nicht so klar scheinen. Frau Rampal äußert auch, daß sie ihren Mann geliebt habe: »Selbst wenn ich die Gelegenheit dazu gehabt hätte, ich hätte mit keinem anderen leben wollen.« *Herr R.* »Das gilt auch für mich. Ich hätte mir nicht vorstellen können, anders zu leben.« *Frau R.* »Was ich da eben erzählt habe [betrachtet die Therapeuten mit einem verwirrten Lächeln], das hätte ich niemals sagen können, wenn die Kinder dabeigewesen wären ...«

Das Gespenst des Onkels läßt ihnen keine Ruhe. Das doppelte Geheimnis der Abstammung und des Inzests stützt das sexuelle Desinteresse, aber auch die Illusion einer absoluten und unerreichbaren Liebe. Zwei Sitzungen später hatten die Mitglieder dieser Familiengruppe den Eindruck, ja fast die Gewißheit, daß das Team der Kotherapeuten aus Personen von *zweifelhafter, liederlicher* Sexualmoral bestehe ...

2. Indikationen und Gegenindikationen

Allein zur Bestimmung der Indikationen und Gegenindikationen wäre eigentlich schon eine längere Studie erforderlich, zumal deshalb, weil die einfache Aufzählung nicht genügt, um alle Gründe bei der Auswahl der

Therapieindikationen darzulegen. Ebenso ist die Frage nach den technischen Modalitäten sehr unterschiedlich zu beantworten, je nach der *Dringlichkeit* der Situation, aber auch danach, ob sich einer der Partner oder beide gleichzeitig *in Analyse* befinden. Wir werden also, je nach Art und Dringlichkeit der Nachfrage, zwischen einer *Kurztherapie*, deren Ansprüche nur beschränkt sein können, und einem *langen therapeutischen Prozeß* unterscheiden, dem kein Schlußtermin gesetzt ist.

Die Kurztherapie setzt ein mit der Erörterung eines konkreten Projekts zwischen dem Therapeuten und dem Paar während der Phase der Vorgespräche. Dabei geht es darum, *einen Konfliktherd* herauszuarbeiten und sich dessen Behandlung während einer begrenzten Anzahl von Sitzungen (fünf, zehn usw.) vorzunehmen. Am Ende wird eine zusammenfassende Bilanz gezogen. Es handelt sich um eine Technik, die mit sparsamem Einsatz von Mitteln eine kleinere Schwierigkeit zu lösen sucht. Man kann ihr den Vorzug geben, entweder weil eine längere analytische Therapie ausgeschlossen ist oder auch wegen des Vorteils, den eine Arbeit mit begrenzten Kosten bietet. Allerdings kann auch die Kurztherapie weder Regressionen verhindern noch das Auftreten der Übertragung vermeiden...

Eben diese beiden Begriffe bezeichnen die therapeutischen Antriebskräfte in der analytischen Behandlung, die einen tiefgreifenden und von keiner zeitlichen Vorgabe begrenzten Prozeß in Gang setzt. Die analytische Arbeit schließt eine Bearbeitung der unbewußten Anteile ein, die in der Beziehung enthalten sind; mehr noch, die Aufhebung der Verdrängung macht es möglich, die Verbindungen zwischen den Vorstellungen zu erfassen, die beim Partner und bei den anderen Resonanz erzeugen.

So wie die Kurztherapie leicht den Rahmen ihrer Aufgabe überschreitet, ausschließlich den Konfliktherd zu behandeln, von dem Regression und Übertragung ausgehen (was der Therapeut nicht außer acht lassen darf), überschreitet die analytische Paartherapie oft die Grenzen des bloßen Hörens auf die gemeinsamen unbewußten Anteile. Darin liegt der Grund, weshalb am Ende der Behandlung so häufig um eine Analyse nachgesucht wird.

2.1 Indikationen für eine Kurztherapie

Eine Kurztherapie ist in den folgenden Fällen angezeigt (bei Lemaire, 1971 werden sie als Gegenindikationen für eine analytische Paartherapie aufgezählt):

(1) *Unmittelbar bevorstehende Trennung des Paares.* In einer Reihe von Fällen sucht das Ehepaar, das einen Therapeuten konsultiert, mehr oder

weniger manifest nach einer Lösung in letzter Minute vor der Scheidung. Manche haben das juristische Verfahren sogar schon eingeleitet. In diesem Falle ist eine zeitlich begrenzte Arbeit vorzuziehen (gemeinsame Gespräche oder Paartherapie von kurzer Dauer). Bei solchen Paaren besteht in der Tat die Gefahr, daß sie den therapeutischen Rahmen dazu benutzen, die Beziehung fortzusetzen: selbst bei einer sehr geläuterten Technik, die es beispielsweise vermeidet, unterschwellig irgendeine Empfehlung in der einen oder anderen Richtung zu geben, stellt das, was wir ihnen mit der analytischen Paartherapie anbieten, eine Stärkung der Ehe dar. Manchmal kam es vor, daß wir unsere Meinung explizit äußerten, womit das Problem der unterschwelligen Beeinflussung unserer Einschätzung nach freilich nicht gelöst ist.[24]

(2) *Therapie oder Psychoanalyse eines der Partner.* Hier ziehen wir es vor, auf eine lange Paartherapie zu verzichten, um das Auftreten einer parallelen Übertragung zu vermeiden, die sich entweder auf die analytische Übertragung nachteilig auswirken würde oder aber der Arbeit mit dem Paar jeden Wert nähme. Dieser Vorbehalt gilt nicht, wenn der Konflikt des Paares die Analyse erschwert und ihre Fortführung beeinträchtigt.

(3) *Unmöglichkeit, einen therapeutischen Vertrag über unbegrenzte Zeit hinweg aufrechtzuerhalten,* etwa wegen Abreise des Paares oder aus beruflichen Gründen. Und zwar auch denn, wenn wir in den Vorgesprächen sehr rasch den Widerstand bemerken, der mit solchen Schritten verbunden ist (*Abbildung 3*).

(4) *»Akute Krise«.* Die Kurztherapie eignet sich besser als die analytische Paartherapie in Fällen dringender Not, etwa in der Krise nach der »Entdeckung« einer außerehelichen Beziehung; zahlreiche akute Krisen brechen nach der »Enthüllung« eines Geheimnisses auf: Hochstapelei des Mannes, verborgene Identität eines der beiden (Adoption zum Beispiel).

2.2 Indikationen für die analytische Paartherapie

(1) *Paare mit Beziehungs- und Kommunikationskonflikten* (wie in den Fällen Dutronc, Lucas, Schreïer). Die Partner müssen die Konflikte eingestehen. In diesem Falle dehnt sich der Bereich des Ungesagten, der Mißverständnisse und der expliziten Schwierigkeiten auf immer weitere Bereiche des Ehelebens aus, bis das Paar an der Einsicht des gegenseitigen Ver-kennens nicht mehr vorbeikommt. Lemaire (ebd., S. 168) meint, die Anerkennung der Reziprozität konflikthafter Interaktionen sei nicht unbedingt die Voraussetzung dafür, daß eine Paartherapie angezeigt ist. Gewiß eignen sich solche Paare für die Behandlung am besten; dennoch scheint auch das Paar, das ein gewisses Maß an Widerstand gegen die

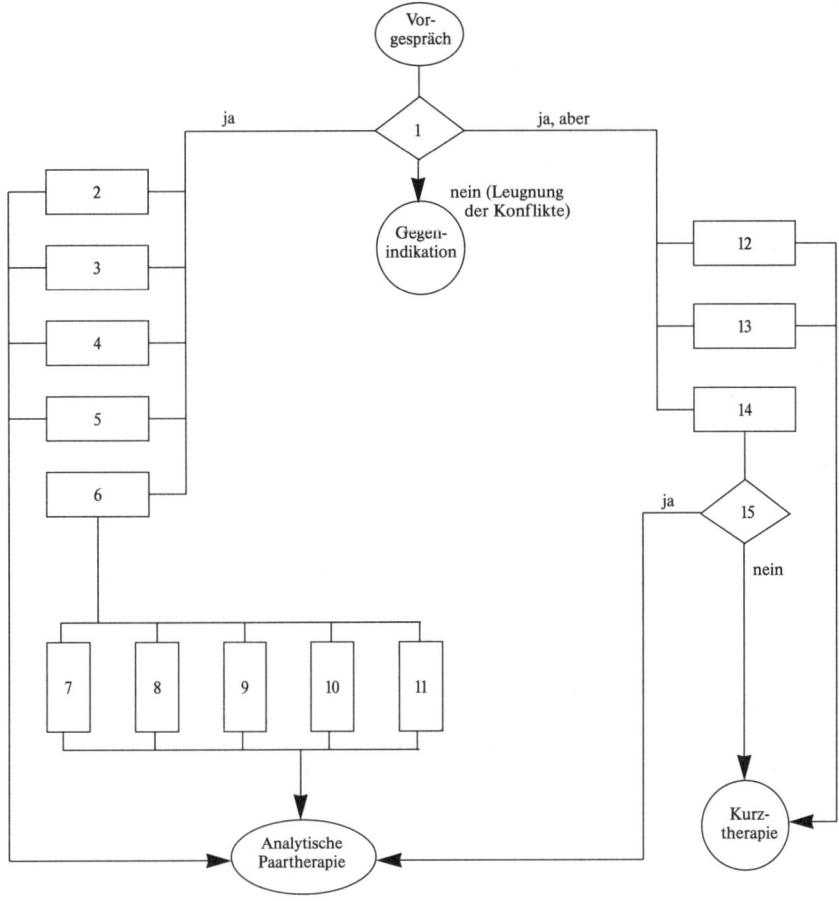

Abbildung 3: Indikationen und Gegenindikationen der psychoanalytischen Paartherapie.

1 Werden die Konflikte als solche anerkannt?
  Besteht ein Behandlungswunsch?
2 Kommunikationsstörungen
3 Sexuelle Disharmonie
4 Drohende Auflösung der Bindung
5 Pathologie eines Kindes, das sich weigert, an der Familientherapie teilzunehmen
6 Pathologie eines der Ehegatten (oder beider)
7 Anfänglich schwieriger Patient
8 Patient absorbiert die gemeinsamen Phantasmen in Form von Symptomen
9 Depressive Borderline-Pathologie
10 Psychotische Pathologie
11 Klinisch perverses Paar
12 »Akute Krise«
13 Bevorstehende Scheidung
14 Partner in psychoanalytischer Behandlung
15 Individualtherapie durch Konflikte des Paares beeinträchtigt?

Bewußtwerdung zeigt, von einer analytischen Paartherapie profitieren zu können, sofern im Vorgespräch der Widerstand zum Teil schwindet und wenn sich im Prinzip der Behandlungswunsch festigt.

(2) *Sexuelle Störungen und allgemeine sexuelle Unzufriedenheit*, selbst wenn sich die Störung nur bei einem der Partner zeigt.

(3) *Therapie der Eltern, wenn eine Familientherapie nicht durchführbar ist*, weil das Kind (häufig ein scheues Problemkind) die Teilnahme verweigert.

(4) *Psychopathologische Schwierigkeiten eines der Partner*, verbunden mit Uneinigkeit in der Ehe. Die analytische Paartherapie kann besonders nützlich sein, wenn eine Individualtherapie beim anderen Partner feindselige Gefühle weckt und wenn eine Individualtherapie nicht vorankommt. Das Bewußtsein von der Existenz von Paarkonflikten ist jedoch unentbehrlich, damit die Indikation der analytischen Paartherapie gestellt werden kann. Es lassen sich weitere Beispiele finden:

(a) Der Fall des *anfangs schwierigen, paranoischen Patienten* mit pathologischem Charakter, des Alkoholikers, der der Behandlung aus dem Wege geht. Er ist einer Therapie manchmal leichter zugänglich, wenn »auch sein Partner« behandelt wird, weil ihn das in seiner (projektiven) Vorstellung »bestätigt« (jedenfalls so lange, bis die Therapie in Gang gekommen ist), daß der andere an dem Hader in der Ehe schuld ist, und weil ihm das hilft, seine eigenen Mängel zu verleugnen.

(b) Der Fall des Patienten, der umgekehrt die Position des *Schwachen* einnimmt, des *Opfers, das gewohnheitsmäßig für schuldig erklärt wird*, das aber letztlich über die Kunst verfügt, die Beziehung zu beherrschen (durch seine *Depression*). Ein solcher Patient kann es fertigbringen, daß sich das ganze Eheleben um sein Leiden dreht, und damit Macht auf die Entscheidungen ausüben.

(c) Der Fall des Patienten, der Beziehungs- oder sonstige Krisen in Form von Symptomen *masochistisch in sich aufsaugt* und auf diese Weise dämpft.

(d) Der Fall des Paares, bei dem einer der Partner an einer *manisch-depressiven Psychose* leidet. Der »gesunde« Partner kann dann an dem Behandlungsprozeß der »kranken« beteiligt werden, denn das Gleichgewicht des Paares hängt von der Krankheit des einen und seiner Heilung, zugleich aber von seiner Nichtkrankheit und seiner Nichtheilung ab. In der Tat beruht die Bindung oft auf der ruhigen Sicherheit und Stabilität des »gesunden« Partners, der als einziger die Anfälle des Ehepartners zu ertragen vermag. Daher ist für beide eine günstige Entwicklung der zyklischen Krankheit (die heute medizinisch besser behandelt wird als früher) nicht leicht zu akzeptieren. Der »gesunde« Teil verliert seine Funktion als Stütze und die narzißtische Befriedigung, die er daraus ziehen kann. Wenn überdies im Verlauf der Krankheit manische Anfälle auftreten, wird der Tonus und die hypomanische Hyperaktivität in der Zeit zwischen zwei Krisen oder selbst die Erregung während eines Anfalls erstaunlicherweise als Zeichen von Macht, als »das Leben« selbst, als »Heilmittel gegen die Langeweile, gegen die Depression« erlebt, die übrigens auch der »gesunde« Partner verspüren kann. All das zeigt die Vielschichtigkeit des Problems, die *gegenseitige Komplizenschaft* beim Festhalten an der Krankheit und den Gewinn, den sie für den einzelnen oder für die Beziehung bedeutet. Verständlich wird damit auch, daß nach der Besserung im Befinden des Patienten das prekäre Gleichgewicht, für das die Krankheit sorgte, zerbricht und das Paar in eine Periode der Streitigkeiten eintritt.

(e) Der Fall des *klinisch sadomasochistischen* oder in anderer Weise *offen perversen* Paares (Colin, 1980). Die Kliniker der Paartherapie vernachlässigen im allgemeinen die Bedeutung der offenen Perversion. Die Perversität im Verhalten und die unbewußte »Perversion« finden dagegen gewöhnlich Beachtung (Eiguer, 1980c, 1982g). Vergessen wir nicht, daß Phänomene der Leidenschaft und der Perversität die Sitzungen der analytischen Paartherapie buchstäblich »bevölkern«.

(f) Oft äußert sich die Nachfrage nach einer Therapie in Fällen, in denen die Konflikte zum *Scheidungwunsch* führen. Abgesehen von der weiter oben erwähnten Situation des Paares, das bereits ein Scheidungsverfahren eingeleitet hat und bei dem es nicht angeraten ist, eine Behandlung zu beginnen, da die Auflösung der Verbindung bevorsteht, können die übrigen Fälle – in denen die Scheidung nur beschworen wird – behandelt werden. Das technisch heikelste Problem stellt sich bei Paaren, die mehr oder weniger explizit die Erwartung hegen, die Therapie könne die Scheidung verhindern: »Sie unsere einzige Rettung (die Rettung der Ehe) vor der Scheidung«.

Damit ist die Liste der Indikationen oder, besser gesagt, der Arten der therapeutischen Nachfrage nicht zu Ende (*Abbildung 3*). Es besteht auch kein Zweifel, daß im Verlauf des Vorgesprächs oder der Vorgespräche genauer herausgearbeitet werden müßte, was Gegenstand der Behandlung ist beziehungsweise worauf sich der Behandlungswunsch richtet. Wir halten es für eine der Aufgaben dieser Gespräche, solche Fragen zu klären. Wenn schon in einem Vorgespräch zu einer Individualanalyse der unbewußte Anspruch gewöhnlich nicht faßbar ist, so ist er es in der analytischen Paartherapie noch weniger. Zu dem bewußten Anspruch jedes Partners kommen die unbewußten hinzu und die geheimen Erwartungen und Pläne, die jeder im Hinblick auf die Therapie für sich selbst, den anderen und das Paar hegt (Lemaire, 1971). Trotzdem ist es möglich, *einen Ort einzukreisen, an dem sich Pläne und Wünsche treffen*, ohne dabei übermäßig mit dem Paar zu agieren: etwa indem wir äußern, welches nach unserem Eindruck die übereinstimmenden Ansprüche sind. Im übrigen wissen wir, daß das Aufdecken von Erwartungen nicht notwendig ist und sogar Angst auslösen kann: Jeder hat das Bedürfnis, einen Aspekt seiner Strategie geheim zu halten. Er bewahrt sich damit das Gefühl, die Dinge im Griff zu haben und - warum nicht? - einen Hauch persönlicher Freiheit. Tatsächlich müßte der Therapeut es verstehen, sich »benutzen« zu lassen. Häufig sucht einer der beiden Partner seine Situation in der analytischen Paartherapie auszunutzen, entweder um mit dem anderen »alte Rechnungen« zu begleichen, um ihm vor einem »Zeugen« oder »Richter« die Schuld zuzuschieben oder schließlich um ihn besser zu besitzen (das heißt zu unterwerfen). Wie dem auch sei: die natürliche Labilität jeder Gefühlsbeziehung, die Ungewißheit darüber, wie es mit der eigenen Fähigkeit steht, den anderen dazu zu bringen, daß er einen liebt (also die eigene Kastration), machen aus den Ehegatten verzweifelte Wesen, die bereit sind, jedes Mittel einzusetzen.

Eines sollte man jedoch nicht vergessen: Jenseits aller Konflikte und Symptome ist der Blickwinkel, von dem aus die Indikation gestellt wird, die Dysfunktionalität der Dyade. Jede therapeutische Indikation gilt der Gruppe. Es wäre verfehlt, ein Paar zu behandeln, wenn das Leiden nur auf einer Seite liegt, während der andere Partner von der Problematik des ersten nicht betroffen scheint. Ebenso bedauerlich wäre es, das Vorhaben einer Paartherapie fallenzulassen, nur weil einer der Partner sich in den Vordergrund spielt, ohne uns nach den Gründen zu fragen, warum der andere mitgekommen ist. Der stumme Begleiter hat auf dem Schachbrett der Beziehungen einen ebenso wesentlichen Platz wie sein Partner. Beide zusammen bilden erst die Einheit der Gruppe.

Letztlich ist es die Diagnose des ökonomischen Ungleichgewichts zwischen den narzißtischen Bindungen und den libidinösen Objektbindungen, die uns die Indikation stellen läßt. Daneben wäre die Rolle der archaischen, depressiven oder Kastrationsängste auf dem Grunde der Konflikte oder Symptome zu nennen sowie die Beziehung zu transgenerationalen Objekten (der Zwang, den sie ausüben; die Treue, zu der sie verpflichten; und so weiter).

3. Rahmen und Deutung

Die folgenden Beispiele erheben nicht den Anspruch, die Äußerungen der Mitglieder des Paares in der Therapie und die Deutungen dieser Äußerungen erschöpfend wiederzugeben. Sie sollen vielmehr in erster Linie eine pädagogische Illustration unserer Deutungskonzeption liefern.

3.1 Fünfte, sechste und siebente Illustration: Deutungsbeispiele

Kehren wir zu Herrn und Frau Schreïer zurück. Zehn Monate nach dem Beginn der Therapie ist der narzißtische Panzer zum Teil gewichen. In einer Sitzung wirft Anna ihrem Mann vor, »in allem zu positiv« zu sein: für ihn läuft zu Hause immer alles gut. Er ist niemals beunruhigt oder besorgt, selbst wenn ihm »die Decke auf den Kopf fällt«. Alexander geht zum erstenmal darauf ein und sagt, sie sei immer unzufrieden, und er frage sich, was man tun müsse, damit sie glücklich ist. Aber er gesteht auch seine Unfähigkeit ein und sagt, da er nichts habe für sie tun können, habe er resignieren müssen (unausgesprochener Tadel für den Therapeuten?). *Anna* »Wie willst du mich glücklich sehen, wenn ich keinen Ehemann habe; du gehst am Morgen, gibst mir einen Kuß auf die Stirn, und wenn du abends wiederkommst, umarmst du mich flüchtig, und das ist alles. Wir sind kein Paar; du bist ein Fremder für mich.« Ohne seinen unbewegten Gesichtsausdruck zu verlieren, erzählt *Alexander* bedächtig »die Geschichte vom englischen Hauptmann«. Diese Geschichte spielte während des Krieges in einem japanischen Gefangenenlager mit ziemlich strenger Lagerordnung. Mit seinen Kameraden zum Tode verurteilt, isoliert und weit von den eigenen Truppen entfernt, wußte der englische Hauptmann, daß es für ihn keine Rettung gab; was auch geschehen mochte, sie würden unweigerlich erschossen. Trotzdem versäumte es der englische Hauptmann nie, seine Hose zu falten, ehe er sich schlafen legte. Es handelte sich um »kurze Hosen, glaube ich«, erklärt Alexander. Er hatte seine Gewohnheit nicht aufgegeben. Jeden Abend tat er es, »die anderen sagten sich, er sei verrückt geworden, das sei doch auf jeden Fall sinnlos«. Alexander vergleicht sich daraufhin mit diesem englischen Hauptmann. Wenn er immer »positiv« scheine, wie Anna sagt, so weil er das Unglück zwar sehe, aber seine Gewohnheit nicht aufgeben möchte, »weil man nie weiß, was geschehen wird« und was den Lauf der Dinge ändern könne. (Hier wäre auf die Beziehungen zwischen dem englischen Hauptmann, Alexander und dem englischen Vorfahren Annas zu verweisen, der in diese Sitzung wieder symbolisch Einzug hält: *Imago*.) Später in dieser Sitzung beklagt sich *Anna* abermals: Das Zusammenleben als Paar ist nicht so, wie sie es sich als junges Mädchen vorgestellt hat. Immer ist sie allein, ohne Begleiter, wenn sie ausgehen oder Besuche machen möchte. Dazu kommt, daß Alexander auch nicht gern Besuch empfängt. Nun mache ich eine Bemerkung. Alexander hat sich ein ehrgeiziges Ziel gesetzt: seine Frau vollkommen glücklich zu machen; gemessen an seinen Erwartungen fühlt er sich nun enttäuscht und muß in gewisser Weise seine völlige Unfähigkeit erkennen. Ich füge hinzu, daß die Situation für Anna recht ähnlich ist: sie hat sich eine Ehe mit jemandem gewünscht, der über viel Zeit verfügt – und muß sich nun sehr enttäuscht fühlen. (Bis hierher geht die *Vorrede* der Deutung mit einem Kommentar, der sich abwechselnd an beide Partner richtet; darauf folgt nun die *zusammenfassende Deutung mehrerer Beobachtungen*.) Beide haben sich also verschiedene, aber im Grunde sehr ähnliche und schwer zu erreichende Ziele gesteckt. »Sie sind beide *sehr* anspruchsvoll gegenüber dem anderen und auch gegenüber sich selbst.« Im weiteren Verlauf der Sitzung akzeptieren sie die Deutung, und wir (sie und ich) kommen mehrfach auf den Gedanken zurück, »anspruchsvoll zu sein« gegenüber dem anderen und sich selbst.

Herr und Frau Lucas haben den Therapeuten wegen sexueller Disharmonie aufgesucht. In der fünfzehnten Sitzung – der ersten nach den großen Ferien – sagen beide, die Familie sei nicht imstande, etwas zusammen zu unternehmen, bei dem alle

Spaß haben, es gebe mehrere Anzeichen dafür; und Frau Lucas erinnert daran, daß sie schon in der ersten Sitzung davon länger gesprochen hat. Mehr oder weniger offen ist damit gesagt, daß sie sich in den Ferien gelangweilt haben. Ein paar Augenblicke später entspinnt sich ein lebhafter Dialog um Gesellschaftsspiele (elektronische Spiele oder Scrabble). Frau Lucas wirft ihrem Mann und auch ihrem Sohn vor, sie wollten immer nur gewinnen, nützten ihre Schwächen aus und prahlten verächtlich ihr gegenüber mit ihren Triumphen, sobald sich die Gelegenheit dazu biete. »Aber nein, nicht doch«, antwortet Herr Lucas, »das sind die Spielregeln.« Nach kurzer Beweisführung kommt Frau Lucas zu dem (nicht ganz ernst gemeinten) Schluß: »Du und Georges, ihr seid Frauenfeinde.« Das ruft bei ihrem Mann lebhafte, wenngleich kuriose, weil klischeehafte Reaktionen über »die Mängel der Frauen« hervor. »Wenn du eine Frau siehst, die beim Autofahren einen Fehler macht«, antwortet Frau Lucas, »wenn sie vergißt, vor dem Abbiegen den Blinker zu setzen, dann sagst du: ›Wußte ich's doch, daß das eine Frau ist, nur Frauen fahren so schlecht.‹ Aber wenn es ein Mann ist, dann hast du noch nie gesagt, daß er nicht fahren kann, weil er ein Mann ist.« Herr Lucas hat einen schweren Stand in der folgenden Diskussion; seiner Gattin gelingt es, ihm nachzuweisen, daß die Frauen keine Angst davor haben, Berufe anzunehmen, die traditionell den Männern vorbehalten sind, während Männer da zurückhaltender sind: »Würdest du vielleicht sticken lernen?« Die lebhafte Diskussion dreht sich dann um die Beziehung zu dem Kind, und einer tadelt den anderen, sich nicht genügend um es zu kümmern. Einmal sagt *die Frau* aufgebracht: »Hör mal, du wirfst mir vor, daß ich mich während des Sommers nicht richtig um das Kind gekümmert habe, bloß weil *du* keinen *Vater* gehabt hast, der sich um dich gekümmert hätte.« Herr Lucas protestiert: »Das ist zu mechanisch, du kommst zu dem Schluß, daß es an den Eltern liegt, und damit hat sich's. Das Problem ist erledigt.« *Frau Lucas* sieht mich zum erstenmal an: »Aber nein, gar nicht, wir müssen es bei uns selber suchen. Übrigens habe ich das im Sommer in einem Buch gelesen, einem Buch über Psychologie.« *Herr Lucas* »Fertige Rezepte.« *Frau Lucas* belustigt: »Aber ich bin nun mal nicht so intelligent wie du, Georges. Darum suche ich in Büchern Rat« (paradoxe Selbstdefinition). *Herr Lucas* »Aber sieh mal, am Ende der Ferien hast du dir selber vorgeworfen, daß du dich nicht um das Kind gekümmert hast. Das war doch keine Idee von mir.« *Frau Lucas* verwirrt: »Das stimmt, das stimmt.« *Der Therapeut* stellt jetzt das Psychologiebuch in Zusammenhang mit dem, was sie gerade zusammen tun. Dann fügt er hinzu, sie könnten einen solchen Tadel ja ohne weiteres auch an ihn richten: indem er die Sitzungen unterbrach, »hat sich in der Tat nicht um sie gekümmert«. Sollten sie sich während der Ferien gewissermaßen vernachlässigt gefühlt haben? (Angesichts der Reaktion des Paares hielt ich es nicht für nötig zu ergänzen, daß sie meinten, er – der Therapeut – habe »viel Spaß gehabt«: Phantasma der Urszene in der Übertragung.) *Herr Lucas* ironisch: »Wir haben *Ihnen* keine Vorhaltungen zu machen, Sie haben uns schließlich aufgefordert, hier nur miteinander zu reden, ohne uns an Sie zu wenden.« Alle lachen, weil jeder versteht, daß ich nicht in solchem Befehlston, wie ihn Herr Lucas andeutet, dem Paar verboten hätte, mit mir zu reden oder an mich zu denken.

Während einer der ersten Sitzungen der analytischen Paartherapie zeigt sich *Herr Matteoti* bestürzt bei dem Gedanken, daß seine Ehe gescheitert sein könnte: »Ich habe mich an sie gebunden, und ich wollte, daß unsere Beziehung zur Probe aufs Exempel meiner Anpassung wird. Das Scheitern dieser Beziehung wäre mein eigenes Scheitern und in gewisser Weise das meiner Familie, einer Arbeiterfamilie, die im Elend lebt und von ihrer Umgebung abgelehnt wird.« *Frau Matteoti* ärgerlich ... liebevoll: »Er glaubt, daß meine Familie, weil sie ›bürgerlich und distinguiert‹ ist, alle Vorzüge in sich vereint. Ich weiß nicht, ob sie die wirklich hat, diese Vorzüge. Sie hat viele Mängel, aber ich kann kaum mit ihm darüber reden, so sehr hat er das Bedürfnis, meine Familie als ein Ideal zu betrachten. Sicher, sie ist kultiviert, sie ist in vielem sehr gebildet, sie hat die Sprache, aber sie hat auch Schwierigkeiten, glücklich zu sein, sich auf einfache Weise zu lieben. Und dann pflegt meine Familie ihre Geheimnisse, ihre Ideen, die manchmal voller Vorurteile sind. Ich bin so sehr ... gezwungen zu glauben, daß alles gut ist, wie es ist, daß meine Familie bewundernswert ist, daß ich manchmal gar nicht mehr weiß, wo ihre Qualitäten und ihre Mängel liegen.« Sie sprechen daraufhin über ihr Kind und seine Erziehung, in der dieser Konflikt zum Ausdruck kommt: Herr Matteoti überläßt sie seiner Frau, weil er glaubt, sie werde »ihm eine mustergültige Erziehung geben«. Er behandelt diese Mutter/Kind-Beziehung derart behutsam, daß er sie lieber nicht stören möchte. Frau Matteoti möchte sich dagegen auch als Frau und – wie sie einwendet – nicht nur als Mutter fühlen. *Therapeut* »Wie sieht das denn tatsächlich aus?« *Frau Matteoti* »Dieser Streit entsteht in unseren Unterhaltungen immer wieder, es geht um nichts anderes. Er möchte, daß das Kind eine gute Erziehung erhält, und wenn von den Großeltern väterlicherseits die Rede ist, versucht mein Mann sie in Gegensatz zu den Großeltern mütterlicherseits zu bringen, die immer besser sind. Das geht dem Jungen nun wirklich nicht in den Kopf.« *Der Therapeut* sagt als erstes, daß er selbst überhaupt nicht wüßte, wie dieses Kind zu erziehen sei. Dann hebt er bei Frau Matteoti das Unbehagen hervor, das bei ihr entsteht, wenn sie sich gelenkt, ja »gedrängt« fühlt vom Wunsch ihres Mannes, der um jeden Preis möchte, daß sie die Erziehung des Knaben übernimmt und dabei ganz bestimmte Bedingungen erfüllt. Er fügt hinzu, daß es Frau Matteoti offenbar auf die Nerven geht, daß ihr Mann *eigene Wünsche, eigene Phantasien* hat. Etwa zehn Minuten später wendet sich *der Therapeut* an den Ehemann, um ihm seinen Eindruck von der *Zähigkeit* zu vermitteln, mit der er seiner Frau »ein Geschenk machen« möchte. Indem er ihr sage, wie sehr er (der Ehemann) ihre Herkunft und ihre Bildung schätzt, zeige er ihr seine besondere Wertschätzung: Hat sie das Recht, ein solches Geschenk abzulehnen? Die Reaktion auf diese Intervention, bei der es mir um die verdrängte gegenseitige Ambivalenz geht, äußert sich eher in Gesten, in einer gewissen Zurückhaltung, sogar in einer Traurigkeit, die jedoch nicht lange währt. Am Ende der Sitzung berichten *Herr und Frau Matteoti*, wie sie einander begegnet sind – sehr interessant und im Hinblick auf manche Gesichtspunkte sehr aufschlußreich. Der Konflikt war schwierig zu fassen: er drückte sich nicht in feindseligen Äußerungen, sondern in einem Übermaß an Großzügigkeit aus (Reaktionsbildung). Der erste Teil der Deutung versuchte, sich einer mutmaßlichen Aufforderung an den Therapeuten zu entziehen, sich an der Auseinandersetzung um die beste Formel für die Erziehung des Kindes zu beteiligen. Wir haben diese Deutung zum Teil deshalb formuliert, weil wir glaubten, so unser Verständnis der Situation besser präzisieren zu können und das Material auf den Konflikt auszurichten.

3.2 Der Kontext definiert die Rede des Therapeuten

Der analytischen Paartherapie geht gewöhnlich *eine Reihe von Vorgesprächen* voraus. Diese Gespräche haben offiziell noch keinen therapeutischen Charakter, eignen sich aber gut dazu, den Rahmen der Beziehungen abzustecken, der sich dann während der eigentlichen analytischen Paartherapie festigt. Da diese Gespräche nicht als therapeutische definiert sind, bringt die Konsultation oft viel Dynamik in die Unterhaltung, gerade weil das Paar sich noch nicht verpflichtet fühlt. Die Vorgespräche lassen also die Entscheidung für oder gegen eine Therapie im Prinzip noch offen. Unter bestimmten Umständen kommt diese Offenheit dem Partner entgegen, der den anderen möglichst rasch zu einer Therapie bewegen möchte, während dieser in der Defensive bleibt und den Eindruck hat, gedrängt beziehungsweise »mitgeschleppt« zu werden. Sie können sich beide verstanden fühlen, wenn der Therapeut etwa sagt: »Wahrscheinlich werden wir eine Therapie machen, aber wir sind uns noch nicht sicher.« Folglich können die Vorgespräche bereits eine vermittelnde Situation oder einen Zwischenbereich zwischen den beiden Partnern schaffen und eventuell zum Abbau von Beherrschungswünschen und Vorbehalten beitragen. Darüber hinaus dienen sie dazu, *das Feld des gemeinsamen ehelichen Lebens zu explorieren, Sensibilität für den Anspruch zu wecken, der an die Therapie herangetragen wird, die Ziele der Therapie festzulegen und den Vertrag und den Rahmen zu präzisieren.*

In der Theorie der Behandlungstechnik werden alle Interventionen des Therapeuten gewöhnlich auf ein einziges Modell zurückgeführt: das der psychotherapeutischen Intervention. Man vergißt dabei, daß die Interventionen je nachdem, in welcher Situation sie erfolgt und *in welchem Kontext die Rede des Therapeuten steht,* sehr unterschiedlich beschaffen sind. So ist etwa das »Deuten« während der eigentlichen Therapie etwas ganz anderes als das Reden während des Vorgesprächs, *ehe man also weiß, ob man eine Therapie machen wird.* Und die Interventionen in diesen beiden Situationskontexten unterscheiden sich wiederum von den beiden wichtigen Aussagen, mit denen am Ende der Vorgesprächsphase *der therapeutische Vertrag aufgestellt und die analytische Grundregel ausgesprochen wird.*

(a) Während des *Vorgesprächs* gestattet sich der Therapeut gewisse Freiheiten; er stellt Fragen; er vermeidet es, nach dem tieferen Sinn der Gruppenphantasien zu schürfen, es sei denn, dies könnte seiner Einschätzung nach eine ängstliche Blockierung überwinden helfen oder es ihm ermöglichen, die Fähigkeit der Ehepartner abzuschätzen, ihre unbewußten Vorstellungen ins Bewußtsein zu übernehmen.

Hat dagegen die *Therapie* einmal begonnen, haben die Interventionen des Therapeuten nicht mehr explorativen Charakter, sondern dienen eher der Entdeckung oder Vertiefung. Zugleich sollte jedes seiner Worte zu einer spontanen Vertiefung bei den Ehepartnern, zu einer Öffnung auf die Zukunft hin führen. Die Interventionen des Therapeuten sollten nicht die Vermutung entstehen lassen, die Wahrheit sei bereits endgültig gefunden, er allein habe den latenten Gehalt entdeckt. Statt dessen wird der Therapeut den Eindruck vermitteln, daß sich für das Paar wie für ihn »an jeder Ecke« neue Wege eröffnen können, mit neuen Zweifeln, neuen Ungewißheiten und neuen Fragestellungen. Wenn der Therapeut eine Deutung gibt, sollte er dabei das empfindliche Gleichgewicht zwischen Behauptungen und Unklarheiten wahren können. Der Fragesatz, die nuancierte Verwendung von Verneinungsformen, das »Ich nehme an«, das »Vielleicht«, das »Mir kam der Gedanke: Ist es nicht so, daß . . .« geben einer solchen Arbeit den angemessenen Stil.

(b) *Die mündliche Formulierung des Vertrages* duldet dagegen keine Zweideutigkeit und muß klar, deutlich, präzise, beinahe feierlich geschehen (wir legen den Zeitpunkt dafür ans Ende der Vorbereitungsphase). Das Aussprechen des Vertrages und seiner Gesetze ist eine *rituelle Handlung*, die beide Seiten zu einer langwierigen Arbeit verpflichtet. Es werden die Rechte und Pflichten genannt. Es werden die Zeiten und die Wochentage der Begegnung genannt (meist eine Sitzung wöchentlich), der Ort der Therapie, die Teilnehmer – Therapeut(en) und Paar – sowie schließlich die Folgen der Abwesenheit eines Mitglieds (absolute Bedingung der Anwesenheit beider Partner). Der Kontrakt legt die Regeln fest, denen sich jeder unterwirft. Der Kontrakt präzisiert, zieht einen *Rahmen*, der seinen nie hoch genug zu veranschlagenden Wert darin hat, den Ängsten, die von den besonders übermächtigen narzißtischen Bindungen ausgelöst werden, als Halt, als Behälter zu dienen. Insgesamt kommt es also darauf an, einen Zusammenhang zu beachten zwischen dem Rahmen, der durch den Kontrakt gezogen und formuliert wird, und einem bestimmten Aspekt im Verhalten des Paares, der die therapeutische Erfahrung sozusagen »umhüllt« oder »zusammenschnürt«: nämlich *die narzißtischen Bindungen, die an dem Rahmen Halt finden* (siehe unten).

(c) *Das Aussprechen der Regel der freien Assoziation* folgt auf die Formulierung der Regel des Vertrages und ist ebenfalls ein feierlicher Akt, unterscheidet sich aber von dem vorigen. Denn der Kontrakt stellt Therapeut und Paar vor ein und dieselbe Aufgabe, während die Regel der freien Assoziation den Inhalt und die Antriebskraft des Prozesses benennt und dabei einen *Abstand* schafft zwischen dem Therapeuten, der hört, und dem Paar, das sich spontan seinen Assoziationen überläßt (während in dem Vertrag Therapeut und Paar die gleichen Rechte und Pflichten beanspruchen können). Die Regel der freien Assoziation organisiert das Substrat, von dem aus sich die Erfahrung bildet. Konkret ergeht mit der

Regel der freien Assoziation an jeden Partner des Paares die Aufforderung, seinen Gedanken freien Lauf zu lassen und sie ohne Einschränkung und Interpretation von seiner Seite wiederzugeben. Man kann die Ehepartner auch auffordern, soweit wie möglich miteinander zu diskutieren und sich nicht an den Therapeuten zu wenden (*spontane Dramatisierung*, Eiguer, 1978). Die freie Assoziation begrenzt das therapeutische Feld als Feld der Rede. Die *Abstinenzregel* (Therapeut und Paar werden außer der Therapie keine andere Verbindung unterhalten) ist in der Regel der freien Assoziation enthalten. Wir persönlich halten es nicht für erforderlich, sie explizit auszusprechen, haben aber Verständnis dafür, wenn manche Therapeuten dies tun. In die Regel der freien Assoziation kann man die *Restitutionsregel* einschließen, also die Aufforderung, in der Sitzung alles zu sagen, was die Ehepartner in der Zwischenzeit besprochen haben, soweit es die Therapie betrifft; wir halten diese Regel zum Teil für fragwürdig und wenden sie nicht an.

Der Augenblick, in dem die Regeln des Vertrages und der freien Assoziation ausgesprochen werden, ist für den Behandlungsprozeß entscheidend; mit ihm beginnt er gewissermaßen. Von da an gibt es einen Raum für die Assoziationsarbeit des Paares und für die Interventionen des Therapeuten. Natürlich kann sich der Therapeut im Laufe der Behandlung *dazu veranlaßt sehen, die anfänglichen Verhaltensanweisungen zu wiederholen*, besonders dann, wenn der Rahmen – etwa durch die Abwesenheit eines der Partner – verletzt wird. Die Wiederholung der Vertragsbedingungen kann vorschnelle Deutungen vermeiden helfen, die Gefahr liefen, falsch aufgenommen zu werden: das Paar könnte eine eventuelle Deutung des Therapeuten so verstehen, als wäre sie durch »seine Verletztheit« oder »seinen persönlichen Schmerz« motiviert, weil er sich »durch die Vertragsverletzung des Paares herabgesetzt« fühlte. Jede phantasierte Feindseligkeit, die in der Realität eine Bestätigung findet, der Eindruck etwa, daß der Therapeut sich verletzt fühle, bestärkt den Glauben an das destruktive Potential der Gatten und zugleich die Skepsis hinsichtlich der eigenen Möglichkeiten zur »Wiedergutmachung des Objekts«.

So erscheint *die Regel*, indem sie ganz einfach wiederholt wird, als »Gesetzbuch« außerhalb und unterhalb der Beziehung zwischen Paar und Therapeut, als »symbolisches Gesetz«. Diese Wiederholung wirkt besänftigend und beruhigend, und zwar ganz allgemein auf die stark interpretativen Vorstellungen der Ehepartner.

(d) *Die Deutung* ist für den Therapeuten die spezifische Arbeitsweise der analytischen Paartherapie (Lemaire, 1980); sie verlangt in ihrer Handhabung viel Geschick und vor allem Vorsicht. Wenn ein Ehetherapeut in der Ausbildung vor allem gelernt hat, was er nicht sagen oder tun darf, so ist er in seiner Ausbildung bereits weit fortgeschritten; eine differenzierte

Handhabung der therapeutischen Abstinenz, Zurückhaltung und Beachtung des Rahmens sind ebenso unentbehrliche technische Mittel wie eine wohlformulierte Intervention, wenn es so etwas überhaupt gibt. Denn sind die besten Deutungen nicht gerade die am wenigsten korrekt konstruierten, weil der Therapeut sein eigenes Unbewußtes hat durchscheinen lassen?

3.3 Neuäquilibration

Trotzdem wäre es von Interesse, uns auf das Abenteuer der hypothetischen »korrekten Konstruktion« einer Deutung einzulassen.

Erstens ist darauf hinzuweisen, daß der Wunsch der Partner, den Therapeuten zu verführen, aber auch der Wunsch zu mißfallen sehr häufig vorkommt. Im Hinblick darauf ist der Therapeut gut beraten, eine ausgewogene Position zwischen den Ehepartnern einzunehmen. Wir haben diese Technik als »Wiederherstellung des Gleichgewichts« oder »Neuäquilibration« bezeichnet (Eiguer, 1980b). Es handelt sich entweder um eine »passive« Haltung (nicht in das Spiel mit einem der Ehepartner eintreten, um keine privilegierte Beziehung entstehen zu lassen) oder um eine »aktive« (den Schweigsameren oder Unauffälligeren der beiden ansprechen: bald denjenigen, der sich verschanzt hält, bald denjenigen, der als Peiniger dargestellt wird). Die Neuäquilibration ist also ein einfaches, obgleich hochwirksames Mittel.[25] Sie vermeidet eine Deutung, die einen der Ehepartner in starke Verlegenheit bringen könnte (denjenigen, der sich »verführerisch« oder »machtbewußt« verhält), zumal da die Assymmetrie (die komplementäre Beziehung) niemals einseitig nur von einem der Partner hergestellt wird, sondern das Ergebnis eines vorbewußten Zusammenspiels ist. Ebenso kümmern wir uns nicht um psychische Symptome.

Zweitens müssen wir die Tatsache hervorheben, daß sich die Deutung nie an den einzelnen wenden darf, sondern der Dyade, dem Paar gilt. Wenn es nicht zu vermeiden ist, einen der Ehegatten zu deuten, wird es vorteilhaft sein, unmittelbar darauf – oder auch später in der Sitzung, aber nie zu lange danach – die Deutung mit einer zweiten Beobachtung zu *verknüpfen*, die das andere Mitglied des Paares betrifft. Manchmal machen wir das Paar auf die Rolle des »Sprechers der Paargruppe«, der in dieser Funktion das kaltgestellte Mitglied entmündigt, sogar ausdrücklich aufmerksam (siehe oben, S. 72 und 80).

Auch die *zusammenfassende Deutung* ist eine Art Wiederherstellung des Gleichgewichts: die Mitglieder des Paares können feststellen, daß ihre vereinzelte Wahrnehmung, die Vorwürfe, die sie gegeneinander erheben, ihre persönlichen Klagen, ihre Schwächen oder Leiden (die sie narzißtisch für ihre persönlichen halten) in Wirklichkeit das Nebenprodukt eines unbewußten Erlebens sind, das für sie beide ungute Folgen hat. So können sie sich »mitbetroffen« und »gemeinsam verantwortlich« fühlen, den anderen besser *als anderen* wahrnehmen und nicht mehr so sehr als Teil des eigenen Selbst, als den Schuldigen für das Unglück oder als die Ursache aller Übel (was ja nur eine Weise ist, den anderen nicht wahrzunehmen).

Die genannten Haltungen oder Tendenzen bedeuten keineswegs eine Verletzung der »goldenen Regel« der analytischen Paartherapie, nämlich der *Neutralität*; der Therapeut muß es durchaus vermeiden, den (vermeintlich) Schwachen zum Nachteil des Starken zu begünstigen, den (vermeintlichen) Peiniger zu drücken, um dem Opfer zu »helfen«. Die Neuäquilibration oder die zusammenfassende Deutung zielen vielmehr darauf ab, sich beim Hören nicht in sadomasochistische Situationen verwickeln zu lassen (Eiguer, 1980b).

3.4 Motive, Gegenstand, Ziel, Zeitpunkt und Formulierung der Deutung

Neuäquilibration und zusammenfassende Deutung sind Mittel. Was wir jetzt noch genauer angeben müssen, sind die technischen Parameter, die zu jeder Deutung gehören: ein Motiv, ein Gegenstand, ein Ziel, ein Zeitpunkt und eine Konstruktion. Diese Gesichtspunkte sind voneinander zu trennen, da sonst die Untersuchung der Deutung unvollständig bliebe und die Deutungspraxis womöglich Effekte hervorriefe, die ihre Wirkung schwächen. *Gegenstand* ist im allgemeinen das Unbewußte der Paargruppe. Die *Ziele* variieren zweifellos je nach Paartyp und mit der Entwicklung des Falles. Um die Deutung nicht zu früh und nicht zu spät auszusprechen, ist der richtige *Zeitpunkt* (das *timing*) wichtig, denn der Überraschungseffekt mit seiner nachhaltigen ökonomischen Wirkung bleibt für die Wirksamkeit der Deutung wesentlich (Barande, 1963; Green, 1979). Was ihre *Formulierung* oder *Äußerung* betrifft, unterscheidet sich die Deutung in der analytischen Paartherapie nicht sonderlich von anderen Gruppendeutungen; auf eine *Vorrede*, in der der Therapeut (wie im Fall Schreïer) darlegt, auf der Grundlage welchen *Materials* er denkt, was er denkt, folgen die Schlüsse, die er daraufhin äußert. Das »Material« ist im allgemeinen etwas, was er kurz vorher bei dem einen und bei dem anderen Partner bemerkt oder gehört hat. Die Vorrede dient dazu, das Material »wiederanzuheizen«, für jeden identifizierbar zu machen und dem, was sonst belanglos scheinen könnte, einen Wert zu verleihen (Anzieu, 1970, 1972; *Tabelle 6* gestattet einen besseren Überblick über diese Parameter).

Tabelle 6: Die Deutung in der analytischen Paartherapie und ihre Parameter

Parameter	Allgemeingültige Kriterien (für jede Deutung)	Besondere Kriterien (für eine bestimmte Deutung)
Motive: warum deuten?	Im allgemeinen Gründe ökonomischer Ordnung im Hier und Jetzt der Sitzung	**Regressive Situationen** - Zerbröckeln des Diskurses - emotionale Übewältigung - Agieren - gegenseitige Suggestionen *[inductions]* des Paares - Suggestionen in der Übertragung (die sich in Schwierigkeiten auf der Ebene der Gegenübertragung übersetzen) - Schwierigkeiten, die Vertragsbedingungen einzuhalten oder den Rahmen intakt zu halten **Nichtregressive Situationen** - innere Sammlung (Aufnahmebereitschaft für unbewußte Affekte)
Timing (Zeitpunkt): wann deuten?	Das Paar muß das Gefühl haben, daß die Deutung auf das betreffende Material paßt **Überraschungseffekt**	Empfehlungen: - nicht zu nahe am Beginn oder am Ende der Sitzung - nicht gleich nachdem das zu deutende Material zur Sprache gekommen ist, aber auch nicht zu lange danach
Gegenstand: was deuten?	Den Inhalt des Unbewußten der Gruppe: - Abwehrmechanismen - Vorstellungen oder Phantasmen - Affekte - Übertragungen	Zum Beispiel: - Abwehrmechanismen wie die gegenseitige projektive Identifizierung (paradoxe Zwänge) und die Spaltung - Affekte wie die »gemeinsame Angst in der Situation« - Widerstände gegen die Übertragung
Ziele: in welcher Absicht deuten?	- um den sprachlichen Austausch anzuregen oder auf **phantasmatischer Ebene** zu halten - um den überbordenden Narzißmus zurückzudrängen und dadurch das Unbewußte bewußt zu machen - um über die Stetigkeit des Prozesses zu wachen	Hören (selektive Aufmerksamkeit) auf Träume, Mythen, Legenden, Fabeln; Fehlleistungen, Wortspiele, Metaphern, alte Erinnerungen; Nachdenken über die Übertragung oder den Ablauf der Therapie
Formulierung oder Äußerung: wie deuten?	Zwei Teile: - Vorrede (Markierung des Materials) - Erläuterung **Allgemeiner Verhaltensstil:** wohlwollende Neutralität	**Formulierungsweisen:** Frage, Behauptung, Hypothese; auch das Schweigen ist eine Äußerung **Metakommunikativer Stil:** dramtisch, komisch, parodistisch, zurückhaltend, verschämt, offen, logisch usw.

Was den *Gegenstand* betrifft, so ist nach unserer Erfahrung stets die affektive Ökonomie des Paares in der Sitzung (die »Situation«) entscheidend. Welches ist der zentrale Affekt, den die Ehegatten diesmal äußern? Welches ist die gemeinsame Spannung (Ezriel, 1960), die bei dieser Sitzung geweckt wird? Was fürchten sie zu entdecken? Welche Ängste treten dabei auf, insbesondere gegenüber dem Therapeuten? Wird er bissig sein? Wird er alles verstehen? Was fürchten sie heraufzubeschwören, oder welcher Konflikt droht heute aufzubrechen? Werden sie während des Gesprächs eine neue Enttäuschung erleben? Werden sie abermals ihre Unfähigkeit feststellen, zusammen zu leben? Die gemeinsame, in der Übertragung geweckte oder situationsbedingte »Angst« umfaßt nicht nur negative Affekte, sondern auch Hoffnung und erhebende Gefühle: Werden sie aufgrund dessen, was in der nächsten Sitzung geschieht, eine starke Anziehung zueinander empfinden wie damals, in der Trunkenheit der Anfänge?

Die gemeinsame Angst oder Spannung ist ein von beiden Ehegatten geteilter Affekt, der sich während einer Sitzung allmählich verändern kann und sich im Laufe der Behandlung natürlich ganz erheblich wandelt. Uns scheint es, als sei dieser Affekt *der Motor* des Dialoginhalts, gewissermaßen seine mobilisierende Kraft, die den gewöhnlich unbewußten Phantasien, Gefühlen, Gesten eine neue Wendung verleiht. Eben deshalb erfüllt diese »gemeinsame Angst« den Raum der Sitzung. Sie ist deren Nerv, wenn man so sagen kann. Und deshalb wird auch die Deutung gewöhnlich die gemeinsame Angst zum Gegenstand nehmen. Das wirkt beruhigend und schafft Platz für andere Phantasien, Gefühle oder Gesten. Gleichzeitig kann das Paar seine elementarste und lebhafteste Entwicklung in der Übertragung erfahren.

Bei der *Formulierung oder Äußerung* der Deutung wollen wir ein wenig verweilen, um die relative beziehungsweise zufällige Seite jeder Äußerung zu erörtern. Die Partner des Paares werden mit der Deutung »tun, was ihnen beliebt«. In vielen Fällen stellt der Therapeut fest, daß sie etwas anderes gelernt haben als das, was er ihnen nahebringen wollte; doch zur allgemeinen Überraschung stellt sich heraus, daß dies ebenso nützlich und bereichernd für sie ist.

Letztlich ist der Zugang zum Unbewußten kaum beherrschbar, und die Formulierung dient nur sehr mittelbar dazu, eine Bewußtwerdung in Gang zu setzen, deren Entwicklung wesentlich von den vorbereitenden Bemerkungen abhängt. So ist es erstaunlich zu beobachten, daß ganz schlichte Bemerkungen häufig eine enorme Wirkung hervorrufen: etwa der Hinweis auf eine vielsagende Geste, eine Fehlleistung oder einen Witz; die Aufmerksamkeit, die sich auf eine Erinnerung richtet, die wir ein zweites Mal hören möchten; die Frage nach einem Punkt, der uns dunkel geblieben ist und von dem das Paar – zu Unrecht – meint, wir würden ihm große Bedeutung beimessen; die »Umformulierungen«, unsere Irrtümer und schließlich unsere Fehlleistungen. Die Schlichtheit solcher Bemerkungen ist vielleicht geeignet, unsere Intervention von allen Machtansprüchen freizuhalten (auf die ein Paar, das durch seinen internen Machtkampf ohnehin gereizt ist, im allgemeinen empfindlich reagiert).

Ist es vielleicht gerade das Unvollständige und Unfertige der Intervention, das den Weg zur Zukunft hin offen läßt, indem es unbekannte Assoziationswege bahnt? Könnte es sein, daß in der fragenden, offenen Haltung des Therapeuten die infantilen Anklänge wahrgenommen werden, die darin mitschwingen? Offensichtlich gehören diese Bemerkungen zu den dynamischsten Momenten der Behandlung.

3.5 Die »assoziative Deutung«[26]

Bisher haben wir die Notwendigkeit einer knappen, zusammenfassenden und zugleich möglichst nicht »blockierenden« Deutung hervorgehoben. Die Rede war auch von den unerwarteten und positiven Wirkungen einer punktuellen Frage. Wie verträgt sich das mit dem, was wir weiter oben scherzhaft als »die drei Präliminarien« bezeichnet haben? Gewiß, die Aufklärung, die über eine bestimmte Geste oder eine bestimmte Erinnerung gegeben wird, legt nicht den ganzen weiteren Verlauf der Therapie fest. Dennoch stellen solche Aufklärungen den dünnen Faden dar, aus dem das dichte Maschenwerk der Behandlung gestrickt ist.

Die assoziative Deutung ist ein Verfahren, das durch die Bildung von Analogien oder Gegensätzen scheinbar unverbundene Aspekte im Diskurs des Paares miteinander verknüpft. Dieses Verfahren erlaubt es, die von den beiden Partnern abwechselnd vorgebrachten Äußerungen, die den Gruppencharakter ihrer Phantasien bezeugen, miteinander zu verbinden. In der analytischen Paartherapie wird jede individuelle Rede auf die Bedeutung hin gehört, die sie für die Paargruppe haben. Auch deshalb stellen wir uns die Aufgabe, die Rede des einen mit der Rede des anderen zu verknüpfen. Wie bei der Neuäquilibration, zu deren Mitteln man die assoziative Deutung zählen kann, geht es hier darum, vermeintlich individuelle Phänomene als Gruppenphänomene zu erkennen, das heißt darum, den Blick des Paares auf die Paargruppe zu lenken; ein Gedanke, der beiden Partnern gewiß nie gekommen ist (vergleiche die Deutung des Falles Lucas). Ebenso kann man die Beziehungen *zwischen Gesten* (Metakommunikation) *und Worten* (Kommunikation) deutlich machen, die inzwischen vielleicht eine paradoxe und logisch unhaltbare (also verrückte) Position einnehmen. Ähnlich kann man auf die Unvereinbarkeit zwischen den verbalisierten Normen und Mythen einerseits und den akzeptierten Regeln andererseits sowie auf die Unverträglichkeit dieser Regeln mit den Metaregeln hinweisen; man kann zeigen, daß derjenige, der implizit über die Annahme einer Regel entscheidet, nicht unbedingt der ist, der darüber zu entscheiden behauptet – daß derjenige, der von beiden als *der Starke* des Paares anerkannt wird, nicht unbedingt der ist, der es wirklich ist. Bei unserer Technik geht es darum, diese Befunde dem Paar *verbal zu vermitteln.*

Bei allem Respekt für die Entdeckungen der systemischen Schule grenzen wir uns von ihrer Art der Intervention ab, die eine Verbalisierung, ein tieferes Verständnis ausschließt: wir setzen auf die Bewußtwerdung der paradoxen Kommunikation. Wenn man mit Bedacht und Umsicht vorgeht, kann die Deutung durchaus offen aussprechen, was man über das Paar denkt. Wie Gear und Liendo (1973, 1981) gezeigt haben, staffiert sich die projektive Identifizierung gewöhnlich zur paradoxen Kommunikation zwischen Verhaltensweisen, Affekten und Worten aus. Die Deutung zielt genau darauf, durch die Aufdeckung des paradoxen Mechanismus diesen projektiven Identifizierungen den Charakter eines massiven Eindringens in die Psyche des anderen zu nehmen. Natürlich muß man es vermeiden, daß sich die Ehegatten dadurch vom Therapeuten schuldig gesprochen oder angegriffen fühlen; viel hängt also von dessen Geschick ab. Wenn bei der Deutung die *Gleichzeitigkeit* in der Verwendung solcher projektiver Identifizierungen erkennbar wird, schwächt sich das Gefühl der Selbstbezüglichkeit, das bei einem der Ehepartner auftreten mag, weitgehend ab. Er stellt fest, daß nicht er als Subjekt ausdrücklich angesprochen wird, sondern das Paar und dessen Mechanismen. Ein Ziel der analytischen Paartherapie liegt ja darin, die Rolle des Narzißmus – insofern er in die Psyche des jeweils anderen eindringt – zu mindern; man darf also annehmen, daß sich dieses Verfahren dazu eignet wie kaum ein anderes (vergleiche die Deutung im Falle Schreïer: die »Energie« Annas und die »Distanzierung« Alexanders).

Die selektive Verwendung der *Metakommunikation des Therapeuten* gestattet es außerdem, einen beachtenswerten Weg zur Freisetzung von Emotionen zu finden. Zu bestimmten Zeiten und ganz besonders dann, wenn die Affekte noch weitestgehend verdrängt sind, kann der Therapeut versuchen, *die Äußerungen, die er gehört und verstanden hat, zu »modellieren« oder zu »formen«*, damit die Ehepartner sie besser verstehen können. Zum Beispiel kann er als Vergrößerungsglas oder Zerrspiegel dienen: Er wiederholt einen Satz des Paares, übertreibt dabei aber den Tonfall oder hebt ein Wort oder einen Ausdruck besonders hervor. Damit verformt er die Äußerung zweifellos; er kann sie sogar parodieren oder überhöhen; in

Wirklichkeit bringt er aber so durch seine eigene Affektivität die bei dem Paar blockierte Emotion zur Geltung.

Eine andere Variante der assoziativen Deutung ist die Aufforderung des Therapeuten, nach Ideen oder Emotionen zu suchen, die mit dem besprochenen Thema zusammenhängen. Ruffiot (1981c) hat gezeigt, welche Vorteile es hat, bestimmte assoziative Schlüsselsätze in das therapeutische Gespräch einzuführen: »Woran denken Sie dabei?« An den Ehemann gerichtet: »Sie haben eben gesagt, daß ...«; dann zu seiner Frau gewandt: »Woran erinnert uns das?« »Sie hatten eben ein bestimmtes Gefühl, als von ... die Rede war.« Oder auch: »Was haben Sie seit dem letzten Mal geträumt?« Die Technik appelliert auf diese Weise »an ein träumerisches Phantasieelement, das das Imaginäre unmittelbar in den Mittelpunkt unserer Therapie rücken läßt« (ebd., S. 56). Solche Sätze, die auf den ersten Blick nichtssagend scheinen, eignen sich Ruffiot zufolge dazu, gedämpftes und impulsives Verhalten abzubauen und statt dessen Gefühle freizusetzen; unausgesprochen läuft das darauf hinaus, den Austausch von Phantasien als neuen Ort vorzuschlagen, dessen Wert als Reizschutz für die Gruppe bereits bekannt ist. Solche Interventionen können das Imaginäre »mit wenig Aufwand« und ohne allzu große Beeinträchtigung der Übertragung in Bewegung bringen.

Schließlich hat die assoziative Deutung eine nicht-gewaltsamen Zug, auf den bereits Daniel Lagache und später André Ruffiot hingewiesen haben. Im Anschluß an die Deutung kann jeder Partner Emotionen mobilisieren, die depressiv gefärbt sein mögen, aber keiner Hemmung unterliegen, und dabei - wir betonen es noch einmal - den anderen als anderen wiederzuentdecken, der als anderer ein Wesen für sich, doch gefühlsmäßig nahe ist.

Die assoziative Deutung greift auf sehr unterschiedliches Material in der Sitzung zurück. Dennoch möchten wir darauf hinweisen, daß manchmal gerade sehr abgelegenes Material die Arbeit auf hohem Niveau zu halten gestattet: zum einen fühlt sich das Paar verstanden, zum anderen ein Stück weit entlastet von anderen heiklen und schwer zugänglichen Fragen. In der assoziativen Deutung spielt der Sinn nur eine untergeordnete Rolle. Meist ergibt sich die Erklärung im Verlauf der dabei ausgelösten Bewegung, und gewöhnlich kommt sie aus dem Munde der Ehepartner selbst: dann nämlich, wenn sie bereit sind, den Gehalt, den phantasmatischen Sinn anzunehmen. Die »Aufforderung« zu phantasieren ist im übrigen eine Methode, die Objekte in der von beiden Partnern geteilten unbewußten Welt zu lokalisieren, in dem Maße, wie der Übergangsbereich ein Derivat dieser gemeinsamen Objekte ist (siehe oben, S. 52). Auf diese Weise verstärkt die Arbeit am Sinn letztlich die »libidinösen Objektbindungen«, die stets vom Trennungsimpuls sowie von den narzißtischen

Bindungen (mit ihrer Tendenz, das Gleichgewicht zwischen diesen beiden Bindungstypen zu zerbrechen) »bedrängt« werden.

Ein weiteres Verfahren, das Phantasmenbildung und Denkprozeß anregt, ohne Erklärungen zu liefern, ist die »Psychodramatisierung«. Um Phantasien leichter zu mobilisieren, kann der Therapeut mit der »Psychodramatisierung« das *Rollenspiel* einführen, sofern er vor Beginn des Spiels *deutlich* ankündigt, daß es sich um ein Spiel handelt, und am Ende sagt, wann es aufhört. Eine Abwandlung der »Psychodramatisierung« besteht darin, die Ehepartner laut denken oder in Gegenwart des Therapeuten ein Thema diskutieren zu lassen, das im Diskurs aufgetaucht ist, vorzugsweise eines, mit dem sich Emotionen verknüpfen. Dabei werden die Intentionen der assoziativen Deutung ohne Einschränkung beachtet: bescheidene Rolle der Erklärung, Anregung des Imaginären und Entwurf auf die Zukunft hin.

3.6 Die Übertragungsdeutung

Wählt man eine engere Perspektive, so läßt sich die assoziative Deutung kaum als Deutung ansehen: etwa wenn man von einer Deutung verlangt, daß sie eine hypothetische Erklärung einer latenten Phantasie ausspricht. Die assoziative Deutung kann den Zugang zu tieferem Material nur *vorbereiten*. Versucht man jedoch, die verschiedenen Gegenstände einer »echten« Deutung auseinanderzuhalten (*Tabelle 6*), so läßt sich die assoziative Deutung mit der Deutung der Abwehrmechanismen einer Gruppe vergleichen. Was wird analysiert, wenn man sich der Abwehr zuwendet? Grundsätzlich sind es die Manöver, die es der Paargruppe verwehren, zu verdrängtem Material zu gelangen (Verleugnung, Rationalisierung, Spaltung; projektive Identifizierungen, die mit den paradoxen Zwängen verbunden sind; Projektion). Deutet man »eine Abwehr«, etwa eine projektive Identifizierung, so versucht man den Projektionsvorgang umzukehren und zu zeigen, daß das, was man dem anderen beilegt, einem selbst zugehört. Ein solches Verfahren wird – wenn auch nur andeutungsweise – eingesetzt, wenn man, wie Ruffiot es tut, das Material, welches das Paar mit seinem Verhalten liefert, »ignoriert«: mit jenem Verhalten, das sich in höchstem Maße als Abwehr verstehen läßt, die den Zugang zu den gemeinsamen Phantasien versperrt.

Insgesamt ist die assoziative Deutung mit ihren verschiedenen Varianten also gleichsam eine Deutung des »Schutzschildes« und hat insofern unbewußtes Material zum »Gegenstand«. Im übrigen schlägt sie eine Brücke zum Gebot der freien Assoziation. Sie setzt den Assoziationsfluß wieder in Bewegung – und stärkt damit eines der Ziele des Prozesses.

Die »Inhaltsdeutung« dagegen bringt einen Aspekt der Phantasien des Paares zur Geltung: sie liefert eine Bedeutung. Vier klassische Arten der Deutung von Inhalten werden in der Literatur beschrieben: Deutung der Abwehr, Deutung des Phantasmas, Deutung des Affekts und Deutung der Übertragung. Doch von diesen vieren ist es die letzte, welche die Aufmerksamkeit des Therapeuten am meisten auf sich zieht. Zunächst einmal deshalb, weil das Paar das Thema der Übertragung selten spontan anschneidet (die drei übrigen Deutungen treten im Gespräch eher auf). Nebenbei gesagt, wenn man die Übertragung deutet, setzt man sich auch Gruppenaffekten und Gruppenphantasien aus. Zweitens, weil die Übertragung im Hier und Jetzt der Sitzung »zu sehen und zu greifen« ist. Mythen und alte Geschichten, die von bedeutsamen Personen handeln, werden in der Beziehung zum Therapeuten wieder lebendig und lösen Affekte aus, die einst diesen Personen gegolten haben. Anders gesagt, die Übertragung verleiht den unbewußten Objekten *in effigie* und *in absentia* eine Dimension lebendiger Gegenwart. Und drittens, weil sich durch die Ausprägung dieser Übertragung im Verlauf einiger Monate die Übertragungsneurose herstellt.

Unsere Begeisterung für das Thema der »Übertragung bei der Gruppe« im Zusammenhang der analytischen Paartherapie sollte uns nicht vergessen lassen, daß es schon beim Paar schwerfällt, den Begriff der Übertragung zu definieren. Da wir nicht genügend Raum zur Verfügung haben, um unseren Standpunkt zur »Übertragung beim Paar« darzulegen – im wesentlichen die Tatsache, daß uns dieser Begriff einleuchtend und tragfähig erscheint –, verweisen wir den Leser auf Autoren der Gruppenanalyse (Béjanaro, 1972) sowie auf die Arbeiten von Ruffiot (1979, 1981), Granjon (1983), Stierlin, Rücker-Embden, Wetzel & Wirsching (1977) sowie auf unsere eigenen Arbeiten (Eiguer, 1981c, 1983c; Eiguer & Litovsky, 1981) zur psychoanalytischen Familientherapie. Wir wollen an dieser Stelle eine Definition nur andeuten: *Die Übertragung beim Paar wäre der gemeinsame Nenner der Objekte, die das Paar organisieren (libidinöse Bindungen), und der narzißtischen oder synkretistischen Beziehungen, die beide Ehepartner umfassen (narzißtische Bindungen), projiziert und verschoben auf den Therapeuten.* Mit anderen Worten, bei der gemeinsamen Übertragung des Paares sitzt man lauter alten Bekannten gegenüber, all den Konflikten und Phantasien, mit denen das Paar schon vorher zu schaffen hatte. Alles ist wieder dabei: Liebe, Haß, soziale Aufstiegshoffnung, Abscheu, gegenseitige Beschwichtigung, Schrecken, Unterstützung, Besitzergreifung, Rivalität, Idealisierung und so viele andere erlebte Affekte, die nun dem Therapeuten angehängt werden. Die Personen, auf die sich diese Affekte richten, können dann das Objekt der Liebesbegegnung oder mythische Objekte sein (der *Richter*, zu dem wir für Herrn und

Frau Dutronc geworden sind und der über »Kollaborateur und Widerstandskämpfer« urteilen soll; die *liederlichen Eltern* für Herrn und Frau Rampal; der *Neugierige* für Herrn und Frau Schreïer).

Wer unseren theoretischen Ansatz für aussichtsreich hält, dem mögen diese kurzen Erläuterungen vielleicht schon genügen; wer unserer Gruppenkonzeption dagegen mit einem gewissen Vorbehalt begegnet, dem werden sie unzureichend erscheinen. Wir zählen jedoch auf das Wohlwollen des Lesers und hoffen, daß er unserem Schema zumindest Folgerichtigkeit zugesteht: die Theorie der Bindungen, die die beiden Mitglieder eines Paares zusammenhalten, gilt auch für die Bestandteile der Übertragung auf den Therapeuten (siehe die *Tabellen 7 und 8*).

3.7 Übertragung auf den Therapeuten, Übertragung auf den Rahmen, Übertragung auf den Prozeß

Die Erfahrung lehrt uns, daß erst eine mehr oder weniger lange Zeit verstreichen muß, ehe sich solche Übertragungssituationen einstellen (in der Projektion und der Verschiebung eines »gemeinsamen Objekts« auf den Therapeuten). In diesem Zeitraum herrscht eine Art *Protoübertragung*: noch keine Übertragung, aber auch nicht mehr ganz das Fehlen der Übertragung. Da die affektiven Gefühlsäußerungen noch instabil und in vielen Fällen nebelhaft sind, nimmt diese Protoübertragung einen stürmischen Verlauf; gelegentlich zeigen sich Momente der Idealisierung, in anderen Fällen Momente starken Widerstands. Die Gefühle und Reaktionen in der Protoübertragung zeichnen sich grundsätzlich dadurch aus, daß sie *auf den Rahmen selbst* zielen: die Verletzung der Anwesenheits- oder der Abstinenzregel, die Mißachtung der Sitzungstermine, das durch die Unterbrechungen während der Ferien entstehende Leid (siehe den Fall Lucas), das Agieren und mancherlei manipulative Schachzüge weisen deutlich auf die Instabilität hin, in der sich die Therapie noch befindet. Mittelbar wird damit der Therapeut in Frage gestellt, *als ob der Rahmen ein Teil seines Körpers wäre*, als ob das Paar den Eindruck hätte, die Klammer, die als Rahmen dienen soll, sitze zu straff oder zu locker.

Wenn das Paar mehrmals um einen anderen Termin für die Sitzung bittet oder wenn es auf der Schwelle des Sprechzimmers nach einer Sitzung der Kritik am Wert der therapeutischen Arbeit eine Terminänderung verlangt, so hat man es dabei regelmäßig mit Widerstand zu tun. Die Bitte um einen anderen Zeitpunkt kann ein Test sein, um zu sehen, »ob der Therapeut verärgert ist«. Narzißtische Paare sind bei den Fällen dieser Art des Widerstands besonders häufig vertreten: unbewußt appellieren sie an die Psyche des Therapeuten, er möge sich die Phantasien vorstellen,

Tabelle 7: Beziehung Paar/Therapeut Proto-Übertragung und Widerstand unter der Wirkung des Trennungsimpulses und der archaischen Phantasmen

Libidinöse Objektbindungen	----------------	Übertragung auf den Therapeuten (nicht wahrnehmbar oder fehlend)
(vermengt mit oder absorbiert durch)		
narzißtische[n] Bindungen	greifen an ─────────▶	Rahmen und Prozeß

Tabelle 8: Beziehung Paar/Therapeut Positive Übertragung

Libidinöse Objektbindungen	─────────────▶	Übertragung auf den Therapeuten
deutlich unterschieden von		
narzißtische[n] Bindungen	werden deponiert bei ─────────▶ (und bleiben stumm)	Übertragung auf den Rahmen und auf den Prozeß

die sie sich nicht vorstellen können; sie machen aus dem Therapeuten »eine Figur ohne Grund«, ohne Tiefe, schlicht den Ahnungslosen. Anaklitische Paare sind sehr empfindlich gegen die natürlichen »Schwachstellen« des Rahmens (Feiertage), zeitweilige Unterbrechungen des Prozesses, Ablenkungen oder überhaupt gegen jede emotionale Distanz des Therapeuten während der Sitzungen. Beim neurotischen Paar wird nach unserer Erfahrung die Protoübertragung auftreten (oder wiederkehren), wenn die Beziehung zwischen einem der Partner und dem Therapeuten erotisch gefärbt ist.

In der Phase der Protoübertragung sind der Rahmen und der Vertrag, der den Rahmen einsetzt, noch nicht zur gemeinsamen »Sache« der Gruppe von Paar und Therapeut geworden; sie »tragen« noch nicht die stabilisierenden narzißtischen Bindungen, worauf der Rahmen letztlich abzielt. Wenn dieser Rahmen als solcher akzeptiert und bekräftigt worden ist, wird er die narzißtischen Bindungen des Paares aufnehmen (»halten«), die ihre »Pseudopodien« zu ihm ausstrecken (*Tabelle 7*). Der Rahmen, die Erwartungen, die sich auf den Prozeß richten, sind das bevorzugte Terrain der Widerstände und Emotionen der Protoübertragung. Wenn sich die (eigentliche) Übertragung gefestigt hat – was im übrigen nicht heißt, daß die Emotionen nun immer positiv wären, daß schrankenlose Offenheit herrsche und die Zusammenarbeit völlig glatt verliefe –, erlebt das Paar seine libidinösen Objektbindungen erst ganz, nachdem der Rahmen die narzißtischen Bindungen »aufgesogen« und so zu Garanten und Hütern des therapeutischen Prozesses gemacht hat (Bleger, 1966; siehe *Tabellen 7 und 8*).

Wir haben an anderer Stelle (Eiguer, 1982b) vorgeschlagen, drei Typen der Übertragung auf den Therapeuten zu unterscheiden:
- *eine Übertragung auf den Rahmen* (die ihn betreffenden Phantasien),
- *eine Übertragung auf den Prozeß* (die unbewußten Erwartungen an den Prozeß, die »situationsbedingte Angst« vor der Sitzung, siehe S. 88);
- *die eigentliche Übertragung auf den Therapeuten.*

Gewiß sind diese drei Varianten nicht gleichartig und gehören auch nicht zum selben Phänomenbereich; sie können ineinander übergehen (wie im Falle des Widerstands, der sich darin äußert, daß der Rahmen in Frage gestellt wird), aber auch klar voneinander abgegrenzt sein und in all ihren Nuancen deutlich hervortreten.

Je nachdem, ob es sich um die Protoübertragung oder um die eigentliche Übertragung handelt, wird der Therapeut ganz anders hören. Auf den ersten Blick könnte man glauben, die zerbrechliche und veränderliche Protoübertragung verdiene keine beständige Aufmerksamkeit. Ganz im Gegenteil wird sie zur größten Sorge des Therapeuten: soll er sie deuten oder nicht? Die Zukunft der Behandlung hängt davon ab, ob es gelingt, die

Widerstände zu überwinden und die Angriffe auf den Rahmen sowie den Wunsch zu verstehen, von deren Sinn abzulenken. Man kann sogar sagen, daß sich die Aufmerksamkeit des Therapeuten darauf konzentrieren sollte, während die Objektübertragung nicht deutungsbedürftig ist. Die Mehrzahl der sogenannten »Deutungen der Übertragung« sind in Wahrheit Deutungen der Protoübertragung. Werden sie angemessen formuliert, können sie dem Paar Erleichterung bringen und sein Interesse auf jene »überraschende« Erfahrung lenken, die in der keimenden Beziehung zwischen dem Therapeuten und den Ehepartnern liegt. Dies ist eine stets intensive, wenn nicht irritierende Entdeckung.

3.8 Achte Illustration: Besonderheiten der Übertragung in der Therapie eines perversen Paares

Definiert man die Übertragung als den gemeinsamen Nenner der unbewußten Objekte und der narzißtischen Bindungen des Paares, projiziert und verschoben auf den Therapeuten, so besteht die Gegenübertragung in den Gefühlen, Vorstellungen und Handlungen des Therapeuten, in denen die gemeinsame Übertragung der Ehegatten ihren Widerhall findet. Sie ist eher als »Gemeinschaftsprodukt« der Allianzgruppe Paar/Therapeut denn als eigenständige psychische Leistung des Therapeuten zu analysieren. Unter diesen Umständen ist die Gegenübertragung ein Instrument, das zum Verständnis der unbewußten Mechanismen der Dyade unser größtes Interesse verdient; sie wird zu dem Ort, an dem das Unsagbare ein bildliches und sprachliches Ausdrucksmittel findet.

Anders gesagt: Durch die Phantasien und Gedanken, die der Therapeut zu einem gegebenen Zeitpunkt »für« das Paar hat, zeichnet sich für die Ehepartner die Möglichkeit ab, das (allzu kompakte oder gewaltsame) Phantasma zu erleben, das sie nicht phantasieren können, die Begierden, die sie nicht begehren können, und die Worte, die sie nicht finden können.

Wir können sagen, daß die Frage nach der Herkunft der Gegenübertragung in die falsche Richtung zielt. Geht sie auf das Paar zurück, kommt sie aus uns? Ein solcher Prozeß ist stets vielschichtig: es handelt sich um eine Verknüpfung der Erlebnisse, die bei uns deponiert wurden, damit wir sie phantasieren können, mit bestimmten Vorstellungen und Affekten, die unserer Psyche zugehören, aber erst durch den Verlauf der Sitzung geweckt worden sind.

Jedenfalls sind wir besonders betroffen, wenn von Übertragung in der Paartherapie die Rede ist; handelt es sich doch um eine lebendige Gruppe, die uns mit projektiven Mechanismen bombardiert, deren Stoßkraft zu gewaltig ist, als daß das Paar selbst sie auffangen (»halten«) könnte. Diese projektive Kraft löst im Therapeuten entweder einen *analogen* Prozeß aus, der in ihm etwas mitschwingen oder widerhallen läßt, oder aber einen *gegenläufigen* Prozeß, der Mißklang und Dissymmetrie erzeugt. Dieser zweite Fall trat bei der Behandlung von Herrn und Frau C. ein.

Ausgehend von einem Bericht über die Therapie des Ehepaares C. werde ich mich auf eine Sitzung konzentrieren, die in mir eine starke Gegenübertragungsreaktion hervorrief und mir half, mir über die Reichweite der Phantasien einer überwältigenden und außergewöhnlichen Sexualität klarzuwerden.

Herr und Frau C. kommen einmal wöchentlich zur Paartherapie. Beim ersten telefonischen Kontakt erzählt mir Frau C. von der tiefen Krise des Paares und »abscheulichen« Sexualpraktiken ihres Mannes, die sie immer verwerflicher finde... Bei dem folgenden gemeinsamen Gespräch bemerke ich, daß Herr C., ein graumelierter und in seinen Gesten zurückhaltender Mann von kühler Höflichkeit, mich reserviert beobachtet, mir aber recht bald anvertraut, daß er sexuell einer Reihe von Gummiobjekten verhaftet sei, deren Geruch und Berührung er schätze. Er gibt sich einem langwierigen sexuellen Ritual hin, bei dem er sich auf eine Gummiunterlage legt und dann mit Gummiringen den Penis einschnürt, bis es schmerzt. Einer Individualtherapie, die er ein Jahr lang gemacht hat, verdankt er die Einsicht, in welchem Maße er an seinen Vater fixiert ist, einen Krankengymnasten, der, als der Patient noch ein Kind war, dessen Vorhautverengung (Phimose) mit manuellen Mitteln zu heilen versucht hatte. Durch Ziehen an der Vorhaut praktizierte der Vater an ihm eine Übung, mit der die Eichel befreit werden sollte, »mit guten Ergebnissen« übrigens... Herr C. ist immer noch sehr beeindruckt von dieser Übung, die auf einer Gummiunterlage stattfand, ganz ähnlich derjenigen, die er nun bei seinen fetischistischen Praktiken benutzt. Frau C., eine sportliche und jovial wirkende Frau, verurteilt diese Praktiken, die ihr fremd sind... Dann berichtet das Paar von *einer zweiten perversen Aktivität*, an der diesmal beide beteiligt waren (die zwei oder drei Episoden fanden statt, als das Paar etwa zehn Jahre verheiratet war). Herr C. kam auf den Gedanken, seine Frau beim Geschlechtsakt mit Hilfe einer Schnur ans Bett zu binden, und zerrte sie bis zum Ersticken fest. Dabei stieß er Beschimpfungen aus, was bei ihr einen Moment der Ekstase und einen sehr intensiven Orgasmus auslöste. Während der Inszenierung befand sich Herr C. in einem Angstzustand mit kaltem Schweiß, »als würde er platzen«. Sie kommen häufig auf den Bericht über diese Episoden zurück und bewundern dabei insbesondere den beiderseits empfundenen Sog zu etwas Unbekanntem und Erregendem hin... Doch von nun an ist das Paar gezeichnet: es herrschen Vorwürfe auf der Grundlage einer tiefen Enttäuschung. Herr C. wird als verderbt und egoistisch traktiert, bei anderer Gelegenheit auch als jemand, der unfähig ist, Verantwortung zu übernehmen. Er wiederum wirft seiner Frau Undankbarkeit und ihre gegenwärtige Mißbilligung der sadomasochistischen Inszenierung vor, während sie doch davon begeistert schien oder zumindest nicht abgeneigt war. Während der Sitzungen versucht Herr C. mich mit einer gewissen intellektuellen Überlegenheit zu beeindrucken, indem er Wortspiele bildet, die seine Frau anscheinend nicht versteht. Seine Frau ist untröstlich und verlangt die Trennung, die er einstweilen verweigert. Gegenwärtig sind ihre sexuellen Kontakte selten. Der Ehemann ist im allgemeinen reserviert, wenn sie danach verlangt, und sagt dann, sie solle einen oder zwei Tage warten. Dies weckt bei ihr solchen Zorn, daß sie sich dann, wenn er geneigter ist, in einem Zustand gegenseitiger Erbitterung befinden, daß sie unmöglich zusammenfinden können. Hier nun eine Sitzung über das Thema ihrer sexuellen Disharmonie. Frau C. hat sich bereits ausführlich darüber verbreitet, über ihre Verärgerung, dann ihre Frustration, schließlich ihre Mutlosigkeit; Herr C. versucht zu erklären, spricht davon, daß er lange brauche, um zur Erregung zu kommen, von seiner »Kopflastigkeit«, bis er, mangels Argumenten in die Enge getrieben, mich starr und durchdringend anblickt. In geheimnisvollem, verzücktem und unverschämtem Ton sagt er: »Wie schön ist es doch, einen ganzen Sonntag lang zu masturbieren!« Eben in diesem Augenblick empfinde ich plötzlich eine tiefe Niedergeschlagenheit, das Gefühl, nichts vom Sex zu verstehen und niemals eine befriedigende Lust erfahren zu haben: die wahre Lust, die nur Herr C. erreichen konnte. Als ich mich wieder gefangen hatte, begriff ich, daß mich das Übertragungsbegehren des Paares am empfindlichsten Punkt meines Narzißmus getroffen hatte. Herr C. wollte mir zu verstehen geben, daß er, fixiert an seinen Fetisch, dazu fähig sei, *einzigartigen und außergewöhnlichen Genuß zu finden*, den höchsten Gipfel der Erregung zu erreichen, ein Sinnlichkeitsideal, das jede andere Vorstellung ausschließt. Frau C. sollte an diesem Begehren einträchtig teilnehmen, so wie sie an dem sadomasochistischen Szenario teilgenommen hatte, das er entworfen hatte.

Irgendwo lag in dieser Kombinatorik von Übertragung und Gegenübertragung (als deren Konsequenz) eine Paradoxie: auf der einen Seite erhielt ich einen homosexuellen Wink von Herrn C., der vom Platz seines Vaters aus die Lust weckte und mich »initiierte«, so wie er seine Frau in die außergewöhnliche Lust einzuweihen versucht hatte; auf der anderen Seite wurde ich ausgeschlossen: *niemals* würde ich einen solchen Grad des Genusses erreichen. Ich würde ein gedemütigtes Kind bleiben, welches das fetischistische Szenario bewundert (gegenläufiger Prozeß).

Ich dachte in diesem Moment daran, wie die ablehnende Reaktion von Frau C. nach der sadomasochistischen sexuellen Episode unmerklich in eine sadistische Lust überging, gleichsam auf der Suche nach einer Umkehrung angesichts der verspürten Erregung. Dann verstand ich, daß die von der Vorhaut zusammengeschnürte Eichel die beiderseitige Metapher eines engen und erstickenden virtuellen Raumes nahelegte.

Für den Ehemann gab es keinen Platz für die Frau, für den anderen, für das Objekt. Für die Frau war es keine Frage, sich dort hineinziehen zu lassen.

Durch die heftige Erregung, die sie in mir weckte, führte mich die Gegenübertragung auf den mühevollen Weg der Aufdeckung der unbewußten Mechanismen dieses Paares.

Zum Schluß

Die Technik der analytischen Paartherapie erlaubt es uns, das Paar in der Intimität einer therapeutischen Sitzung zu erforschen; und wie eine Insel, die bei Ebbe aus dem Meer auftaucht, nimmt dabei *das Faktum des ehelichen Bandes* mehr oder weniger konturierte Gestalt an. Seine psychologische Realität gewinnt eine gewisse Festigkeit. Die Flut verbarg den Reiz der Insel, ihre Formen, ihre Felsen. Die Wogen der Sinnlichkeit ließen uns an die Bedeutung des Fließenden glauben, so wie uns die Konflikte des Paares an das ungeteilte *Eine* glauben lassen, das, vom *Anderen* getrennt, den Gedanken einer relationalen Einheit verbietet. Doch schon Jean Giraudoux (1943, dt. o.J., S. 78) sagte: »Es gab niemals ein Geschöpf. Es gab immer nur ein Paar.«

Daß unser therapeutisches Handeln den Weg zur Lust an der Intimität zu zweit eröffnet, ist leichter zu demonstrieren als die Natur jenes seltsamen Gefühls, das der *Liebe des Paares* eigentümlich ist. Vernehmen wir also von den Dichtern die Töne dieser seltsamen Musik:

»Nicht für mich ist die Liebe, die keine Zurückhaltung kennt, sondern gleich dem gärenden Wein, der seinen Schlauch zerrissen, im Augenblick sich verschwenden möchte. Gib mir die Liebe, die kühl ist und rein gleich deinem Regen, der das dürstende Feld segnet und die häuslichen irdenen Krüge füllt. Gib mir die Liebe, die bis zur Wurzel des Seins dringt und von dort sich verzweigt gleich dem heimlichen Saft durch den blühenden Baum des Lebens, Früchte und Blumen gebärend. Gib mir die Liebe, die das Herz still bewahrt in der Fülle des Friedens.«
(Rabindranath Tagore, 1921, Nr. 63)

André Ruffiot
Das Paar und die Liebe.
Vom Originären zur Gruppe

»Am Anfang ist die Beziehung: als Kategorie des Wesens ... fassende Form, Seelenmodel; das Apriori der Beziehung, *das eingeborene Du.*«
Martin Buber, *Ich und Du*, S. 35

Einführung

1. Die beiden Bestimmungen der Liebe: Individuum und Gattung

Das Paar dient offensichtlich zwei Zielen: einem biologischen, nämlich der Reproduktion des Gleichen (die Erhaltung der Art) und der Aufzucht der Jungen; und einem biopsychologischen, der Befriedigung des Begattungsinstinkts, des Sexualtriebs, unter den Bedingungen von Schutz, Regelmäßigkeit und Intimität.

»Das Individuum führt wirklich eine Doppelexistenz als sein Selbstzweck und als Glied in einer Kette, der es gegen, jedenfalls ohne seinen Willen dienstbar ist. Es hält selbst die Sexualität für eine seiner Absichten, während eine andere Betrachtung zeigt, daß es nur ein Anhängsel an sein Keimplasma ist, dem es seine Kräfte gegen eine Lustprämie zur Verfügung stellt, der sterbliche Träger einer - vielleicht - unsterblichen Substanz, wie ein Majoratsherr nur der jeweilige Inhaber einer ihn überdauernden Institution.« (Freud, 1914, S. 143)

Dies ist das Schema, unter welches der Entdecker der Psychoanalyse im Jahre 1914 die Dialektik zwischen Individuum und Gattung brachte. Es klingt wie ein Echo auf diese Freudsche Erklärung, die gewiß Schopenhauers Billigung gefunden hätte, wenn François Jacob, ein Biologe von Weltruhm, »die Sexualität ... als eine Maschine [auffaßt], die Unterschiede erzeugt« (1981, dt. 1983, S. 18). Er betont, daß Sexualität für das Leben keine notwendige Bedingung ist:

»Zahlreiche Organismen haben kein Geschlecht und scheinen dennoch recht glücklich zu sein. Sie pflanzen sich durch Teilung oder Knospung fort. In diesem Fall genügt ein einziger Organismus, um zwei identische zu erzeugen. Warum ist das nicht auch bei uns so? Warum müssen sich bei den meisten Tieren und Pflanzen zwei zusammentun, um zum selben Ergebnis zu gelangen? Und warum nur zwei Geschlechter – und nicht drei? Man kann sich ja ohne weiteres eine Welt vorstellen, in der nicht zwei, sondern drei verschiedene Individuen zusammenwirken müßten, um einen Menschen hervorzubringen« (ebd., S. 14).

Jacob erinnert an die Mythen, die in sämtlichen Kulturen die Notwendigkeit der Zweiheit des Paares veranschaulicht haben: (a) monistische Mythen, welche die Schaffung des Paares von einer ursprünglichen Einheit her erklären; (b) dualistische Mythen, welche die Sexualität, die geschlechtliche Dualität, als Urphänomen annehmen; denen zufolge die beiden Geschlechter von Anbeginn als Reflex der kosmischen Dualität existieren und mit Anziehungskräften versehen sind, die sie dazu treiben, in der Begattung die Einheit zu verwirklichen.

Diese Mythen sind darum bemüht, eine »ursprüngliche Verstümmelung« (ebd., S. 16) zu erklären, deren Ergebnis es ist, daß der menschliche Körper über alles verfügt, was er zum Atmen, Verdauen und Denken benötigt, nicht jedoch über alles, was er zu seiner Fortpflanzung braucht. Mit der Trennung der Geschlechter ist nicht mehr dem einzelnen, sondern der Gattung die eigentliche Schöpfungsmacht gegeben: die Macht nämlich, Leben zu geben. »Um sich fortzupflanzen, muß er die ursprüngliche Einheit wiederfinden. Er muß als Individuum untergehen, um in der Gattung aufzugehen« (ebd.). Durch den Geschlechtsakt suchen Mann und Frau unablässig das *eine* Wesen wieder zusammenzusetzen. »So erklärt sich das dauernde Streben nach dem anderen, jener ständig wiederkehrende Zyklus, in dem sich die Gattung in entgegengesetzte Elemente aufspaltet, die sich doch immer wieder vereinigen müssen« (ebd., S. 17).

2. Das Paar als Maschine zur Produktion von Verschiedenheit

Einer der großen Vorteile der geschlechtlichen, von zwei Individuen vollzogenen Reproduktion besteht darin, daß jedes genetische Programm, wie es den Chromosomen einbeschrieben ist, als Produkt des Paares eine Kombination zweier verschiedener Programme darstellt. So wird jedes Individuum (mit Ausnahme eineiiger Zwillinge) anders als alle anderen. Jedes von einem Paar gezeugte Kind ist das Ergebnis einer genetischen Lotterie. »Wenn wir uns eine solche Mühe machen«, folgert Jacob, »um unsere Gene mit denen eines anderen zu vermischen, dann um sicherzugehen, daß unser Kind sich von uns selbst und von allen unseren sonstigen Kindern unterscheiden wird. Wenn zwei zur Fortpflanzung nötig sind, so deshalb, *damit etwas anderes entsteht*« (ebd., S. 18).

Es schien mir nützlich, in dieser Einleitung mit den Worten eines maßgeblichen Wissenschaftlers an die objektive, biologische Zweckbestimmung des Paares und der Paarung zu erinnern: Als biologische Notwendigkeit, Grundlage und Symbol der Gattung ist das Paar eine »Maschine«, die Spezifisches, anderes Gleiches, Verschiedenes erzeugt. Auf diesem harten biologischen Fels entwickelt sich eine Zweier-Psychologie, die Psychologie der Liebe. Wenn wir das Liebeserleben beschreiben, werden wir das Paar als Mittel des Überlebens, der Erhaltung der Art – das heißt der Gruppe, der es angehört – niemals aus den Augen verlieren. Im Schlußteil werden wir all den tief verankerten psychologischen Implikationen dieser *Funktion des Paares für die Gruppe* wiederbegegnen.

Die vorliegende Studie handelt also nicht vom Paar in seinem Verhältnis zur Gattung. Ebenso sehen wir ab von dem Fall, den man nach Freud »die gemeine, sinnliche Liebe heißt«, in dem »die Verliebtheit nichts anderes [ist] als Objektbesetzung von seiten der Sexualtriebe zum Zwecke der direkten Sexualbefriedigung, die auch mit der Erreichung dieses Zieles erlischt« (1921, S. 122).

Es geht hier also nicht um Liebe als flüchtige Affäre, als Strohfeuer, als schlichte Energieentladung.[1] Ich werde die Liebe als *Verliebtheit* behandeln, die Freud als die »eigentliche, richtige« Liebe bezeichnet, in der sich durch das Zusammenwirken freier und zielgehemmter sexueller Strebungen zärtliche und sinnliche Gefühlsrichtungen mischen: »Nach dem Beitrag der zielgehemmten Zärtlichkeitstriebe kann man die Höhe der Verliebtheit im Gegensatz zum bloß sinnlichen Begehren bemessen« (ebd.).

3. Methodologisches Vorgehen und Überblick

Meine Überlegungen zum Thema des Paares gehen auf eine längere klinische Erfahrung zurück: von Einzelanalysen abgesehen, auf eine zwanzigjährige Praxis und Supervision[2] von *Ehetherapien*[3] (an deren Sitzungen beide Partner gemeinsam teilnehmen) sowie auf eine mehr als zehnjährige Praxis in der psychoanalytischen Familientherapie (an deren Sitzungen Eltern und Kinder zusammen teilnehmen).

Was die Ehetherapie angeht, für die eine besondere Nachfrage bei den Paaren bestand, entwickelte sich der therapeutische Rahmen der Gruppen, die meiner Supervision unterstanden, wie folgt: 1962 begannen wir mit tastenden Versuchen einer »Eheberatung«, die sich am Vorbild der Londoner Gruppe unter der Leitung von Michael und Enid Balint im Rahmen des *Family Discussion Bureau* orientierten.[4] Es handelte sich bei dieser Beratung seinerzeit um eine Art psychoanalytisch angeleiteter Sozialarbeit. Mit wachsender Erfahrung bildeten sich bei uns in Grenoble jedoch eigene Strukturen heraus. Im Hinblick auf den therapeutischen Rahmen läßt sich deren Entwicklung folgendermaßen schematisch darstellen.

Bis 1970 war es üblich, daß die Paare, die uns konsultierten, bei der Hilfe, die sie bekamen, systematisch »getrennt« wurden: Jeder Partner wurde auf Wunsch von einem anderen Berater psychologisch »versorgt«. Seit Beginn der siebziger Jahre erschien uns diese Praxis unnatürlich; von da an wurde dem Wunsch aller Paare entsprochen, die um gemeinsame therapeutische Begleitung baten. Seitdem ist diese Form der Behandlung, bei der beide Partner gemeinsam an den Sitzungen teilnehmen, auch die von den Ehetherapeuten am häufigsten gestellte, weil wünschenswerteste Indikation.

Ab 1975, als wir mit der psychoanalytischen Familientherapie nicht nur im Bereich von Eheproblemen reiche Erfahrungen gesammelt hatten, wurden für Eheleute, die um Hilfe für ihre Paarbeziehung nachsuchten, immer häufiger Indikationen gestellt und Therapien empfohlen, die die Familiengruppe als ganze einbezogen, einschließlich der Kinder. Diese Therapieform erscheint uns inzwischen als die wirksamste und für das Paar vorteilhafteste – ungeachtet der Frage, ob sich die Partner trennen oder wieder versöhnen.

Im Verlauf der vorliegenden Studie werden dieser therapeutische Rahmen und diese Methodologie noch weiter begründet und gerechtfertigt. Die drei Abschnitte meines Beitrags – über die Monade, die Dyade und die Gruppe – lassen sich als Reflex dieses Weges der Paartherapie und der Erforschung des Paares verstehen.

Die Arbeit besteht aus vier Teilen. Im ersten stelle ich die Schwierigkeit dar, in der sich Freud bei der metapsychologischen Beschreibung der wechselseitigen Verliebtheit befand, da er – geprägt von seiner physikalistisch-naturwissenschaftlichen Ausbildung und Umgebung – darauf festgelegt war, das Individuum mit seinen inneren Instanzen als Monade zu fassen; ich werde seine wichtigen Beiträge zum Verständnis der verliebten Monade in Erinnerung rufen. In einem zweiten Abschnitt skizziere ich die Funktionsweise eines dyadischen psychischen Apparats, der eine duale psychische und körperliche Einheit zu verwirklichen sucht. Mit dem dritten Teil versuche ich eine metapsychologische Synthese, die eine Topik der Liebe erkennbar werden läßt und der Frage nachgeht, auf welche ursprünglichste Erfahrung das Erleben der Liebe hindeutet, welcher ursprüngliche psychische Raum sie enthält. Zum Schluß werde ich mir erlauben, eine Hypothese über den Status des menschlichen Paares als Gruppe aufzustellen, und sie zu untermauern versuchen.

Zu Beginn dieser Studie liegt mir daran, meine theoretischen und klinischen Quellen zu erwähnen, auf die ich mich im Verlauf meiner Darstellung nicht mehr beziehen werde – so sehr sind sie darin zu untrennbaren Bestandteilen eines gemeinsamen Korpus verschmolzen.

Ohne die Vorarbeiten von Didier Anzieu und René Kaës über das Gruppenunbewußte und den psychischen Apparat der Gruppe sowie die von J.-G. Lemaire über das Paar wäre die vorliegende Untersuchung nicht möglich gewesen. Vieles verdanke ich auch J. Bergeret, J. Cosnier, M. Fain, J. Guillaumin, S. Lebovici, F. Pasche, M. de M'Uzan, P.-C. Recamier und vielen anderen, deren theoretische Auffassungen meinen Forschungen die Grundlage geliefert haben. Schließlich haben mir die praktizierenden Analytiker der psychoanalytischen Familientherapie – insbesondere J.-P. Caillot, G. Decherf, A. Eiguer und E. Granion – im Rahmen des mündlichen Austauschs oder durch ihre Schriften bei der Bildung meiner theoretischen Konzepte geholfen.[5]

Freud und die verliebte Monade

Bei Sigmund Freud, dessen gesamtes Werk auf dem Verständnis des Menschen als Libidowesen beruht, ist vom *Paar als Entität* wenig die Rede. Seine Sorge gilt stets den Konturen des *Individuums*, den Markierungspunkten seiner Homöostase und den Abgrenzungen seiner inneren Instanzen (wenn er vom *Objekt* spricht, ist dessen verinnerlichter Aspekt gemeint). Auf diese Weise hat er den Begriff des Individuums theoretisch und praktisch als Monade behandelt.

1. Das verinnerlichte Objekt unter dynamischem, topischem und ökonomischem Gesichtspunkt

Dieser monadologische Ansatz war für die metapsychologische Beschreibung, die er sich von Anfang an zum Ziel gesetzt hatte, in jeder Hinsicht erforderlich – unter dynamischem, topischem wie ökonomischem Gesichtspunkt: (1) der *dynamische* Konflikt, auf dem alles psychische Leben gründet, ist ein *innerer* Konflikt zwischen gegensätzlichen Trieben, widerstreitenden Instanzen oder großen Kräften (Eros/Thanatos), die ihre Kräfte auf dem Boden der individuellen Psyche messen; (2) die *Topik*, die Freud beschreibt, ist eine räumliche Anordnung *innerer Orte* und eines *inneren* Schauplatzes, auf dem sich die Konflikte abspielen; (3) schließlich und vor allem ist die psychische Ökonomie das hartnäckig verfolgte Bemühen, in relativen Werten – da absolute Größen nicht zur Verfügung stehen – eine *innere Energie* zu messen. Voraussetzung dafür ist ein geschlossenes (oder fast geschlossenes) System, dessen Hauptaufgabe darin besteht, vor großen äußeren Reizquantitäten zu schützen, wobei die Sinnesorgane als Filter dienen, die diese großen Energien der Außenwelt in kleine assimilierbare, internalisierbare, im Inneren verwendbare Quantitäten zu verwandeln.

Dieses physikalistische Modell, von dem Freud geprägt war und dem er bis zu seinen letzten Schriften treu blieb, verlangte in der Tat als Untersuchungsgegenstand ein geschlossenes (oder halbgeschlossenes) System: das monadische Individuum.

Ich habe bereits in einer früheren Studie (Ruffiot, 1979) auf die Wende der Jahre 1912–1915 hingewiesen. Seit dieser Zeit sah sich Freud unter dem Druck klinischer Tatsachen (des unstrukturierten, nicht geschlossenen Ichs der Psychotiker und vor allem der Notwendigkeit, die Übertragung – als Öffnung zum anderen – zu erklären) gezwungen, die von außen wirkenden Bilder oder gar Kräfte in die Betrachtung einzubeziehen und von dort zur Auffassung eines Ichs (des Subjekts) zu gelangen, das sich wesentlich durch Identifizierung mit dem Objekt strukturiert.

Das ändert jedoch nichts daran, daß Freuds Metapsychologie ihre quantitativen Postulate im Grunde bis 1939 behält und ihre monadische Hülle niemals abwirft: die Psyche wehrt, nach dem Muster des Soma, große Erregungen, große äußere Energien ab, um das Quantum innerer Energie stabil, konstant und auf möglichst niedrigem Niveau zu halten.

Alle Annahmen über den Narzißmus, insbesondere der Begriff des primären Narzißmus, der die psychoanalytische Begriffsbildung beherrscht, ergeben sich aus dieser einheitlichen, vereinheitlichenden, *individualisierenden* Perspektive, in der sich die Freudschen Beobachtungen und Entdeckungen entwickelt haben. Freud hat versucht, die Psyche nach dem Modell des Soma zu beschreiben: als einen von Häuten oder Hüllen umschlossenen Organismus, der sich aus vitaler Notwendigkeit dem Austausch von Energie, Materie und Information halb öffnet, weil sie für das Überleben der somatisch-psychischen Monade unerläßlich sind.

Der Rückgriff auf biologische Metaphern bei der Beschreibung des psychischen Apparats ist bezeichnend für die biophysikalische Orientierung Freuds, die das Programm der physikalistischen Schule zu befolgen versucht: »Die Sprache der Physik ist die Universalsprache; jeder Satz der Physiologie oder Psychologie läßt sich in den Begriffen der Sprache der Physik formulieren.«

Dieses Modell tritt 1923 erneut zutage, als Freud das Ich »vor allem [als] ein körperliches« definiert; »es ist nicht nur ein Oberflächenwesen, sondern selbst die Projektion einer Oberfläche« (Freud, 1923, S. 253). Deshalb kann Anzieu (1985, dt. 1991) behaupten, bei Freud werde »das Ich ausdrücklich als psychische ›Hülle‹ bezeichnet«.

2. Die Objektbeziehung und die »objektologische« Strömung

Erst 1930 wurde der Begriff der Objektbeziehung in die psychoanalytische Sprache eingeführt; so lange dauerte es, bis das Objekt als Energiequelle anerkannt wurde und nicht mehr nur als Ort der Libidoentladung galt. Das Objekt wird, neben dem Ich, zu einem der beiden Pole libidinöser Besetzung und Entladung. Die Libido besetzt das Ich und das Objekt, und paradoxerweise kommt dem Ich die Aufgabe zu, für das richtige Gleichgewicht zwischen diesen beiden Besetzungen zu sorgen (Cosnier, 1970).

Damit erst wurde das Objekt in der psychoanalytischen Theorie wirklich thematisch: es wurde zum Subjekt-Objekt, zur Quelle einer nutzbaren Energie. Die Arbeiten von Michael Balint und Donald W. Winnicott, von Imre Hermann und John Bowlby, die Befunde der Ethologen und in jüngster Zeit die Entdeckungen der Neugeborenenmedizin (namentlich bei T. B. Brazelton[6]) haben erheblich zur Entstehung dessen beigetragen, was gelegentlich als psychoanalytische *Objektologie* oder Theorie der Objektbeziehungen bezeichnet wird (Cramer, 1982).

Gewiß, die Beziehung zwischen Mutter und Säugling wurde immer als bedeutungsvoll angesehen. Seit den ersten Schriften Freuds galt die Objekt-Mutter als »Matrix« aller späteren Beziehungen. Und diese Objekt-Mutter, als Objekt von Besetzung, war zugleich Subjekt, dessen Besetzung von höchster Wichtigkeit ist. Dennoch war die Psychoanalyse gezwungen, sich den klinischen Realitäten genauer anzupassen.

»Daß Freud kein Theoretiker der Objektbeziehungen war, ist ziemlich offenkundig. Wahrscheinlich fand der bedeutendste Fortschritt in der Psychoanalyse nach Freud im Bereich der Objektbeziehungstheorie statt. In erster Linie ist er Melanie Klein zu verdanken, dann der sogenannten ›englischen Milieu-Schule‹ und schließlich Autoren wie Margaret Mahler oder in Frankreich Bouvet und anderen ... Heute besteht kein Zweifel, daß die Dialektik zwischen Narzißmus und Objektbeziehung eine der wesentlichen Achsen für das Verständnis der psychoanalytischen Behandlung und das psychische Funktionieren überhaupt darstellt.« (Ebd., S. 78)

Daß der Begriff »Objektologie«, gleichsam als Ergänzung zu »Subjektologie«, geprägt werden mußte, ist das Zeichen einer Kontinuität, des hartnäckigen Festhaltens an einer cartesianischen Auffassung des Individuums, das sein Cogito aus eigener Kraft nährt und erhält. Cramers hervorragende Monographie, welche die jüngsten Entdeckungen über die Fähigkeiten des Neugeborenen, über die ursprüngliche Offenheit zum Objekt hin, über seinen uranfänglichen Objekthunger zusammenfaßt, bestätigt die scherzhafte Bemerkung Winnicotts: »Ein Baby allein kann nicht existieren ...«

Den gegenwärtigen Strömungen der Psychologie gilt also die *Dyade* Mutter/Kind als primär. Die *psychische Matrix* ist nicht mehr die Mutter, sondern die *Beziehung* zwischen Mutter und Säugling. Hat sich das Ich als

Instanz jedoch einmal herausgebildet – ontogenetisch gegen Ende des ersten Stadiums der analen Phase –, setzt sich der Gedanke einer individualisierten narzißtischen Einheit wieder durch, die der Mensch bis zum Tode bewahrt: paradoxe Verklärung der Selbstgenügsamkeit des Einzelwesens. »Wir werden zusammen geboren, wir sterben allein«, schrieb Paul Valéry: wenn das einzelne Wesen allein stirbt, so weil es autark gelebt hat.

Ist der Tod nicht der Prellstein, an dem alle abendländischen Psychologien straucheln, die den Akzent auf die Individualität, Unabhängigkeit und Autonomie des existierenden Menschen legen? Wenn sie seine Stellung als Individuum hervorheben, verweisen sie ihn damit nicht insgeheim auf seinen Tod, der allein den Menschen mit eingemeißeltem Vor- und Nachnamen auf dem Grabstein für immer individualisiert? Der Tod mit seiner lockenden Macht läßt die Psychologien ins Autarke, Individuelle und Monadische abgleiten, das dem Lebendigen fremd ist.

Sobald sich das Ich (als Instanz im Freudschen Sinne) einmal herausgebildet hat oder doch unterwegs dorthin ist, meinen wir also in dem Kind, das »ich« sagt, später im Jugendlichen und schließlich im Erwachsenen gelungene, der ursprünglichen Dyade abgerungene *Einheiten* zu sehen; erst dann, glauben wir, kann sich die Ich-Einheit mit anderen Einheiten verbinden, ihre Monade an anderen Monaden reiben und sogar versuchen, als somatisch-psychische Monade mit einer anderen somatisch-psychischen Monade in einer Liebesbeziehung zu verschmelzen. Das *Eine* – die individuelle Einheit – wird niemals vollständig erreicht und ist keine alltägliche psychische Erfahrung. Die meisten Empfindungen im Verlauf eines normalen Menschenlebens werden von einer Objektlibido getragen, einem Drang zum Objekt.

Die narzißtische Libido ist zwar eine Realität, welche die Abwehr von Angriffen auf den biologischen Körper und ihre psychischen Folgen betrifft; aber auch von diesem Vorrat an Ichlibido müssen wir, M. de M'Uzan (1974) zufolge, noch einmal einen beträchtlichen Teil abziehen, nämlich den Anteil der »narzißtischen Libido außerhalb des Ichs«, die dazu bestimmt ist, sich im anderen zu lieben, das heißt sich zu verausgaben, sich im anderen zu verlieren.

F. Pasche hat zuerst 1964 einen glänzenden klinischen Nachweis der antinarzißtischen Triebkomponente geliefert: »eine wirklich zentrifugale Besetzung«, mit der das Subjekt danach strebt, auf sich selbst zu verzichten, sich seiner eigenen Substanz beziehungsweise seines Vorrats an verfügbarer Liebe zu entschlagen, »und zwar unabhängig von ökonomischen Faktoren«. Es handelt sich für das Subjekt um eine ursprüngliche Tendenz, »sich buchstäblich von sich zu lösen, seine Libido einem Äußeren zu überlassen, das vielleicht daraus Nutzen ziehen kann«. Wir sind letztlich dazu bestimmt, in einer spontanen Bewegung im Objekt zu verströmen.

»Verliebtheit und Psychose zeigen dieses permanente Verströmen des Ichs, das wir Antinarzißmus nennen« (Pasche, 1964, S. 227–242).

Was den psychischen Apparat betrifft, wie er beispielsweise im Traum funktioniert, so erkennen wir – wenn die somatisch-psychischen Bindungen gelockert, Wahrnehmung und Motilität abgekoppelt sind – deutlich eine Organisation ohne Begrenzung, ein offenes Ich, ein Ich ohne klare Grenzen, das vielleicht die wahre Natur des »Stoffs«, aus dem die Seele ist, das eigentlich Psychische wiedergibt.

Das Soma ist mit einem Immunabwehrsystem versehen, das es vor äußeren und inneren Angriffen schützt; daraus ziehen die Biologen die Berechtigung, von einem biologischen Selbst zu reden, das imstande ist, Ich und Nicht-Ich mit einer Treffsicherheit und Schnelligkeit zu erkennen, die bis zu den jüngsten Entdeckungen unglaublich waren. Der Traum aller monadologischen Psychologen und Philosophen war es, sich ein gleiches Schutzsystem für das psychische Selbst, für das Ich vorzustellen.

Die Freudsche Theorie des psychischen Ich ist genau dem Muster der biologischen Organisation und ihrer Abwehrmechanismen nachgezeichnet (man kann dabei auf den Vorläufercharakter Freuds hinweisen, der die psychische Abwehr nach dem Modell der Immunabwehr beschrieb, die seinerzeit noch kaum bekannt war; zum Beispiel wird das, was im Inneren böse ist, nach außen projiziert ... um besser bekämpft werden zu können). Nun besitzt aber die Psyche keine Immunabwehr. Die gebräuchlichste psychische Abwehr des Individuums vollzieht sich auf der Basis der Verschmelzung mit dem anderen, einer Projektion auf den anderen (die Mechanismen der *Verschiebung* und *Verdichtung* des Traumes belegen diese Nichtbegrenzung des Es).

Gibt es das psychisch *Eine*? Ist das Individuum nicht *Paar* oder *Gruppe*, *ehe es Monade ist*? Wenn das psychische Individuum nicht als Monade existiert, ist dann die duale Paareinheit eine stabile Verbindung? Ist die Zugehörigkeit zur Gruppe nicht das Paradigma aller menschlichen Bindungen, einschließlich des Bandes der Liebe? Die drei folgenden Kapitel werden diese Fragen erörtern.

3. Die »eigentliche, richtige, wahre Liebe« nach Freud: fünf Markierungspunkte

Und dennoch hat es Freud verstanden – auch wenn er sich auf das Hören eines der beiden Liebenden beschränkte –, in seiner Methode und in seiner Theorie das Wesentliche im Erleben des verliebten Subjekts herauszuarbeiten und in dynamischen und topischen Begriffen zu beschreiben. Wir werden sehen, daß er genau an den Punkten strauchelt, wo er die Subjekt-Subjekt-Dyade und das daraus folgendee Problem der psychischen Ökonomie betrachtet.

Ich werde fünf Texte nacheinander analysieren[7], die mir die Angelpunkte für Freuds Verständnis des Liebespaares zu sein scheinen: *Drei Abhandlungen zur Sexualtheorie* (1905), »Zur Einführung des Narzißmus« (1914), »Bemerkungen über die Übertragungsliebe« (1915), *Massenpsychologie und Ich-Analyse* (1921) und *Das Unbehagen in der Kultur* (1930).

3.1 Die Pubertät und die Objektfindung (1905)

Es handelt sich um einen der zentralen Texte Freuds[8] über die »Findung« des Liebesobjekts. Die physiologische Entwicklung in der Pubertät stellt den Genitalprimat her, ordnet diesem Primat die Partialtriebe und die erogenen Zonen unter, die (als orale, anale und rein phallische) bisher voneinander unabhängig einzig auf der Suche nach Lust waren, und schreibt der Psyche ein neues, altruistisches Ziel vor: die Erhaltung der Gattung. »Das neue Sexualziel ... ist dem früheren, der Erreichung von Lust, keineswegs fremd; vielmehr ist der höchste Betrag von Lust an diesen Endakt des Sexualvorganges geknüpft«, den Koitus und den Orgasmus (Freud, 1905, S. 109).

Freud geht in dieser Abhandlung und in der Zusammenfassung des Werkes auf die Fernwirkungen der infantilen Objektwahl (in der Adoleszenz) ein. Er unterstreicht, daß niemand bei der »erste[n] ernsthafte[n] Verliebtheit« (ebd., S. 129) einer gewissen inzestuösen Fixierung entgeht. Die Latenzzeit dient in der normalen Entwicklung dazu, eine Schranke gegen den Inzest aufzurichten. Dennoch bewahrt das Kind von der Neigung zu seinen Eltern die vielleicht tiefsten Eindrücke, die – während der Pubertät aufgefrischt – die Objektwahl leiten.

In diesem Text erläutert Freud, was er unter »Normalität des Geschlechtslebens« (ebd., S. 108) versteht, nämlich die Verliebtheit als Zusammenfließen sinnlicher und zärtlicher Strebungen. Die Liebe ist ihrem Ursprung und Wesen nach psychisch; »mit dem Durchbruch einer intensiven seelischen Liebesregung zur Innervation der Genitalien [wird] die normalerweise erforderte Einheit der Liebesfunktion hergestellt« (ebd., S. 137). Es fällt auf, daß Freud dieser eigentlich psychischen Phase der Verliebtheit in der Adoleszenz eine vorbereitende, ihrem Wesen nach physische Pubertätsphase vorausgehen läßt, in der »die somatischen und die psychischen Entwicklungsvorgänge eine Weile unverknüpft nebeneinander hergehen«.

Der 1920 eingefügte Abschnitt zur Libidotheorie nimmt die Ansichten auf, die Freud erstmals 1914 in »Zur Einführung des Narzißmus« entwickelt hatte.

3.2 Die Objektwahl (1914)

In diesem Aufsatz untersucht Freud das ökonomische Problem, das durch die Unterscheidung zwischen narzißtischer Libido und Objektlibido, die das geliebte und begehrte Objekt besetzt, aufgeworden wird. Freud beschreibt darin die beiden großen Varianten der Objektwahl, die beiden Typen der Liebeswahl (ebd., S. 153-157); man liebt

– entweder *nach dem narzißtischen Typus*: (a) was man selbst ist; (b) was man selbst war; (c) was man selbst sein möchte; (d) die Person, die ein Teil des eigenen Selbst war;

– oder *nach dem Anlehnungstypus*: (a) die nährende Frau; (b) den schützenden Mann. Freud verwahrt sich zunächst dagegen, die Menschen in zwei streng voneinander geschiedene Gruppen zu teilen. Er zieht vielmehr die Annahme vor, daß jeder Mensch zwei ursprüngliche Sexualobjekte habe – »sich selbst und das pflegende Weib« – und daß ihm deshalb beide Wege zur Objektwahl offenstünden, wobei der eine oder der andere bevorzugt werden könne.

Gleichwohl will ihm scheinen, als sei »die volle Objektliebe nach dem Anlehnungstypus ... eigentlich für den Mann charakteristisch«. Was diesen Typus der Liebeswahl kennzeichnet, ist eine auffällige Sexualüberschätzung, welche »die Entstehung des eigentümlichen, an neurotischen Zwang gemahnenden Zustandes der Verliebtheit [gestattet], der sich so auf eine Verarmung des Ichs zugunsten des Objektes zurückführt«. Umgekehrt scheint ihm die narzißtische Liebeswahl die Entwicklung »bei dem häufigsten, wahrscheinlich reinsten und echtesten Typus des Weibes« zu sein. Die Frauen, die dank ihrer sexuellen Konstitution dem ursprünglichen Narzißmus stärker verhaftet bleiben, »lieben, streng genommen, nur sich selbst mit ähnlicher Intensität, wie der Mann sie liebt«. Sie üben auf ihn den Reiz, die verführerische Macht narzißtischer Wesen aus, ähnlich Katzen und großen Raubtieren (ebd., S. 154 f.).

3.3 Die Übertragungsliebe als Modell der Liebe (1915)

Obwohl es sich um eine technische Schrift handelt, die keinerlei metapsychologische Reflexionen enthält, äußert sich Freud, soweit ich sehe, in den »Bemerkungen über die Übertragungsliebe« deutlicher als in den meisten anderen Texten über Verliebtheit, Verführung und das Problem der Gegenseitigkeit. Im Vergleich zu den anderen Schriften weist diese den ungeheuren Vorteil auf, daß sie das Erleben der Liebe an seinem natürlichen Ort (wie ich es nennen möchte) darstellt: in der Situation zu zweit. Freilich ist dieser »natürliche Ort« ein künstlich, vom analytischen

Rahmen experimentell erzeugter Raum. Eine Verliebtheit »zu zweien«, mit der ganzen Asymmetrie, die der analytischen Beziehung innewohnt. Doch gerade auf diese Aspekte des Künstlichen und Asymmetrischen lenkt Freud die Aufmerksamkeit des Lesers.

Freud scheint in seiner technischen Diskussion ohne vorgefaßten Plan und geht keineswegs geradlinig vor, was seinem Text Frische und Spontaneität verleiht. Er nimmt als typisches Beispiel den Fall einer Patientin, die unzweideutig erraten läßt oder es direkt ausspricht, daß sie sich »wie ein anderes sterbliches Weib« in ihren Analytiker verliebt hat. Während sie in der Behandlung bis dahin bemerkenswertes Verständnis und große Intelligenz zeigte, hat die Patientin nun plötzlich alles Interesse verloren, »will von nichts anderem sprechen und hören als von ihrer Liebe, für die sie Entgegnung fordert; sie hat ihre Symptome aufgegeben oder vernachlässigt sie, ja, sie erklärt sich für gesund« (1915, S. 309).

Freud zieht für den praktizierenden Analytiker verschiedene Lösungen in Betracht, die vor allem die jungen, die noch keine dauerhaften Bindungen geknüpft haben, in Versuchung führen könnten – Freud selbst ist zu dieser Zeit sechsundfünfzig Jahre alt und hat fast zwanzig Jahre Erfahrung mit dieser Art der Behandlung –, um »der stürmischen Liebesforderung« zu begegnen. Seine Position als Analytiker, diktiert von Moral, Ethik und vor allem psychoanalytischer Technik, ist eindeutig: die Behandlung muß weitergehen, trotz und wegen der Übertragungsliebe, die nichts weiter ist als die Form, die der Widerstand zu diesem Behandlungszeitpunkt annimmt. Der Analytiker darf auf keinen Fall seine Indifferenz aufgeben und muß sich dazu zwingen, die Gegenübertragung unter Kontrolle zu halten.

Doch welcher Art ist diese »Übertragungsliebe«? In der Beantwortung dieser Frage liefert Freud wertvolle Hinweise über die Liebe »schlechthin«.

Die Übertragungsliebe wird »durch die analytische Situation erzwungen« und kann »nicht etwa den Vorzügen seiner Person zugeschrieben werden« (ebd., S. 308). Ist sie insofern keine echte Liebe? Antwort: Sie setzt sich »durchwegs aus Wiederholungen und Abklatschen früherer, auch infantiler Reaktionen zusammen« (ebd., S. 316), hervorgerufen durch die Regression, die der analytische Rahmen auslöst. Dennoch, handelt es sich etwa nicht um eine »echte«, normale Liebe? Antwort: Die Übertragungsliebe besteht zwar aus Neuauflagen alter Züge, und sie wiederholt infantile Reaktionen; »aber dies ist der wesentliche Charakter jeder Verliebtheit. Es gibt keine, die nicht infantile Vorbilder wiederholt. Gerade das, was ihren zwanghaften, ans Pathologische mahnenden Charakter ausmacht, rührt von ihrer infantilen Bedingtheit her« (ebd., S. 317). Und Freud schließt:

»Man hat kein Anrecht, der in der analytischen Behandlung zutage tretenden Verliebtheit den Charakter einer ›echten‹ Liebe abzustreiten. Wenn sie so wenig normal erscheint, so erklärt sich dies hinreichend aus dem Umstande, daß auch die sonstige Verliebtheit außerhalb der analytischen Kur eher an die abnormen als an die normalen seelischen Phänomene erinnert ... Wir dürfen aber nicht vergessen, daß gerade diese von der Norm abweichenden Züge das Wesentliche einer Verliebtheit ausmachen« (ebd., S. 317 f.)

3.4 Liebe, Hypnose und Gruppe (1921)

In *Massenpsychologie und Ich-Analyse* liefert Freud eine metapsychologische oder zumindest topische Beschreibung der Verliebtheit im Vergleich zu den Massenphänomenen einerseits und zur Hypnose andererseits.

Bei der *»eigentlichen, richtigen, wahren Liebe«* (1921, S. 124), die sich aus dem Zusammenfließen zweier Strömungen – der sinnlichen und der zärtlichen – ergibt, findet sich das Objekt in gewissem Maße der Kritik entzogen; es wird idealisiert; es wird behandelt wie das eigene Ich des Subjekts. Wenn die zärtlichen Gefühlsregungen die sinnlichen zurückdrängen, »wie es zum Beispiel regelmäßig bei der schwärmerischen Liebe des Jünglings geschieht« (ebd.), wird das Ich bei gesteigerter Verliebtheit vom Objekt »sozusagen aufgezehrt«. Und im Falle unerwiderter Liebe nimmt das Objekt den Platz des Ichideals ein; »man kann auch die extreme Verliebtheit so beschreiben, daß das Ich sich das Objekt introjiziert habe« (ebd., S. 125).

Bei der *Hypnose* handelt es sich um eine Beziehung uneingeschränkter verliebter Hingabe an den Hypnotiseur, der vom Hypnotisierten an die Stelle des eigenen Ichideals gesetzt wird. Um die *Masse* als primäres Phänomen zu erklären, das sich aus der Vereinigung einer Anzahl von Individuen ergibt, »die ein und dasselbe Objekt an die Stelle ihres Ichideals gesetzt und sich infolgedessen in ihrem Ich miteinander identifiziert haben« (ebd., S. 128), hält Freud es für nützlich, diese Erscheinung kollektiver Idealisierung einerseits mit der Hypnose und andererseits mit der Verliebtheit zu vergleichen. Bei der Hypnose als »Massenbildung zu zweien« (die alle direkten sexuellen Strebungen ausschließt) wie bei der Verliebtheit (unter ihrem platonischen, zärtlichen Gesichtspunkt) wird das Objekt idealisiert und nimmt, wie in der primären Masse, den Platz des Ichideals ein.

Auf diese Weise werden Hypnose und Liebe (unter Ausschluß der sinnlichen Strebung) einander angenähert. Was dabei auffällt, ist die Kühnheit und die Scharfsinnigkeit der Synthese, die Freud zwischen diesen drei scheinbar doch sehr unterschiedlichen Phänomenen vornimmt, doch zugleich auch Freuds Verlegenheit gegen Ende des achten

Kapitels: »Von der Verliebtheit ist offenbar kein weiter Schritt zur Hypnose. Die Übereinstimmungen beider sind augenfällig« (ebd., S. 126); beide Situationen sind durch »uneingeschränkte verliebte Hingabe« gekennzeichnet. So darf man annehmen, daß uns die Verliebtheit den Schlüssel zur Hypnose liefert. Doch Freud kehrt diesen Satz sogleich um und behauptet, daß es – da die Ersetzung des Ichideals durch das Objekt hier besonders deutlich hervortritt – »zweckmäßiger wäre, die Verliebtheit durch die Hypnose zu erläutern als umgekehrt« (ebd.). Und einige Zeilen weiter sucht er trotz der logischen Stimmigkeit der Parallele, die er gerade gezogen hat, Zuflucht bei einem x, einer Unbekannten, und beruft sich auf einen *irrationalen Faktor*: Die Verliebtheit ohne direkte sexuelle Strebungen, wie sie für die Hypnose kennzeichnend ist, sei einer jener Züge, »die sich der bisherigen rationellen Aufklärung ... entziehen. Es ist noch vieles an ihr unverstanden, als mystisch anzuerkennen« (ebd., S. 127).

Ein Zeichen der Bescheidenheit des Forschers? Das Gefühl des Unheimlichen bei der Annäherung an ein unerforschtes, tabuiertes Gebiet? Die Zweideutigkeit des Freudschen Vorgehens in diesem Text hat meine Aufmerksamkeit erregt, weil darin ein anderer Text anklingt, in dem Freud ebenfalls die Grenzen seiner »Kompetenz« eingesteht und zur Erforschung eines »Jenseits« auffordert – vielleicht eines Jenseits der individuellen Topik? Vielleicht des Bereichs, in dem psychische Gruppenprozesse ablaufen?

3.5 Das Unbehagen in der Theorie der Liebe (1930)

Zum selben Problemkreis scheinen mir die undeutlichen Äußerungen Freuds zum »ozeanischen Gefühl« zu Beginn des *Unbehagens in der Kultur* zu gehören, soweit dabei die Ursprünge der primitiven Psyche und die duale oder Gruppenpsyche berührt werden.

Wenngleich er behauptet, er selbst könne dieses Gefühl nicht in sich entdecken, und generell feststellt, es sei »nicht bequem, Gefühle wissenschaftlich zu bearbeiten« (1930, S. 422), rechtfertigt Freud diese psychische Erfahrung unter Rekurs auf das früheste kindliche Erleben. Nach außen betrachtet, schreibt er, scheint das Ich klare und scharfe Grenzlinien zu besitzen. Aber auch von innen sei nichts gesicherter als das Gefühl unseres Selbst, unseres eigenen Ichs.

»Nur in einem Zustand, einem außergewöhnlichen zwar, den man aber nicht als krankhaft verurteilen kann, wird es anders. Auf der Höhe der Verliebtheit droht die Grenze zwischen Ich und Objekt zu verschwimmen. Allen Zeugnissen der Sinne entgegen behauptet der Verliebte, daß Ich und Du Eines seien...« (ebd., S. 423).

Damit deutet Freud auf phänomenologischer Ebene das Gefühlserleben der Dyade an, in dem das »ozeanische Gefühl« zu zweit vielleicht wiederaufleben könnte. Dieses Gefühl, dem sein Freund Romain Rolland so hohen Wert beimaß - »wie von etwas Unbegrenztem, Schrankenlosem« -, dieses Gefühl des Einsseins mit dem großen Ganzen scheint ihm einer Wiederherstellung des grenzenlosen Narzißmus der frühesten Lebenszeit zu entsprechen und sowohl auf die Verliebtheit als auch auf andere »dunkle Modifikationen des Seelenlebens, wie Trance und Ekstase«, Licht zu werfen (ebd., S. 431). Nach dieser Erklärung durch eine Regression auf das »reine Lust-Ich« hält Freud jedoch inne, strauchelt vor dem Hindernis, vermeidet es, eine vollständige metapsychologische Beschreibung zu versuchen, und geht dem Problem aus dem Wege, indem er das erste Kapitel des *Unbehagens* abrupt mit einem Schiller-Zitat abschließt: »Es freue sich, wer da atmet im rosigen Licht.«

Ich werde im dritten Teil auf diesen - bei Freud ganz ungewohnten - Verzicht zurückkommen, in die ›Tiefen‹ vorzustoßen, und die Hypothese vorbringen, daß es Freud zur Konzeptualisierung des frühesten menschlichen Erlebens wie auch der Liebesempfindung zu zweit oder der synkretistischen Gruppenkommunikation an einem Begriff des Raums, eines Bereichs und eines Prozesses mangelte, die dem Primären vorausgehen: eines ursprünglichen Raums, Ursprungsbereichs, Urprozesses.

Die verliebte Dyade

In diesem zweiten Teil verfolge ich das Ziel, die seelischen Funktionsabläufe beim Paar zu bestimmen, die nach klassischer Beschreibung von der Verbindung, der Verklammerung von Säugling und Mutter, ihren Ausgang nehmen. Diese Verbindung war von Hermann (1943) als »duale Einheit« benannt und später von Abraham (1972) sowie von Barande (1975) unter den Bezeichnungen »Gespann« oder »Paar-Einheit« wiederaufgenommen worden.

Seit Beginn der sechziger Jahre lassen sich in Frankreich die von Freud ausgehenden Entwicklungen, die auf ein psychoanalytisches Verständnis und eine entsprechende Therapie des Paares zielen, als Beiträge zu einem klinischen und theoretischen Korpus betrachten - wie man heute sagen kann -, das die nunmehr aufgedeckten psychoanalytischen Grundlagen des Liebeslebens umfaßt.[9]

Ich werde hier also nicht noch einmal die klassischen Elemente des Zusammenfindens (Partnerwahl) und des längerfristigen Zusammenlebens der Dyade entwickeln: also die Mechanismen der *Idealisierung*, *Spaltung* und *Verleugnung*, die aus der Verliebtheit das Normalvorbild der

Psychosen machen (Freud, 1912). In diesem Abschnitt werde ich mich den im Schatten gebliebenen, nicht wieder aufgenommenen oder – jedenfalls nach meinem Verständnis – bis heute nicht klar konzeptualisierten Gesichtspunkten zuwenden.

1. Widerstände gegen die Theorie der dualen Einheit

In der abendländischen Kultur hat die psychologische Behandlung das Vorbild der Medizin nachgeahmt – ein Arzt, ein Patient – und sich dabei einem Prinzip der wissenschaftlichen Forschung angepaßt, das darin besteht, bei der Untersuchung das Reale zu »analysieren«, das heißt in kleinste beobachtbare Einheiten zu zerlegen. Im Bereich des Humanen war diese kleinste ungeteilte, unteilbare, auf nichts Kleineres mehr zurückführbare Einheit das somatische Individuum und – nach Descartes – das psychosomatische Individuum, aus dem das Cogito hervorgeht.[10]

Darüber hinaus tragen alle unsere psychologischen Auffassungen bis heute den Stempel der Theorien des psychophysischen Parallelismus und Epiphänomenalismus (Théodule Ribot) aus der Zeit des ausgehenden neunzehnten Jahrhunderts. Ihnen liegt das Postulat zugrunde, daß sich das Denken zum Körper verhält *wie der Inhalt zum Behälter*; das Denken (der Geist) wird in Analogie zum Gehirn verstanden und gewöhnlich als etwas vorgestellt, das sich innerhalb des Soma befindet. Als einer von dessen Bestandteilen ist es gleichsam ein hochspezialisiertes Organ mit dem Vermögen zu registrieren, zu verknüpfen und zu schöpfen.

Nun ist die Psyche von der Tätigkeit des Gehirns, des zentralen und peripheren Nervensystems zwar gewiß abhängig, läßt sich aber in diesen Rahmen nicht einschließen oder darauf begrenzen. Das Bewußtsein ist, nach den Grundannahmen Husserls und Sartres, in beständiger Entgrenzung: »Jedes Bewußtsein ist Bewußtsein von etwas«; »Erkennen ist ›bersten nach‹ ... über sich hinaus nach dem zu entweichen, was nicht es ist«; im Bewußtsein ist nichts »außer einer Bewegung, vor sich zu fliehen, aus sich herauszugleiten ... [es] hat kein ›Drinnen‹, es ist nichts als das Draußen seiner selbst und diese absolute Flucht...« (Sartre, 1939, dt. 1982, S. 35).

Wenngleich das Denken tatsächlich nicht ohne Gehirn stattfinden könnte, ist der *Denkakt* Hervorbrechen auf etwas hin, ist der *Denkinhalt* die Frucht von Identifizierungen mit dem Denken des anderen, mit dem Denken und Sprechen der Gruppe.

Das Ich ist ein Niederschlag der Liebe des Es, aus dem alle Vorstellungen und Affekte hervorgehen. Das individuelle Ich ist eine »Konservierung«, eine »Begrenzung«, eine Vergegenwärtigung kollektiven Denkens und kollektiver Rede in individueller Verpackung, in der Aufmachung eines individuellen Ich. Freud hat sich an das aussichtslose Unternehmen gewagt, die Energie zu qualifizieren (und sogar in relativen Beträgen zu quantifizieren), die sich aus der Arbeit ergibt, welche die Psyche aufgrund ihrer Bindung an das Somatische leisten muß; eine Energie, die sich im individuellen Lebens- und Todestrieb äußert. Sollte man nicht annehmen, daß er damit bis zur äußersten Grenze vorgestoßen ist, die man bei der Untersuchung der somatisch-psychischen Monade erreichen kann? Die aus Psyche und Soma zusammengesetzte menschliche Monade verfügt über eine innere Energie, die sie dazu treibt, (1) sich unter Bedingungen zu erhalten, die ein Höchstmaß an Sicherheit, Stabilität, Homöostase und Ruhe bieten, indem sie die Beträge von Materie, Energie und Information assimiliert, die von der Außenwelt geliefert werden und für die eigene Existenz erforderlich sind, und indem sie die Energiequantitäten abführt, die ihre innere Einheit und Stabilität bedrohen; (2) sich zu reproduzieren; und diese ganze libidinöse Dynamik der Liebe hat Freud aus der Binnenperspektive der Monade beschrieben.

Doch diese Monade bindet sich, verklammert sich mit anderen Monaden; sie ist nicht willens, sich isolieren zu lassen. Hören wir also auf die Dyade.

2. Das psychoanalytische Hören auf die Dyade

Vor 1965-1970 war es in Frankreich fast undenkbar, die als Ganzes, als Einheit verstandene Dyade von Mann und Frau im analytischen Rahmen zu »hören«. Der Ausdruck »Ehetherapie« wurde von Lemaire (1971) eingeführt. Gewiß, Paargespräche hat es schon immer gegeben; sie wurden vom Arzt, vom Priester usw. geführt, ohne freilich die unbewußte Phantasmatik des Paares in den Blick zu fassen. Meist nahm der »Ehetherapeut« vielmehr die Position des Vermittlers ein, bemühte sich um Versöhnung, hörte verständnisvoll beide Seiten an – erfuhr zwei Versionen derselben Wirklichkeit, zwei Variationen desselben Themas – und griff dann wie eine Stimme aus dem Off in diese doppelte Partitur ein.[11]

Etwa seit 1973 haben auch in Frankreich – unter dem Einfluß der Arbeiten von Didier Anzieu und René Kaës, auch wenn das Paar nicht unmittelbar ihr Forschungsobjekt war – zahlreiche Ehetherapeuten damit begonnen, das geeinte Doppel, die gedoppelte Einheit des Paares in Therapie zu nehmen: zwei Körper, gewiß, zwei unterschiedliche Quellen, die aber *gemeinsam eine psychische Geschichte schreiben*. Diese psychische Dyade verfügt über alle Eigenschaften einer transindividuellen, überindividuellen Psyche, hat also eine eigene, ganz besondere Topik, Dynamik und Ökonomie.

2.1 Eine Topik der Dyade

Wenn aus gegenseitiger, geteilter Liebe ein Paar entsteht, vollzieht sich bei jedem der psychischen Partner (unabhängig davon, ob beide zusammenleben, ob ihre Liebe eine erklärte ist oder nicht), eine *topische Umwälzung*, eine Art »Losreißen«, ein inneres Bersten des Ich, eine Dezentrierung, ein Zusammenlegen psychischer Räume, die bis dahin untrennbar mit dem Ich verwoben schienen.

Die beiden Ichs machen unter dem Einfluß des wechselseitigen Begehrens und ihrer Bewunderung füreinander die Erfahrung einer beunruhigenden und befremdlichen Ähnlichkeit. Dieses Begehren, diese Bewunderung lassen sich in die Frage übersetzen: »Warum ich? Warum sie?« Diese verwirrende Erfahrung von Gleichheit hat ihren Grund in der Unähnlichkeit und Komplementarität der Geschlechter. Beides führt zur Überschätzung des anderen, weckt aber auch Erstaunen, wenn man ihn als Zwilling seiner selbst wiedererkennt. In diesem »Warum ich? Warum sie?« hallt unweigerlich die berühmte Formulierung Montaignes wider: »Weil er es war, weil ich es war«.

Das Phänomen der Liebe führt zum »Zusammenfügen« (mit all den Anklängen, die dieses Wort zu wecken vermag) der beiden psychischen Ichs, als ob sie von Natur aus, seit je dazu bestimmt wären, sich ineinander zu verschachteln. Die Liebenden werden nicht ruhen noch rasten, bis sie wie ein einziges Ich funktionieren, und entledigen sich wenigstens zeitweise ihrer Narzißmen: sie schmieden gemeinsame Pläne, treffen gemeinsame Entscheidungen, finden einen gemeinsamen Ort, den Raum einer gemeinsamen Matrix; sie machen sich an eine gemeinsame Schöpfung und geraten über die Selbstwerdung ihres Paares ins Entzücken.

Es, Über-Ich, Ichideal, Idealich. Das verliebte Paar in den Flitterwochen lebt in der Illusion eines *gemeinsamen, einzigen Es*. Das Phänomen der Sexualüberschätzung, der Idealisierung des Körpers des anderen, schafft das Gefühl einer einzigen Psyche und eines identischen Triebreservoirs. Das *Über-Ich* des Paares verflüchtigt sich; unter dem Eindruck der Wechselseitigkeit des Begehrens streben die beiden Über-Ichs der Liebenden der Selbstauflösung zu; das Paar fühlt sich imstande, die größten äußeren und inneren Gefahren zu bestehen. Die *Schuld* (aus dem Über-Ich) verschwindet angesichts der Reziprozität der Begierden; die *Scham* (aus dem Ichideal) ist – von beiden akzeptiert – keine Scham mehr, sondern findet als Reaktionsbildung zu den Quellen des Partialtriebs zurück, denen sie entsprang: zur Zeige- und Schaulust, die in der gegenseitigen Entdeckung der einander ergänzenden Körper von beiden eingestanden wird. Bleibt noch ein *Idealich des Paares*, das im Streben nach der unmöglichen Verschmelzung besteht und im Glauben an die Möglichkeit dieser Symbiose: nur noch eins sein, in jedem Augenblick, nach dem Muster der flüchtigen Erfahrung gemeinsamen orgasmischen Erlebens.

Das Paar als Objekt. Eine Beschreibung der dyadischen Topik - die Markierung der psychischen Orte des Paares - wäre unvollständig und unverständlich ohne die Anerkennung einer exterritorialen Psyche, die sich aus der Kollusion der »narzißtischen Libido außerhalb des Ichs« (M. de M'Uzan) der beiden Partner ergibt. Das Paar als Subjekt mit seiner äußeren Hülle und seinem Kern, wie ich es ein- und abzugrenzen versuche, ist ohne den Begriff des *Paares als Objekt* nicht zu begreifen.

Die verliebte Illusion, die Verschmelzungsphantasie, ist metapsychologisch und zumal topisch nur zu verstehen, wenn man sie in einen »Paar-Raum« einschließt und sie als *spiegelbildliche Besetzung des Paares als Objekt* begreift. Jenseits der manifesten Ebene, jenseits der Suche nach der Verschmelzung der Körper, hinter dem Trugbild, das übrigens jeder psychischen Besetzung eignet, bleibt der Psyche verborgen, daß sie nichts anderes besetzt als die Beziehung selbst, das heißt die Gruppe als Objekt[12], in dem sie sich spiegelt.

Was geliebt wird, was von den Psychen des Paares besetzt wird, ist das Paar selbst als Objekt. Jenseits der Anziehung des Körpers oder der Seele des anderen ist es das Band selbst, das sie »fesselt«. Das Wesentliche der verliebten Illusion liegt in dieser spiegelbildlichen Faszination, dieser Verspiegelung des Paares; und wie wir im vierten Teil sehen werden, ist diese »Paarillusion« nichts anderes als eine Gruppenillusion mit ihren Anziehungs- und Abstoßungskräften.

Das Paar - das Paar als Objekt - tritt bei den Liebenden an die Stelle einer *Instanz*, füllt die Funktion einer solchen aus: keiner inneren, sondern einer exterritorialen Instanz, einer transindividuellen Psyche mit dem Charakter eines Über-Ichs. In dieser doppelten Spiegelbeziehung ist das Paar als Subjekt, die liebende Dyade, vom Paar als Objekt, der geliebten Dyade, nicht zu trennen. Das Paar liebt sich - mit dem gleichen Recht, wie das narzißtisch besetzte individuelle Ich sich liebt. In der Liebe sind narzißtische Besetzung und Objektbesetzung ununterscheidbar, erweisen ihre wesentliche Unzertrennlichkeit.[13]

2.2 Eine Dynamik der Dyade

Hören wir das Paar in der Ehetherapie, so stellt es uns den Konflikt in der Form einer *Verteidigung der Grenzen der Paareinheit* gegen das Eindringen der Umwelt dar. Zu seinen intimen Kontakten verbirgt sich das Paar. Und wenn es sich in Gesellschaft zeigt, dann um ostentativ die neugewonnene Grenze deutlich zu machen; alle Gesten der Besitzergreifung sollen die Absonderung des Paares von der banal gewordenen Umgebung bezeugen.

Seiner inneren Struktur nach läßt sich der Konflikt im Grunde auf die wechselseitige Anerkennung des Mannseins und des Frauseins zurückführen. Alle Konflikte laufen im Grunde (scheinbar) einfach auf die Entdeckung der anatomischen Komplementarität hinaus, die zu einer illusorischen psychischen Komplementarität ausgedehnt wird, in einem uneindeutigen Erleben, das dem uralten Traum entspricht, ein zweigeschlechtliches Wesen zu sein.

2.3 Eine Ökonomie der Dyade

Unter ökonomischem Gesichtspunkt wird die Dyade in der psychoanalytischen Literatur am seltensten beschrieben. Freud ist dem Thema stets ausgewichen und beschränkte seine Betrachtungen strikt auf die Homöostase des Individuums. Wenn jedoch Paare zusammenfinden und eine Weile zusammenbleiben können, oftmals bis zum Tod eines der Gatten, so muß sich bei der Paarbildung von Anfang an ein *Austausch* und eine *Verteilung* der psychischen Energie herstellen und einspielen. Wie aussichtslos schiene doch in der Tat das Unterfangen, zwei anatomisch und funktionell so unähnliche Wesen wie Mann und Frau zu einer dualen Einheit zu verbinden, fände nicht bei der »Paarung« eine ökonomische Neuverteilung statt!

Gewiß sind die Befriedigung der Lust, die Erhaltung der Gattung und die »Aufzucht« der Kinder ethologisch begründete Forderungen, die für die Stabilität des Paares eine wichtige Rolle spielen. Doch wie bedeutend sie auch sein mögen, sie würden niemals ausreichen, das Paar zu erhalten und die Paarung zu gewährleisten, stünden dabei nur zwei einzelne, wenngleich miteinander verzahnte Narzißmen nebeneinander, herrschte in der Dyade nicht eine neue Ökonomie, unabhängig von dem Typ der Objektwahl der Partner. Treffen die Männer ihre Liebeswahl vornehmlich nach dem Anlehnungstypus? Folgen die Frauen, wie Freud annahm, bei der Wahl ihres Liebesobjekts eher dem narzißtischen Muster? Das ist keineswegs sicher. Doch nach welchem Typus die Wahl sich auch immer vollziehen mag, wir bemerken eine strukturelle Neuverteilung der Libido im gemeinsamen Energiehaushalt. Die Libidoenergie der Dyade ist mehr als die bloße Hinzugabe des »Energiequantums« einer somatisch-psychischen Einheit zum »Energiequantum« einer anderen.

Bei Freud findet sich immer wieder die Feststellung, daß der Verliebte verarmt, weil sich ein großer Teil seiner narzißtischen Libido zu dem

Objekt hin verschiebt, das er besetzt. Die Liebe wäre danach sozusagen ein narzißtischer Aderlaß oder eine einseitige Energietransfusion. Ökonomisch betrachtet Freud die Verliebtheit aus dem Blickwinkel des Verlusts des geliebten Objekts, einer bevorstehenden Trauer, als ob es keinen ökonomischen Austausch gäbe.

Denken wir daran, daß Freud von seinem Beobachtungsstandpunkt aus stets nur die Monade in den Blick bekam und nur das Energiequantum berücksichtigte, das dem somatisch-psychischen Individuum zur Verfügung steht. Wenn er das Paar als solches unter ökonomischem Gesichtspunkt betrachtet (wie etwa im *Unbehagen in der Kultur*), wenn er phänomenologisch die seelischen Abläufe im Zustand wechselseitiger, überglücklicher Verliebtheit beschreibt, so tut er das – wie wir gesehen haben – distanziert mit milder Ironie (»Allen Zeugnissen der Sinne entgegen behauptet der Verliebte, daß Ich und Du Eines seien...«) und gibt zu verstehen, daß das ozeanische Gefühl keiner wissenschaftlichen Untersuchung wert sei.

Und dennoch lehrt uns die therapeutische Betrachtung des Paares, daß sich im Falle gegenseitiger Liebe zwischen den beiden Individuen eine neue Libidoökonomie herstellt. Dabei addieren sich offenbar nicht bloß zwei Energiepotentiale bei gleichzeitiger Verarmung des einen wie des anderen, sondern man wird Zeuge einer Zusammenlegung der getrennten Es, der Quellen der individuellen Libidoenergie, und einer beständigen Auffüllung der beiden Ich-»Energievorräte« aus dieser neuen gemeinsamen Quelle.

Alles spielt sich so ab, als würde sich die orale, anale und phallisch-genitale Libido – die narzißtische ebenso wie die Objektlibido – beständig regenerieren, erweitern, verstärken, entfalten, als wären die gegenseitig besetzten Objekte Empfänger eines Energie*überschusses*, den das Gefäß nicht mehr fassen kann. Die neue, die dyadische Psyche des Paares, gestützt auf zwei vereinte Körper, scheint von einem Eros erfüllt und überzufließen, der ein Gefühl unerschöpflicher Energie weckt. Gewiß ist Thanatos nicht weit, bleibt aber jedenfalls in den nicht-pathologischen Fällen stumm, wie es seiner Natur entspricht, und ist außerstande, diese Strömung dyadischen Lebens einzudämmen, dessen Bilanz, wie intensiv die psychische Verausgabung auch sei, durch einen beständig erneuerten Kredit wieder ausgeglichen wird.

3. Illusion der Dyade, Illusion des Ich

Dieses Gefühl des Energiereichtums des Paarsubjekts sei Illusion? Eine *vorübergehende* Erscheinung, die von der konkreten Alltagswirklichkeit im Leben des Paares widerlegt wird?

Gewiß handelt es sich um eine trügerische und vergängliche Erscheinung, wenn man ihre Intensität betrachtet. Dennoch bleibt diese Zeit der Liebe in ihrer ursprünglichen Heftigkeit und Reinheit der *Vorstellungshintergrund*, vor dem sich das ganze Eheleben abspielt: der *Bezugspunkt*, an den sich das Paar klammern wird, auf den es sich im späteren Alltag stützen wird; der *fruchtbare Augenblick*, den es beim Austausch körperlicher oder geistiger Lust wiederholen wird, den es mit gleicher Intensität, wenn auch nur einen Moment lang, wiederbeleben und mitten in den unvermeidlichen Krisen des Ehelebens (sowie in der Zeit nach solchen Krisen) wiederfinden wird.

Diese Dauer der Liebe nährt sich aus jener anfänglichen Illusion, jener »gedachten« Beziehung der physischen und psychischen Entdeckung des anderen. Diese Entdeckung ist Illusion, weil es sich in Wirklichkeit um ein Wiederfinden handelt: Wiederfindung des ödipalen Objekts und darüber hinaus der ersten Liebesbeziehung zur Mutter, erneute Niederschrift einer insgeheim schon komponierten, gleichsam als Wasserzeichen auf dem vermeintlich jungfräulichen Blatt schon durchscheinenden Partitur.

Wir werden freilich im weiteren sehen, daß die Liebe, wenn sie verdrängte oder abgespaltene Erfahrungen neu ausspricht, neu einprägt, neu erlebt, nicht bloß Neueinschreibung ist, sondern – was ihre tiefsten Anteile betrifft – als (Ur-) Phantasie und als (sekundäres) Gesagtes ein noch niemals in die Psyche eingeschriebenes Erleben darstellt.

Eine Täuschung also? Vergänglicher Augenblick des Hochgefühls? Gewiß, zum Teil. Doch ist diese Illusion illusorischer als die Entdeckung des Ichs durch das Ich in seiner primären Strukturierung?

Denn auch die individuelle Identität ist eine Täuschung, eine Idealisierung des Ichs, beständige Faszination von den ersten Momenten des Spiegelstadiums an. Daniel Lagache (1957) hat auf die semantische Zweideutigkeit des Ausdrucks »Ich« in der französischen Sprache hingewiesen – als (grammatisches) Subjekt: *je*, als (grammatisches) Objekt in allen anderen Fällen: *moi* – und versucht, die Beziehungen zwischen bewußtem Subjekt und Ich-Objekt zu klären. Das Ich der konkreten Existenz ist für Lagache das Subjekt, dem das Bewußtsein als wesentliche, aber nicht permanente Eigenschaft zukommt. Als Ich [*moi*] beansprucht die Person für sich Einheit und Dauer, die es dem Nicht-Ich und den anderen Ichs entgegensetzt. Das Ich, das sich niemals in einer klaren und distinkten Vorstellung »objektivieren« läßt, ist ein Versuch, diejenigen Teile des Bewußtseins zu begreifen, die mit der eigenen Person in Bezug stehen; es ist die explizite und implizite Vorstellung, die sich das bewußte Subjekt von der Person macht.

Das Bewußtsein erstrebt eine einheitliche Organisation, es sucht deren *Illusion*, indem es sich an bestimmte Merkzeichen hält (etwa den Namen) und die Vielfalt der interpsychischen Rollen (Identifikationen) verkennt. Lagache nähert Subjekt und Bewußtsein einander an und behauptet, daß sich das Subjekt mit dem Ich identifiziert, im Ich entfremdet; »es hält sich für jemanden, nämlich das Ich« (ebd., S. 41). Diese Entfremdung des Bewußtseins durch das Ich erstreckt sich auf zwei Täuschungen: (1) die reflexive, introspektive Illusion, die es dem Subjekt nicht gestattet, seine Erfahrung anders als in der ersten Person zu erfassen, und damit den Eindruck weckt, das Ich [*je*] sei ein Bewohner des Bewußtseins; (2) jene Illusion, der schon Mme. Bovary zum Opfer fiel und die dazu führt, daß sich das Subjekt für ein bestimmtes Ich [*moi*] in einer bestimmten Rolle und einer bestimmten Identifikation hält.

»Das Bewußtsein ist unterwandert, entfremdet, gefesselt, fasziniert, verzaubert, gebannt vom Ich, dem Ich, das es geschaffen hat; ... es ist entfremdet, durch den Nimbus, den das Ich genießt«. Es ist sogar »das Wesen und die Funktion des Bewußtseins, sich zu entfremden«. So »entfremdet sich das Bewußtsein im Ich, hält sich für das Ich, verliert sich als Bewußtsein« (ebd., S. 42).

Das Ziel der Analyse besteht darin, das Bewußtsein der Herrschaft des Ichs zu entziehen: einerseits die Entfremdung des Bewußtseins aufzuheben, das sich selbst zurückgegeben wird, um sich, gewiß, abermals zu entfremden, jedoch in einem echten Austausch; andererseits dem Bewußtsein zu erlauben, das Ich zu objektivieren und sich ihm zu entwinden. Und Lagache formuliert das Ziel des analytischen Prozesses folgendermaßen: »Wo Ich war, soll Bewußtsein werden« (ebd., S. 42).

Wenn das Ich ein Trugbild ist, wenn »das Ich nichts weiter ist als das Wissen des Ichs über das Ich« (Aulagnier, 1979, S. 28), wenn »der Einzelne nur ein Ausschnitt aus der Gruppe ist« (Foulkes & Anthony, 1957, dt. 1978), ist die Illusion der verliebten Dyade nur ein Aspekt der Ich-Illusion; sie ist eine der einfallsreichsten und schöpferischsten Listen des Geistes; eine List, die dem menschlichen Leben im Alltag erst seine Würze gibt, seine zielgerichtete Energie auf die Zukunft hin und nach außen. Ich, das ein anderes Ich liebt, ist nicht illusorischer als Ich, das Sich liebt.

Das Paar und das Originäre

1. Problemstellung

David (1971) entwickelt in seinem Buch die These, daß die Liebe zwar einerseits die ödipalen Strebungen des Kindes und andererseits die primäre orale Liebesbeziehung zur Mutter wiederaufleben läßt, aber auch etwas *Neues* hervorbringt. Ist dieses Gefühl des Schöpferischen, diese Empfindung, in der Liebe etwas »*noch nie Erlebtes*« zu erfahren, bloß die Wiederkehr des ödipalen Verdrängten? Handelt es sich um eine Spaltung, die Re-Projektion (mit der zusätzlichen Spaltung zwischen Ich und Objekt) einer Beziehung der schizoid-paranoiden Phase ins Reale – einer alles in allem guten Beziehung zu einer Mutter, welche die Illusion der Verschmelzung und der Schöpfung aufrechterhält? So lautet die klassische Position der Psychoanalytiker, die über die Liebe und das Paar geschrieben haben.

In diesem dritten Teil möchte ich zeigen,

(1) *daß die Forschung über das Paar und die Liebe Hinweise auf eine ältere psychische Niederschrift gibt: das Piktogramm, das von Piera Aulagnier als Markierung in einem ursprünglichen, originären psychischen Raum beschrieben wurde;*

(2) *daß das Suchen und Finden in der Liebe letztlich die gleichen Merkmale aufweist wie der wechselvolle Prozeß der Integration von Psyche und Soma während des ersten Lebensjahres.*

2. Das Originäre und das Piktogramm nach Piera Castoriadis-Aulagnier

Diese Hypothesen sind nicht aus einem Bedürfnis nach theoretischer Spekulation hervorgegangen, sondern aus der klinischen Erfahrung frei assoziierender Paare oder Familien in der Ehetherapie bzw. der psychoanalytischen Familientherapie. Als erstes scheint mir eine vorläufige Zusammenfassung der Konzeption erforderlich, die Piera Aulagnier zum Verständnis der Abläufe des archaischsten psychischen Apparats – des »Urvorgangs« [*processus originaire*] – entwickelt hat.[14]

Nach Aulagnier konkretisiert sich die anfängliche Begegnung des Säuglings mit der Welt in der ersten und anfänglichen Lusterfahrung: *der Begegnung von Mund und Brust*, bei der sich das herausbildet, was die Autorin als »Objekt der Komplementärzone« [*l'objet-zone complémentaire*] bezeichnet. Der Psyche des Säuglings fällt die Aufgabe zu, einen außerpsychischen Raum zu assimilieren, zu verdauen und mit dem eigenen, bislang weder erschaffenen noch begrenzten psychischen Raum zu homogenisieren. Daraus erklärt sich der paradoxe Charakter dieses ersten Beziehungsmodells der Urbegegnung [rencontre originaire].

Der seelische Apparat des Menschen umfaßt drei Bereiche, in denen psychische Niederschriften aufgezeichnet werden können, drei spezifische Funktionen, die drei Arten von Prozessen, drei unterschiedliche Produktionen generieren:
– der *Originär*bereich [*régistre originaire*] erzeugt ein Piktogramm;
– der *Primär*bereich ist die Quelle des Phantasmas[15]: er erzeugt eine szenische Darstellung, eine Inszenierung;
– der *Sekundär*bereich erzeugt eine gedankliche Vorstellung, eine Sinnstiftung, die das Werk des konstituierten Ichs ist.

Die Bereiche des Primären und Sekundären decken bei Aulagnier im wesentlichen das ab, was wir mit den klassisch gewordenen Freudschen Termini als Primär- und Sekundärvorgang bezeichnen. Was den Originärbereich angeht, den die Autorin postuliert, so soll er ontogenetisch, aber auch in jedem aktuellen seelischen Ablauf den primären und sekundären Funktionen vorausgehen. Ohne ihn sei es unmöglich, die Möglichkeit der Psychose und, wie ich ergänzen möchte, die Möglichkeit der Liebe zu verstehen.

Das menschliche Wesen, das in die äußere Welt hineingeboren wird, hat weder Phantasien noch Gedanken. Es benutzt ein Verfahren, das dem Gesetz des »Ganz oder gar nicht« untersteht, in dem Sinne, daß allein die Lust in der frühen Psyche zugelassen wird. In der Begegnung mit der Außenwelt – mit der er verwachsen ist, wie siamesische Zwillinge miteinander verwachsen sind – fällt dem Säugling die Aufgabe zu, Leiden, Aufschub und Versagung psychisch zu »verdauen«. Ganz zu Anfang kennt er nur zwei Körperempfindungen: Lust und Schmerz.

Der Urvorgang dient dazu, körperliche Empfindungen in die Psyche einzuschreiben. Doch dieses ursprüngliche Funktionieren weist folgende Besonderheit auf: die positiven, angenehmen Gefühle, aber auch die mit »normaler« Versagung verbundenen Empfindungen (das heißt solche, die eine gewisse Schwelle der Frustrationstoleranz nicht überschreiten) schreiben sich natürlich in die frühe Psyche ein und lösen – durch primäre Halluzination der antizipierten Lust – einen Prozeß primärer Phantasmenbildung aus, der zur Herausbildung eines echten psychischen Apparats beiträgt.

Sind die Körperempfindungen des Säuglings dagegen unerträglich, so weigert sich der Urvorgang – und darin unterscheidet er sich vom Primärvorgang –, den Schmerz in der Psyche zu registrieren, und hinterläßt im Originärbereich nur ein Nichts. Auf diese Weise entsteht in der Psyche eine Leerstelle, eine Leere, ein Ort, der ursprünglichen Haß und ursprüngliche Gewalt anzieht: Gewalt und Haß gegen ein zu früh empfundenes *Außerhalb* des Selbst, gegen das Selbst, gegen das psychischen Funktionieren selbst. Die frühe Psyche (die sich normalerweise bildet, indem sie sich repräsentiert, in ihren eigenen Produktionen widerspiegelt) wird also nicht ruhen, bis sie sich selbst zerstört hat, indem sie ihre eigene Produktion verwirft. So entsteht die Möglichkeit der Psychose.

Eine der wesentlichen Aufgaben der Psyche besteht darin, in jedem Augenblick des Lebens die Körperempfindungen, die Eindrücke und Wahrnehmungen, in den drei Bereichen des Originären, Primären und Sekundären zu registrieren. So ist der ganze normale psychische Apparat des Erwachsenen im Wachzustand jederzeit der Ort dreier Arten von Einschreibungen: einer originären Niederschrift, einer primären Niederschrift (Phantasma) und einer sekundären Niederschrift (Wort, Aussage, Werk des Ich).

Erinnern wir uns daran, daß der Urvorgang zu Beginn des Lebens Einschreibungen in den originären Bereich einzig in einer bestimmten Form vornimmt, die Castoriadis-Aulagnier als *piktographisch* bezeichnet. Das Piktogramm besitzt zwei Formen: das positive, das die Lust registriert, und das negative der Verwerfung (des Schmerzes), das nur eine Leerstelle, ein Begehren nach Nicht-Begehren notiert.

Heben wir schließlich den Gedanken hervor, daß das Piktogramm – das die erste Tätigkeit des psychischen Apparats ist und den »Vorstellungshintergrund« bildet, von dem sich die Figuren aller unserer späteren psychischen Funktionen abheben – kein Phantasma ist, sondern eine Markierung, ein Abdruck in der Psyche, »zugleich Vorstellung des Affekts und Affekt der Vorstellung«. Der Affekt als Empfindung, die dem Originärbereich zugehört, ruft als solcher noch keine Phantasmatik hervor; er treibt zur Aktion: zur Anziehung oder Verwerfung. Das Originäre ist ein Ungedachtes, Unphantasmatisches und Nichtphantasierbares. Aber auf dieser Basis eines rohen, unfertigen Erlebens entfaltet sich dann in der normalen Entwicklung die Phantasmenbildung. Herrscht dagegen das Piktogramm der Verwerfung vor, setzen sich Haß, Gewalt, Tod und im äußersten Fall psychisches Schweigen fest und lassen die Psychose entstehen.

Um das Erleben der Liebe und ihr Zerbrechen zu erklären, scheint es mir notwendig, auf den Begriff des Originären [*originaire*] zurückzugreifen, um das Eigentümliche [*originel*], Neuartige [*original*], *noch nie Erlebte* und letztlich doch ganz Vertraute dieses Erlebens deutlich zu machen, das ein Gefühl *heimlicher Vertrautheit* und in manchen Augenblicken von *Unheimlichkeit* weckt. Nur so wird eine gründliche Erklärung für die Finden des Liebesobjekts, aber auch für die Rücknahme seiner Besetzung beim Zerbrechen des Paares möglich.

3. Liebe als Schöpfung

Die *Liebe als Schöpfung*, diese innovative Seite der Liebe – wie vielfältig die Liebesbindungen auch gewesen sein mögen, die seit der Adoleszenz einander gefolgt sind – ist, wie gesagt, von David (1971) ausgezeichnet beschrieben worden. Ohne die Verliebtheit oder den Liebesrausch ins Mystische erheben zu wollen, erklärt der Autor: »Wenn eine Verliebtheit nicht morbide ist, so ist sie genau das Gegenteil einer Zersetzung oder einer destrukturierenden, isolierten Regression; das Paar verwirklicht vermittels intensiver psychischer Aktivität (Freud) eine *neuartige Synthese*, die dem uneingeschränkten sexuellen Verlangen Ausdruck verleiht« (ebd., S. 63).

Trotz ihrer Erinnerungen an frühere Liebeserfahrungen sprechen die Liebespaare von »*einem Zustand, der noch nie da war*« (ebd.). Die Verliebtheit läßt »die Existenz einer rücklaufenden Dynamik ... und einer Art Destrukturierung« erkennen, »die manchmal zeitweise mit bestimmten Depersonalisierungserfahrungen einhergeht. Diese Dynamik stellt sich als Bedingung und Hauptmoment einer *fortlaufenden Neustrukturierung* dar ... sie steht für eine *Neugeburt*, nicht nur für die Wiederholung oder die transponierte Melodie einer vergessenen Erfahrung.« Neben einer unzweifelhaften narzißtischen Erfüllung führt die Verliebtheit zu einem Einbruch der Ich-Grenzen und »zur Verwirklichung einer Inter-Subjektivität *in actu*, einer *neuen Seele* – wie man mit einer poetischen Metapher sagen könnte –, die aus der Verschmelzung in der Liebe entsteht« (ebd.).

David betont den spontan reifenden Wert der Liebe; was sie vollbringt, ist *Innovation* (und nicht Wiederholung), *Synthese* (und nicht Zersetzung); ihre Macht der Neuerung und Erfindung appelliert an die schöpferische Seite der seelischen Dynamik. Der Raum der Liebe ist ein Raum echter Schöpfung. Angesichts dieser schöpferischen Dynamik wendet sich David gegen jeden analytischen Reduktionismus: »Wenn auch die Analysierbarkeit der Liebe natürlich außer Zweifel steht, glaube ich doch, daß eine gewisse *Undurchsichtigkeit*, eine tiefe *Unbestimmbarkeit* zu ihrem Wesen gehören und jeden analytischen Radikalismus zum Scheitern verurteilen« (ebd., S. 16). Mit einer Formulierung, die von André Breton auf die Welt der Sexualität gemünzt wurde, bekräftigt David, daß der »nächtliche Kern« der Verliebtheit unzerstörbar ist.

Wie kommt es, daß das Band der Liebe diese Kreativität umfaßt, diesen Charakter von Neuheit, diese Empfindung, neu geboren zu werden? Wie kommt es, daß die Liebenden »einen Zustand, der noch nie da war«, neu durchleben? Woher kommt diese Seite des Unsagbaren, Undenkbaren in der Liebe, dieser »unzerstörbare Kern«, der jeder Analyse trotzt? Um diese Erscheinungen zu erklären, die sich unserer Logik des Sekundär-

oder Primärvorgangs entziehen, schlage ich als Hypothese vor, auf den Originärbereich zurückzugehen, den Piera Aulagnier als einen Raum beschrieben hat, in den sich die archaischsten Spuren, die zur Ordnung des Unsagbaren, Undenkbaren und »Unphantasierbaren« gehören, piktographisch einschreiben.

Gewiß, alle analytischen Untersuchungen Freuds und seiner Nachfolger haben gezeigt, daß die Liebe Wiederholung verdrängter ödipaler Bindungen und, noch jenseits davon, der symbiotischen Beziehung mit der Mutter ist, deren vorauseilendes Denken es dem Kind ermöglicht, die Lust und die Welt zu »erschaffen«, weil sie ihm in genau dem Augenblick präsentiert und angeboten werden, in dem sein Begehren sie erscheinen lassen will. Trotzdem können diese unterdes klassisch gewordenen »Erklärungen« der Liebe nicht von dem Gefühl seltsamer Vertrautheit Rechenschaft geben, das mit der Schöpfung der Liebe einhergeht.

Ebensowenig ist der Aufruhr, in den das Denken durch die »Sexualüberschätzung« (des anderen Geschlechts) bei der (körperlichen und geistigen) Findung der geliebten Person gerät, dazu geeignet, die tiefere Eigenart der Liebe zu erhellen. Auch die von Lorenz, Tinbergen oder Bowlby erforschten Tatsachen der Ethologie, die genetische Programmierung des sexuellen Instinkts und der Begriff der Bindung können zwar das »Blinde« und Spontane im Liebesverhalten erklären: das, was dem inneren Kommando des Instinkts untersteht; sie können aber weder die Mechanismen »verliebter Gedanken« erklären, noch gestatten sie deren metapsychologische Beschreibung.

4. Die Liebe postuliert den Begriff des Originären.
Zur Rechtfertigung dieser Hypothese

Die Liebe postuliert den Begriff des Originären, wie mir scheint, aus vier Gründen, die mit den gemeinsamen Merkmalen des Originärbereichs und des Bereichs der Liebe zusammenhängen.

4.1 Erster Grund: Die Liebe ist ein Traum in Aktion

Als Vorstellung betrachtet, *ist die Liebe ein Traum*, freilich ein Traum besonderer Art; sie benutzt nicht nur die Verfahren des Primärvorgangs (Verschiebung, Verdichtung, Symbolisierung). Sie ist ein *Traum in Aktion* [*rêve-acte*], ein Traum, der sich Tag für Tag verwirklicht. Der Eindruck psychischer Ungreifbarkeit, der Ungebundenheit der Affekte, verdeckt die strukturelle Wirklichkeit der Liebe nur schlecht: ihre Konzentration auf *einen* Gedanken und ihre »operative« Funktionsweise. Was den Reichtum des Liebesgefühls ausmacht, ist gerade diese unaufhörliche Suche nach Vorstellungen, die geeignet wären, einen Affektüberschuß zu binden. Während der Traum des Primärvorgangs die Vorstellungen verschiebt, verdichtet und frei mit ihnen spielt, ist die Liebe ein *verketteter Traum*, in dem »die Vorstellung des Affekts und der Affekt der Vorstellung untrennbar« sind: mit genau diesen Worten hatte Piera Aulagnier das Wesen des originären Piktogramms bestimmt.

4.2 Zweiter Grund: Die Liebe ist eine Spiegelung der Beziehung

Die Liebe ist ein zu zweit unternommener Versuch, die Umwelt zu verneinen: das Paar scheint stets »auf der Flucht« mit dem Ziel, als Dyade zu verschmelzen, getrieben von der unwiderstehlichen Kraft, *eine Geschichte zu zweit zu schreiben*, um jeden Preis eine Vergangenheit niederzuschreiben, welche die duale Einheit besiegelt.

Dieser Kraft, welche die beiden Körper zueinander hinzieht, liegt – von der Sexualüberschätzung abgesehen – eine Affektvorstellung des *Objekts der Komplementärzone* zugrunde. Dabei handelt es sich nicht nur um die Kollusion Mund-Brust (nach dem oralen Schema, auf das sich Piera Aulagnier stützt), sondern um eine sykretistische Vorstellung zweier *Wesen*, die bemüht sind, (sich) in einem Spiegelphänomen (als) eine einzige Psyche vorzustellen, »darzustellen«. Diese rasende Suche nach einer dualen psychischen Einheit, einer Betrachtung der Beziehung selbst im Spiegel des neugeschaffenen (und sich unablässig neu schaffenden) Paares, scheint mir von gleicher Art zu sein wie die originäre Beziehung zwischen dem Säugling und der mütterlichen Umgebung, wie sie sich im Piktogramm spiegelt.

4.3 Dritter Grund: das Gesetz des »Ganz oder gar nicht«

Es gehört zu den Eigentümlichkeiten sowohl der dyadischen Psyche der Liebenden als auch der originären Psyche, binär vorzugehen: Lust oder Unlust. Gewiß ist dies auch die Funktionsweise des Primärvorgangs; die Kategorien gut-innen-homogen und schlecht-fremd-heterogen sind die deutlichste Erscheinungsform des Lust/Unlust-Prinzips, das im primären Raum herrscht. Der Originärvorgang unterscheidet sich von diesem jedoch in einer Hinsicht: Während der Primärvorgang dem Gesetz des »Alles oder nichts« unterliegt (lieben/verabscheuen, geliebt werden/ gehaßt werden) und dabei vorwiegend den Mechanismus verwendet, dasjenige, was im Selbst schlecht ist, in oder auf den anderen zu projizieren, gehorcht das Originäre stets dem Gesetz des »Ganz oder gar nicht« und setzt dabei, Piera Aulagnier zufolge, zwei Mechanismen ein: schlichte Annahme oder schlichte Verwerfung. Entweder *ganz* Liebe oder *ganz* Haß sein. »Das Originäre beschwört stets die Gefahr herauf, daß ein unbeherrschbarer Affekt ins Ich einbricht, der das Subjekt ungerührt entweder in den Strudel der Verschmelzung oder des Mordes (seiner selbst oder des Anderen) stürzt« (ebd., S. 68 f.). Die Liebenden gehen ineinander auf, »verdauen« und verarbeiten gegenseitig ihr individuelles Ich im Prozeß der Selbsterzeugung des Paares. Das werdende Paar ist »nur« Liebe, Verschmelzungsversuch zweier Seelen und zweier Leiber, zweier Psychosomata, die ihrer Umwelt soweit wie möglich entkommen möchten. Weiter unten werden wir sehen, daß sich auch das Paar im Konflikt, das »entliebte« Paar, als Dyade im Grunde nach diesem Gesetz des »Ganz oder gar nicht« verhält: wobei sich der alles andere ausschließende Haß an die Stelle der zuvor alles andere ausschließenden Liebe setzt und damit das Piktogramm der Verwerfung, das dem Originären eigen ist, wiederholt.

4.4 Vierter Grund: Die Liebe ist der Versuch, zwei Körper in eine einzige Psyche einzuschreiben

Dieser Grund erscheint mir als der stichhaltigste. Die Liebe ist eine neue, leere Seite, jungfräulich, unbeschrieben[16], vergleichbar mit der ursprünglichen Psyche des Neugeborenen. Deren Aufgabe ist es ja, die Geschichte des Körpers aufzuzeichnen, sich zum Feld von Triebimpulsen, von Lust und Unlust herauszubilden, indem sie jene »Arbeit« ausführt, die ihr wegen ihrer Bindung an das Somatische von Natur aus zukommt. Ebenso schreiben die Liebenden eine *Körpergeschichte*: die Schaffung einer gemeinsamen Psyche gelingt ihnen mühelos, doch gleichzeitig versuchen sie verzweifelt, ihr einen gemeinsamen Körper, *einen zu zweit erlebten Körper* einzuschreiben. Dieser Versuch ist hoffnungslos, vergeblich, zum Scheitern verurteilt: der Körper ist und bleibt individueller Körper; er gibt sich, wie beständig und intensiv der Austausch auch sein mag, nur als Leihgabe; und selbst wenn diese lebenslang währt, bleibt es beim Nießbrauch: der mittelbare Besitz fällt stets an »die dritte der Schicksalsfrauen, die schweigsame Todesgöttin« zurück, die »ihn in ihre Arme nehmen« wird (Freud, 1913, S. 37).[17]

In diesem verzweifelten Versuch, ein einziges körperliches Erleben in eine gemeinsame Seele einzuschreiben, begegnen sich die Illusion der Liebe und die originäre Illusion. Dem Neugeborenen wie dem Liebenden ist die Sisyphusarbeit aufgegeben, in einen als Einheit erlebten psychischen Apparat – Mutter/Säugling oder Paar – das Körperempfinden eines Soma einzuschreiben, das entweder noch nicht das seine ist (wie beim Säugling) oder es nie sein wird (wie beim Liebenden).

Diese Aufgabe, ein fremdes Körperempfinden (von Lust oder Unlust) in eine Psyche (die des Neugeborenen oder die duale des liebenden Paares) einzuschreiben, wird uns deutlicher werden, wenn wir uns zum einen auf die Winnicottsche Konzeption der leib-seelischen Integration und zum anderen auf die Schicksale der Beziehung zwischen Psyche und Soma in der Adoleszenz beziehen, also in der Zeit der entstehenden genitalen Liebe.

(a) *Die Adoleszenz: Zugang zum genitalen Paar.* Die Problematik der Entdeckung der Liebe in der Adoleszenz und des Auseinanderklaffens von Psyche und Soma während und im Gefolge des neuen Schubs, den Sexualität und Liebe in der Pubertät erfahren, erschließt sich meines Erachtens am besten, wenn wir daran erinnern, wie sich die leib-seelische Integration in der frühesten Entwicklung des Säuglings vollzieht – Winnicott zufolge also gegen Ende des ersten Lebensjahres. In einer früheren Veröffentlichung (Ruffiot, 1981c, S. 10–12 und S. 90–92) habe ich seine Auffassung über das ursprüngliche Erleben dargestellt und mich dabei im wesentlichen auf einen Text aus dem Jahre 1958 (a, dt. 1960) und eine Wiederaufnahme dieses Themas (1972) gestützt. Ich brauche ihn hier also nur kurz zu rekapitulieren.

(b) *Die Integration von Psyche und Soma.* Nach Winnicott erreicht der Säugling den »Status eines Individuums« gegen Ende des ersten Lebensjahres. Von diesem Zeitpunkt an sind Psyche und Soma einigermaßen integriert, das heißt, das Kind erlebt sich »fest verankert in seinem Körper«. Im Falle einer Entwicklungsstörung kann es geschehen, daß sich die Psyche ohne enge Bindung an die Körpererfahrung entwickelt. Im normalen Entwicklungsverlauf fühlt sich das zwölf Monate alte Baby »nur in bestimmten Momenten, während gewisser Zeiträume« integriert: In diesem Alter kann die Psyche eines normalen Säuglings den Kontakt mit dem Körper noch leicht verlieren.

Auch wenn sich also die frühe Psyche auf Körperfunktionen gründet, steht sie nach Winnicott (1958a) in keinem engen Kontakt mit dem Körper. Die leib-seelische Integration »geht allmählich von einem *nicht-integrierten Primärzustand* aus«. Die primäre Mütterlichkeit erleichtert diese Integration.

In späteren Arbeiten präzisiert Winnicott (1972) seine Auffassung der Integration, indem er den Prozeß der Individuation und der Personalisierung während dieser frühesten Enwicklung bestimmt. Die Psyche muß »*im Körper und seinen Funktionen heimisch werden, ihren Wohnort finden*«.

Solange die Psyche im Körperlichen keine feste Verankerung gefunden hat, werden die Spuren, die in ihr zurückbleiben, in einen archaischen Raum eingeschrieben, der eine Art ursprüngliches Unbewußtes bildet, das »weder das verdrängte Unbewußte der Psychoneurose ... noch das Unbewußte der Freudschen Formulierung ... noch auch das Unbewußte C. G. Jungs ist«. Es handelt sich vielmehr um ein *originäres* Unbewußtes, das »nichterlebte Erlebnisse« enthält, Unauslöschliches, das dennoch in der gewöhnlichen Übertragung nicht wiederholt, nicht reproduziert werden kann. Und eben dieses nichtverzeichnete Erleben ist beim psychotischen Patienten der Ursprung »primitiver«, »namenloser Ängste«, reiner Angstaffekte.

(c) *Eine beständige piktographische Aktivität.* Die erste Arbeit der Psyche besteht darin, das Körperliche zu »verdauen«, um es in Psychisches, Triebhaftes zu verwandeln. Erst anschließend prägt sie Handlungsabläufe und Phantasmen (im Primärbereich) oder Wortgedanken (im Sekundärbereich).

Diese Umwandlung von Somatischem in Psychisches, die sich intensiv während der ersten Lebenswochen vollzieht und die für die Herausbildung eines psychischen Apparats – eines »Apparats zum Denken der Gedanken« (Bion, 1962a, dt. 1963) – unentbehrlich ist, damit die Integration von Leib und Seele gelingt, ist eine *beständige* Aufgabe des psychischen Apparats. Jede körperliche Modifikation (handele es sich um eine äußere oder innere), jede Transformation des Soma (aufgrund zufälliger Ereignisse oder physiologischer Notwendigkeiten: als Ergebnis einer Krankheit, eines Unfalls oder der natürlichen biologischen Reifung) zieht eine psychische Neueinschreibung des körperlichen Empfindens nach sich: ein neues Piktogramm. Man kann annehmen, daß jede Information des extero-, intero- oder propriozeptiven Empfindungsvermögens Gegenstand eines Piktogramms ist, das sich in den originären Raum einschreibt. Die Herausbildung und Dominanz einer bestimmten erogenen Zone im Entwicklungsverlauf zwingt den psychischen Apparat, die Veränderungen der erogenen Sensibilität in die Seele einzugravieren. In der normalen Entwicklung wirft diese Eingravierung kein Problem auf: das Piktogramm der Lust schreibt sich nach Maßgabe der Triebreifung ein. Die Latenzzeit bildet eine relative Pause, eine relative Ruhe der piktographischen Aktivität.

(d) *Die Umgestaltungen der Pubertät.* »Mit dem Eintritt der Pubertät setzen die Wandlungen ein, welche das infantile Sexualleben in seine endgültige normale Gestaltung überführen sollen. Der Sexualtrieb ... findet nun das Sexualobjekt« (Freud, 1905, S. 108). Mit diesen Worten beginnt die letzte der *Drei Abhandlungen zur Sexualtheorie* über die »Umgestaltungen der Pubertät«. Freud nennt damit sogleich die beiden

Hauptgesichtspunkte, die der Adoleszenz ihre Eigentümlichkeit verleihen: die psychische Entdeckung eines Körperobjekts, das sich mitten in einer Wandlung befindet (Ichlibido), und die Entdeckung eines Anderen als genitales Objekt (Objektlibido). Einerseits entsteht also ein genitales somatisches Potential, das den Sexualtrieben ein neues Ziel bietet; andererseits findet sich ein geeignetes Objekt, das die Verwirklichung dieses Potentials gestattet.

Kurz, der Jugendliche entdeckt zugleich seinen genitalen Körper und die Liebe. Diese beiden besonderen Merkmale der Adoleszenz sind für unser Thema in zweifacher Hinsicht von Bedeutung: zum einen hängen sie mit der Liebe *in statu nascendi*[18] zusammen; zum anderen berühren sie das Problem des Originären und der leib-seelischen Integration. Im folgenden werde ich nacheinander die psychischen Leistungen betrachten, welche die Psyche bei der Integration des *pubertären Körpers* sowie bei der Besetzung eines *anderen Körpers* im Rahmen des Liebesbegehrens zu erbringen hat.

(e) *Ein genitaler Körper, der psychisch integriert werden muß.* Ich werde an dieser Stelle nicht auf die körperlichen Umgestaltungen der Pubertät eingehen[19], die klassisch entweder als »Krise« oder als »Übergang« beziehungsweise »Wandel« beschrieben werden. Der Jugendliche sieht und spürt, wie in ihm allmählich »ein höchst komplizierter Apparat [fertig wird], der seiner Inanspruchnahme harrt« (ebd., S. 109). Dieser Geschlechtsapparat kann durch äußere, innere oder psychische Reizung in Gang gebracht werden, die eine sexuelle Erregtheit hervorruft. Tatsächlich löst die Hypophyse – gemäß einem angeborenen Programm, aber auch unter dem Einfluß der Umwelt – nach einer Phase hormonaler Latenz gegen Ende des zehnten Lebensjahres ein hormonales Erwachen aus, das sich in der Reifung der Keimdrüsen, dem Auftreten der sekundären Geschlechtsmerkmale, morphologischen Wandlungen sowie Veränderungen von Statur und Gewicht äußert.

Diese innere und äußere Empfindung körperlicher Veränderungen zwingt den Jugendlichen dazu, *seiner Psyche einen »anderen« Körper* als den der Latenzzeit *einzuschreiben*. Man kann sagen, daß die piktographische Vorstellungstätigkeit, mit der die ersten Erlebnisse nach der Geburt verarbeitet wurden, in der Pubertät mit einer Intensität wiederauflebt, die der damaligen gleichkommt. Jetzt aber, in der Adoleszenz, überschwemmen die Phantasmatik des Primärvorgangs und die Gedanken des Sekundärvorgangs das psychische Feld und verstellen den *originären Vorstellungshintergrund*. Was manchmal als Paradox der Adoleszenz oder auch als die Unmöglichkeit bezeichnet wird, das Phänomen der Adoleszenz ganz zu begreifen – »dieses ständige Immer-wieder-anders« (Ebtinger & Bolzinger, 1978) –, hängt meines Erachtens mit dem piktographischen

Typus psychischer Aufzeichnungen in jenem originären Raum zusammen, dessen Eigenheit es ist, sich dem Sagbaren und dem Denkbaren zu entziehen.

Nicht ohne Grund hat Freud in die vierte Auflage (1920) seiner Abhandlung über die Umgestaltungen der Pubertät einen Abschnitt zur Libidotheorie eingefügt, in dem es vornehmlich um die Schicksale der narzißtischen Ichlibido in ihrem Verhältnis zur Objektlibido geht. Um die Libidobesetzung des Ich zu betrachten, heißt es dort, müsse die Psychoanalyse »wie über eine Grenze [schauen], deren Überschreitung uns nicht gestattet ist«; immerhin lasse sich so viel darüber sagen, daß diese Besetzung »als der in der ersten Kindheit realisierte Urzustand« anzusehen sei, »welcher durch die späteren Aussendungen der Libido nur verdeckt wird, im Grunde aber hinter denselben erhalten geblieben ist« (Freud, 1905, S. 119). Kommt in diesen vorsichtigen und unscharfen Formulierungen Freuds nicht die Ahnung eines besonderen Bereichs psychischer Einschreibungen zum Ausdruck, der dem Originären entspräche und von immenser Wichtigkeit ist? »Es ist leicht zu erraten, daß den Schicksalen der Ichlibido dabei die größere Bedeutung zufallen wird, besonders wo es sich um die Erklärung der tieferen psychotischen Störungen handelt« (ebd.). Und wenn Freud sich auf »einen besonderen Chemismus« der Sexualvorgänge (ebd., S. 118) beruft, also eine rein biologische Erklärung annimmt – füllt er damit nicht die Leerstelle einer eigentlich psychischen Topik der Ichbesetzung, die er nicht zu konzipieren vermochte? Fehlt ihm hier nicht das Konzept einer ganz archaischen Schriftart bei der Aufzeichnung von Körperempfindungen?

(f) *Zwei »Fremd-Körper«, die in eine Psyche eingeschrieben werden sollen.* Ich möchte an dieser Stelle zeigen, daß die Entstehung des Paares auf dem Versuch beruht, das Körperempfinden eines »Fremd-Körpers« [*corps étranger*] in eine Psyche einzuschreiben. Die Erregung der Liebe besteht wesentlich in der Arbeit, die eine Psyche zu leisten hat, wenn sie das Seelische an das Körperliche, aber einen fremden Körper, »binden« will. Dabei werden wir uns auf die Adoleszenz beziehen, weil sie es gestattet, die eigentlich genitale Liebe *in statu nascendi* und das Paar im Naturzustand zu beobachten, ehe es von kulturellen Faktoren überformt wird. Die erste genitale Liebe oder überhaupt die ersten adoleszenten Liebeserfahrungen – seien sie Wirklichkeit geworden oder im Reich der Gedanken geblieben – sind das Vorbild aller späteren Liebe.

(g) *Die Problematik der Adoleszenz.* Jede genitale Liebe ist von Natur aus adoleszent: eine »Erinnerung« an die physiologischen und psychischen Umgestaltungen während und nach der Pubertät. Abgesehen von der Schwierigkeit, den eigenen, in Verwandlung befindlichen Körper zu integrieren – worin liegt die besondere neue Problematik der Adoleszenz?

In der Pubertät erreicht das Sexualleben seine »normale Gestaltung« im »Zusammentreffen der beiden auf Sexualobjekt und Sexualziel gerichteten Strömungen, der zärtlichen und der sinnlichen« (ebd., S. 108). Der Sexualtrieb, der sein angemessenes Objekt findet, »wird sozusagen altruistisch« (ebd., S. 109) und stellt sich in den Dienst der Fortpflanzungsfunktion; die Herstellung des Genitalprimats bewirkt, daß der Trieb seine Ziele nicht mehr verkennt. Der Jugendliche findet sich jedoch im Schnittpunkt *zweier gegensätzlicher Prozesse* (Gutton & Birraux, 1982): die Pubertät löst das Suchen und Finden des Objekts aus; doch »die Objektfindung ist eigentlich eine Wiederfindung« (Freud, 1905, S. 123).

Freud weist also der Pubertät die Aufgabe zu, den anderen als Objekt und Ziel, als Zielobjekt des Triebes zu finden; sogleich bezieht er diesen Vorgang aber auf ein archaisches Muster: die inzestuöse ödipale Liebe einerseits, die erste orale Beziehung zur Mutter andererseits. »Nicht ohne guten Grund ist das Saugen des Kindes an der Brust der Mutter vorbildlich für jede Liebesbeziehung geworden« (ebd.). Doch unter der Feder Freuds wird der Begriff »Vorbild« zu einer bloßen Metapher, die von ihm eine metapsychologische Beschreibung verlangen würde, zumindest aber eine Topik.

(h) *Die Entdeckung der Komplementarität der Geschlechter.* Als Vorspiel zu meiner Hypothese über die Beziehung zwischen Adoleszenz und Originärbereich übernehme ich die Konzeption der Pubertät von Gutton und Birraux (1982). Für diese beiden Autoren besteht das Umwälzende, Erregende und Befremdliche der Pubertät in der Entdeckung der *Komplementarität der Geschlechter*. Unter dem erogenen Primat der Genitalzone offenbart sich dem (oder der) Jugendlichen das andere Geschlecht als *geschlechtliche* (Junge/Mädchen) und als *organische Ergänzung* (Penis/Vagina) (ebd.). Diese Synthese, die sich in der Pubertät herstellt und mit der eine neue Symbolik wirksam zu werden beginnt, widerspricht dem Wahn der infantilen Konstruktionen und dementiert die infantilen »Sexualtheorien«. Die Logik des Kindes war phallisch: ein einziges Geschlecht, der vorhandene oder fehlende Penis, bezeichnet im Sinne von »Haben oder Nichthaben« die *Differenz* der Geschlechter und die Kastrationsdrohung.

In der pubertären Theorie stellt sich der Genitalprimat gegen den Phallusprimat. Unabweisbar drängt sich dem Jugendlichen die »ethologische Intuition der *Komplementarität* der Geschlechter als System von Aktvorstellungen« auf (ebd.), insofern die pubertäre Phantasie nicht bloß die *Vorstellung* anatomischer Organe, sondern die *eines Akts* enthält, der von diesen einander ergänzenden Organen ausgeführt wird: die Vorstellung einer Urszene, deren Beteiligte nun freilich einer anderen Generation angehören, deren Protagonisten die Subjekte nun selbst sind. So gründet also die Liebe des Jugendlichen – und jede spätere Liebe wird diese Erfahrung wiederholen - auf der Komplementarität, in der »zwei notwendig sind, um eines zu bilden ...; um Jugendlicher zu sein, muß man zwei sein« (ebd.).

Das phantasierte, schließlich Wirklichkeit gewordene Paar des Jugendlichen ist ein Versuch, *zwei Körper in eine einzige Psyche einzuschreiben*. Die Verschmelzung zweier psychischer Apparate zu einem einzigen kann man sich, wie im zweiten Teil gezeigt, ohne weiteres vorstellen; »in der Liebe ist die gegenseitige, tiefe Identifikation mit dem anderen eine Identifikation über Kreuz« (David, 1971, S. 242). Freud hatte das bemerkt, wenngleich er der Angelegenheit mißtraute und dazu wissenschaftlich auf Distanz ging: »Auf der Höhe der Verliebtheit droht die Grenze zwischen Ich und Objekt zu verschwimmen. Allen Zeugnissen der Sinne entgegen behauptet der Verliebte, daß Ich und Du Eines seien, und ist bereit, sich, als ob es so wäre, zu benehmen« (Freud, 1930, S. 423). Doch die Verliebten gehen noch weiter. Ziel der Liebe ist es, nach dem Wort der Heiligen Schrift, »ein Fleisch« zu werden, und diese Verschmelzung der Körper wird, nach verschiedenen Melodien und in verschiedenen Rhythmen, von den Dichtern aller Zeiten besungen. Der Versuch der Liebenden besteht - wie gesagt - darin, zwei Körper in eine einzige Psyche einzuschreiben.

(i) *Die Liebe als psychische Einschreibung des Körpers des anderen*. Um der Klarheit meiner Darlegung willen werde ich damit beginnen, die (hier absichtlich aus der Perspektive einer Monade betrachtete) psychische Arbeit zu beschreiben, die der Verliebte an einer anderen Monade leisten muß: nämlich das Körperempfinden des Geliebten, des geliebten Anderen, in den eigenen seelischen Apparat einzuschreiben.

Der Liebende möchte den Körper des anderen »verdauen«, dieses fremde Soma mit allen Sinnesorganen, »durch alle Poren« in sich aufnehmen und aufsaugen. Er verzehrt ihn, genießt ihn, trinkt ihn, riecht ihn, betastet ihn, hört ihn: alles Versuche, ihn buchstäblich zu »vereinnahmen«. In den gewiß flüchtigen Momenten orgiastischer Vereinigung hat er das Gefühl, den anderen zu »verinnerlichen«, dieser andere zu sein. Die Liebenden verwirklichen die reziproke Identifikation der Körper in dem Erleben, ein einziges bisexuelles Wesen zu sein, »durch die Brückenbildungen des Küssens, des Umarmens und des Eindringens des Penis« (Ferenczi, 1924; 1972, S. 332). Doch diese intensiven, episodischen Erlebnisse lassen in ihrer natürlichen Spontaneität kaum die fortwährende Bemühung der Liebenden erkennen, von der die Entdeckung und Erfahrung der Liebe begleitet wird, *den Körper des anderen in die eigene Psyche einzuschreiben*. Man findet hier eine exakte Wiederholung der Anstrengung des Neugeborenen, sein Körperempfinden in eine originäre Psyche einzuschreiben, die noch nicht als die seine individuiert ist; anders gesagt: einen Körper psychisch zu bewohnen, der ihm noch fremd ist.

Die Arbeit der Liebe scheint mir wesentlich in dieser seelischen Spannung zu liegen, dieser *»Leidenschaft«, in sich das Erleben eines fremden Körpers einzuschreiben.* Die entscheidende »Arbeit« der Liebe liegt in diesem Piktogramm von Lust, die auch Leid ist: in dieser Einschreibung in einen originären Raum, der dem primären *moi* und dem denkenden *je* entgeht. Eine Sisyphusarbeit, die stets wieder von neuem begonnen werden muß, damit die Liebe dauert, weil der Körper des anderen immer ein unveräußerliches Gut bleibt, ein fremdes individuelles Gebiet, das eine Zeitlang besetzt, aber nie annektiert werden kann. Und dennoch erhält sich das Paar nur in dieser wechselseitigen Spannung, die zum Scheitern verdammt ist; es sei denn, es beschränkte sich auf eine reine Zweckgemeinschaft zur wechselseitigen Verschaffung von Lust und Wohlbefinden. Aber kann man das noch als Paar bezeichnen?

(j) *Die Liebe als Illusion zweier Körper, in denen nur eine Seele wohnt.* Um besser erläutern zu können, wie sich der Urvorgang in das Phänomen der Liebe einschreibt, habe ich das Erleben der beiden Liebenden einzeln betrachtet. Die psychische Wirklichkeit des Liebespaares sieht jedoch komplexer aus: sie ist nicht nur Gegenseitigkeit, Wechselbeziehung, Neben- und Miteinander zweier individueller psychischer Anstrengungen, den Körper des Geliebten einzuschreiben. Es handelt sich vielmehr um eine duale, dyadische, in ihren Abläufen einheitliche Psyche, um *einen gemeinsamen seelischen Apparat*, der diese Einschreibung zweier verschiedener Somata versucht.

Die klinische Erfahrung des Paares und der Familie führt uns schlagend die Existenz einer Gruppenpsyche vor Augen - Psychen lassen sich beliebig erweitern[20] -, die sich nach Herkunft und Wesen zu Verschmelzungen eignet; das Soma gibt ihr nur den Anschein, ja nur den Vorwand einer Grenze, die Illusion von Begrenzungen. Umgekehrt bleibt der Körper in einem Haut-Ich (vgl. Anzieu, 1985, dt. 1991) stets begrenzt und wird ausschließlich in Distanz zu anderen Körpern erlebt, außer in dem *illusorischen* Erleben eines Gruppenkörpers, das im postnatalen Körperempfinden, im therapeutischen Gruppenprozeß, in der Verliebtheit und anderen normalen oder pathologischen Zuständen gelockerter Verbindung zwischen Psyche und Soma auftritt. Diese Zustände sind die Wiederherstellung einer psychischen Gruppenmatrix, wie wir im folgenden anhand der Verliebtheit noch genauer sehen werden.

Die Liebe als Suche nach der Gruppe

Während ich das Paar bisher aus der Sicht des Individuums beziehungsweise in seiner dualen Funktionsweise beschrieben habe, weist es in einer tieferen Dimension die Merkmale einer Gruppe auf, die ich noch zu entwickeln habe oder auf die ich zumindest hinweisen möchte.

Ist die Bildung von Paaren, von denen ja immerhin viele auf Dauer halten, ein Zwangsinstrument der Tauschgesellschaft, eine Ausbeutung durch die Reichsten, Schönsten, Klügsten, also – neben der Prostitution[21] – »eine der beiden Formen der Aneignung der Frau durch den Mann«, ein Mittel, Lust und Vergnügen zu kaufen beziehungsweise im strengen Sinne zu tauschen?

Bei Freud gibt es durchaus Textstellen, in denen er das klassische »kulturelle« Paar für die Entstehung von Neurosen verantwortlich macht.[22] Es bleibt jedoch, daß es die Dyade der Liebenden zu allen Zeiten gegeben hat und daß sie eine der großen Forderungen des Individuums und der Gattung erfüllt, indem sie dem geliebten Partner und der Nachkommenschaft Sicherheit bietet. Trotzdem ist es eine Binsenwahrheit, daß sich die Liebesbindung lockert, daß das Gefühl abstumpft, daß die Liebe mit der Zeit verschleißt. Die Dyade der Liebenden zerbröckelt, verkümmert im Alltag, wenn sie sich nicht im Originären, dem sie entstammt, regeneriert.

Ich brauche hier an die heute klassisch gewordenen Erklärungen[23] für eheliche Unstimmigkeiten, Konflikte und das Zerbrechen von Paaren nur zu erinnern. Die Idealisierung, zu der die »zielgehemmte[n] Sexualstrebungen« (Freud) führen, bewirkt unweigerlich eine spätere Desidealisierung des Liebespartners. Sie geht oft mit einer Idealisierung eines dem ursprünglichen Paar äußerlichen Dritten einher. Dann ist die Krise des Paares da, die bei den Gatten die gleichen Abwehrmechanismen in Gang setzt, wie sie zu Beginn der Liebe im Vordergrund standen: Verleugnung und Spaltung. Der zum »bösen« inneren Objekt gewordene Partner wird in seinen »guten« Eigenschaften, um derentwillen in der Zeit der Liebe die Wahl auf ihn gefallen war, verleugnet.

Die Aufgabe des Ichs besteht beim »Entlieben« [*désamour*] ebenso wie in der Liebe darin, die beiden Empfindungen gegenüber dem Objekt getrennt zu halten: Wenn das Objekt nicht mehr gut ist, dann ist es böse, also gefährlich. In ausweglosen Ehekonflikten wird man Zeuge davon, wie die Dyade zerreißt, wie sich die beiden Psychen voneinander losreißen und, in Umkehrung ihrer gegenseitigen Einverleibung, einander »ausspeien«, exkorporieren, von ihrer Verankerung im Körper des anderen lösen. Eros wird dann durch Thanatos ersetzt. So sieht schematisch die klassische Dynamik des »Entliebens« aus individueller oder dualer Perspektive aus.

Aber weist das, was als Krise der dualen Einheit erscheint, nicht auch Züge der Gruppenkrise auf? Diese Frage soll uns am Ende dieses Kapitels beschäftigen. In diesem Schlußteil möchte ich den Gruppencharakter herausarbeiten, den das menschliche Paar letzten Endes besitzt, und die unbewußten Gruppenphantasien, die das Innerste der Liebe ausmachen, aber auch den Keim ihres Zerfalls bilden.

Freud hat beobachtet, daß das Paar und die Gruppe zwei gegensätzliche Realitäten sind, daß das Paar ein Ferment der Heterogenität und der Zwietracht in der Gruppe ist, während die Gruppe ihren Zusammenhalt Phantasien verdankt, die um homosexuelle Themen kreisen. Meine Behauptung lautet, *daß das Paar seinem Wesen nach Gruppe ist*. Das Band der Liebe wird im Grunde *auf der Suche nach der Gruppe oder auf der Flucht vor ihr* geknüpft: die »Zwei« ist dabei nur ein Trugbild. Diese Hypothese drängt sich angesichts der klinischen Tatsachen geradezu auf, wenn man in der analytischen Gruppentherapie »notleidenden« Paaren und Familien zuhört.

Der »Vorstellungshintergrund«, der originäre Raum, der unsere primitivsten Körperempfindungen aufnimmt, aufzeichnet, einschreibt, um sie in »Psychisches« zu transponieren, *ist noch kein individueller Raum*. Er ist ein undifferenziertes Welt-Selbst, das sich herausbildet, indem es sich in sich selbst spiegelt, das sich in dieser und durch diese Spiegelung selbst erzeugt. Alle Analytiker, die das Archaische, die perinatale Psyche beschrieben haben, betonen die Verschmelzung von Mutter und Säugling, die »primäre Mütterlichkeit« (Winnicott), die »Urform der Liebe« (Balint), die »primäre Bewunderung« (Pasche) zwischen Mutter und Kind.

Die Beobachtungen der Neugeborenenmediziner in den letzten zehn oder zwölf Jahren stellen die Fähigkeit des Säuglings heraus, sich mit seiner Umgebung in Einklang zu bringen, nicht nur auf die Hilfen der Mutter und ihr Begehren zu reagieren; auch der Vater und die Geschwister sind im frühkindlichen Universum physisch und psychisch bereits anwesend. Hört man den freien Assoziationen einer Familiengruppe in der Therapie zu, so entdeckt man, daß sich auch die Bilder des Vaters und der Geschwister bereits abzeichnen und daß die Psyche des Säuglings in den seelischen Apparat einer Familienpsyche eingebunden ist. Das Originäre ist seinem Wesen nach familial. Die Analyse der versammelten Familiengruppe lehrt uns, daß die piktographischen Niederschriften des Originären – die nach Aulagnier (1975, S. 74) »gegenüber dem Raum des Primären und Sekundären geschlossen« sind, das heißt sich dem Bereich dessen, was phantasiert oder gar gesagt werden kann, entziehen – insoweit keine tote oder ausgelöschte Schrift sind.

Freud bekräftigt im *Unbehagen in der Kultur*, »daß im Seelenleben nichts, was einmal gebildet wurde, untergehen kann, daß alles *irgendwie* erhalten bleibt und unter geeigneten Umständen, zum Beispiel durch eine so weit reichende Regression wieder zum Vorschein gebracht werden kann« (1930, S. 426; Hervorhebung von A. R.). Und so kommen auch jene psychischen Hieroglyphen eines in den originären Raum eingeschriebenen Selbst, das von der Welt wie vom Nichts noch ungeschieden ist, im therapeutischen Raum der analytischen Behandlung der Familiengruppe wieder zum Vorschein: diesseits der Rede der Ichs der einzelnen Familienmitglieder, diesseits der träumerischen Phantasien, die von der freien Assoziation der Familiengruppe geweckt werden, erscheinen diese »Undenkbarkeiten« im Erleben von Gruppenillusionen (kollektiver Euphorie) einerseits und in den Leidensgefühlen der gesamten Familiengruppe andererseits.

Mehrere theoretische und klinische Argumente stützen nun die Hypothese, daß die Liebe als *Suche nach oder Flucht vor der Gruppe* (und das »Entlieben« als Trauer über die Gruppe) beschrieben werden kann.

1. Erstes Argument: Das Originäre ist ein sozialer Raum

Ich habe gezeigt, wie sich die Liebe – mit ihren psychischen und somatischen Bezügen und ihrer Aufgabe, der Psyche einen anderen Körper einzugliedern – als Piktogramm in den ursprünglichen, originären Raum einschreibt. Dieser *originäre Raum* ist ein nicht individuierter, ein *Gruppenraum*. Die piktographische Einschreibung ist eine Markierung in einer Gruppenpsyche, die – in der natürlichen Regression der Verliebtheit, der pathologischen Regression der Psychose oder der therapeutischen Regression der analytischen Kur – entweder euphorische, lustvolle Empfindungen weckt, die einem *positiven Piktogramm* entsprechen, oder negative Empfindungen des Erschreckens, der inneren Leere und einer namenlosen Angst, die dem *Piktogramm der Verwerfung* entsprechen. Im zweiten Fall bleibt keinerlei Repräsentation in der Psyche, die vielmehr von einem rein physiologischen, ungebundenen psychischen Affekt überwältigt wird.

So wie die Liebe gegenseitig erlebt wird, bewirkt das positive Piktogramm einen Verlust der Ichgrenzen, ein Gefühl der Verschmelzung mit dem anderen. Die Vorstellungen des Primärbereichs, die dann im therapeutischen Rahmen wiederkehren, haben ihrem Inhalt nach Gruppencharakter. Die Liebenden werden von jenem »ozeanischen Gefühl« ergriffen, dem Gefühl des »Eins-sein[s] mit dem All«, das Freud 1930 folgendermaßen zu analysieren versuchte: »Ursprünglich enthält das Ich alles ... Unser heutiges Ichgefühl [des Erwachsenen] ist also nur ein eingeschrumpfter Rest eines weitumfassenderen, ja - eines allumfassenden Gefühls, welches einer *innigeren Verbundenheit des Ichs mit der Umwelt entsprach*« (ebd., S. 425; Hervorhebung von A. R.). Postuliert der Spezialist für die individuellen Seele damit nicht eine Konzeption, die das Individuum selbst von der Gruppe her versteht?

2. Zweites Argument: Die Liebe ist auch Liebe zur Gattung

Dieses Argument betrifft das Verhältnis der Liebe zur Gattung, zu der Gruppe der menschlichen Spezies. Der blühende Reichtum des Liebesgefühls, das überfließende, überschwengliche Empfinden, das damit einhergeht, nährt sich sozusagen von dem Versprechen, der Wirklichkeit oder sogar der Erinnerung einer Einheit der Körper, wie sie enger und intimer nicht sein könnte. Das bewußte Ziel dieser Vereinigung ist die physische und psychische Lust; ihr objektiver biologischer Zweck (und manchmal ihr Ergebnis) ist die Reproduktion der Gattung. Die Blumen der Liebe wachsen auf dem harten Fels der biologischen Arterhaltung.

Dem Analytiker, der in der Einzelbehandlung, in der Paartherapie oder der Behandlung der Familiengruppe sein Ohr den Phantasien des verliebten sexuellen Begehrens leiht, enthüllt sich - manchmal in Form der Abwehr einer verbotenen sexuellen Lust, meist jedoch als Urbestandteil - eine *Gebärphantasie* auf unbewußter oder vorbewußter Ebene. Die Sprache der Verliebten ist voller Metaphern, die einen Kindwunsch beschwören: eine Art Traumgedicht, in dem die Lust der Körper, die psychische Lust und der Wunsch, die Art zu erhalten, sich nach der Logik des Primärvorgangs verdichten, verschieben und symbolisieren.

Jenseits der ödipalen Konnotationen, die gewiß ihre Rolle spielen, jenseits des unbewußten Wunsches nach Identifikation mit der Mutter und ihren Schöpferkräften (um die sich die gesamte kleinianische Phantasmatik gruppiert), enthüllt das Liebesbegehren unbewußt einen Kindeswunsch.

David (1971) spricht von der strukturierenden, regenerierenden Funktion der Liebe und benutzt in diesem Zusammenhang die Metapher einer Neugeburt, einer neuen Seele, die aus der Verschmelzung der Liebenden hervorgeht, die aber »letztlich nichts darstellt, das uns erstaunen sollte, jedenfalls nicht mehr als die gewiß wunderbare Erschaffung eines neuen Lebewesens, eines Kindes« (ebd., S. 63). Doch im Unbewußten der Liebenden ist der Zeugungswunsch nicht nur eine Metapher, sondern zweifellos ein grundlegendes Element. Es scheint mir nützlich, hier an die wesentlichen Züge der Schopenhauerschen Theorie der Liebe[24] zu erinnern, nicht um darin einen Beweis zu suchen, sondern als - gewiß überspannte - Illustration meiner Hypothese, daß die Liebe unbewußt an die Gruppe gebunden ist.

Schopenhauer bemerkt, daß die Liebe bei den Philosophen bisher so gut wie keine Beachtung gefunden hat, mit Ausnahme von vier Autoren, die er sogleich ablehnt: Platon, weil das, was er »besonders im *Gastmahl* und im *Phaedrus* ... darüber vorbringt«, »größtenteils nur die griechische Knabenliebe« betrifft; Rousseau, weil das wenige, was er über das Thema sagt, »falsch und ungenügend« ist; Kant, weil seine »Erörterung des Gegenstandes im dritten Abschnitt der Abhandlung ›Über das Gefühl des Schönen und Erhabenen‹ ... sehr oberflächlich und ohne Sachkenntnis, daher zum Teil auch unrichtig« ist; hingegen verdient Spinozas Definition der Liebe »wegen ihrer überschwenglichen Naivetät zur Aufheiterung angeführt zu werden« (Schopenhauer, 1858; 1986, S. 680 f).[25]

Sodann legt er seine Theorie der Liebe dar, wie sie sich ihm im Rahmen seiner Weltansicht aufgedrängt habe. Der Geschlechtstrieb ist, neben der Liebe zum Leben, die stärkste Triebfeder, die den Menschen zum Handeln antreibt; er ist das letzte Ziel fast jedes menschlichen Bestrebens. Was die Gefühlskomponente angeht, wurzelt »alle Verliebtheit, wie ätherisch sie sich auch gebärden mag, ... allein im Geschlechtstriebe« (ebd., S. 681). Was die Liebeswahl beherrscht, ist die Gattung. »Der Endzweck aller Liebeshändel ... ist nichts Geringeres als *die Zusammensetzung der nächsten Generation*« (ebd., S. 682).

Die Grade der Verliebtheit von der flüchtigsten Neigung bis zur heftigsten Leidenschaft ergeben sich aus dem Grad der Individualisierung der Wahl. Doch bei allen Liebeshändeln geht es nicht um Glück oder Unglück der einzelnen - das ist nur ein Trug; vielmehr betreffen sie Wohl und Wehe der Gattung. Ohne daß sie es wüßten, gilt das brennende Sinnen und Trachten der Verliebten der »spezielle[n] Beschaffenheit des Menschengeschlechts in künftigen Zeiten« (ebd., S. 683). Was dem einzelnen Bewußtsein als Instinkt erscheint, der sich auf ein Individuum richtet - die Bewunderung eines anderen Individuums -, zielt nur auf die Erzeugung eines Individuums von bestimmter Beschaffenheit mit dem bewunderten Partner. Diese objektive Bewunderung ist nur eine Maske, um das Bewußtsein zu täuschen, eine List der Natur, um zu ihrem Ziel zu gelangen: ein bestimmtes Individuum zu reproduzieren.

»Daß dieses bestimmte Kind erzeugt werde, ist der wahre, wenngleich den Teilnehmern unbewußte Zweck des ganzen Liebesromans: die Art und Weise, wie er erreicht wird, ist Nebensache« (ebd., S. 684). »Die wachsende Zuneigung zweier Liebenden ist eigentlich schon der Lebenswille des neuen Individuums, welches sie zeugen können und möchten« (ebd., S. 685).

Der Liebesleidenschaft geht es in Wirklichkeit um das zu zeugende Wesen und seine Eigenschaften. Insgesamt ist also für Schopenhauer »die Liebe« in all ihren Formen und Graden, von der frivolsten Anziehung bis zur zärtlichsten Neigung, nur *Ausdruck unseres Lebenswillens*, unseres *Willens, uns in der Gattung verewigen*.

»Offenbar ist die hiebei uns unbewußt leitende Absicht die Möglichkeit der Zeugung überhaupt« (ebd., S. 694). »Daher kann in solchem Fall die Natur ihren Zweck nur dann erreichen, wenn sie dem Individuo einen gewissen *Wahn* einpflanzt, vermöge dessen ihm als ein Gut für sich selbst erscheint, was in Wahrheit bloß eines für die Gattung ist« (ebd., S. 688).

Was aber will die Natur nun genau? Worin besteht dieses Lebenwollen der Gattung? Die Absicht der Natur liegt in der maximalen Vermehrung der Gattung. Doch besitzen wir »einen sehr bestimmten, deutlichen, ja komplizierten Instinkt, nämlich den der so feinen, ernstlichen und eigensinnigen Auswahl des anderen Individuums zur Geschlechtsbefriedigung« (ebd., S. 689). Die Gattung ist darum besorgt, erstens den »Typus der Gattung möglichst rein und richtig [zu] erhalten«, nämlich die physische Schönheit; zweitens das zu zeugende Individuum mit harmonischen psychischen Eigenschaften auszustatten; drittens die Unzulänglichkeiten und Anomalien der beiden Verliebten gegenseitig zu korrigieren oder zu neutralisieren, wobei jeder unbewußt beim anderen diejenigen Vollkommenheiten verlangt, die ihm selbst abgehen.

Wie verwirklicht die Natur nun dieses »genetische Programm« (um die Sprache der heutigen Wissenschaft zu verwenden) des neuen Individuums? Es wird, antwortet Schopenhauer, »vom Vater den Willen oder Charakter, von der Mutter den Intellekt« und von beiden die »Korporisation« erhalten. Sodann wagt sich der Philosoph an eine detaillierte Beschreibung der physischen beziehungsweise psychischen Eigenschaften, die das Kind vom Vater und von der Mutter bekommt: eine von Phallokratie und Rassismus geprägte Beschreibung, welche die wissenschaftlichen Entdeckungen der Genetiker in keinem Punkt vorwegnimmt.

Unterhalb seiner Verschrobenheiten erinnert Schopenhauers »Metaphysik der Geschlechtsliebe« an eine erste Wahrheit: daß nämlich das biologische Paar der Gattung geweiht ist. Wir sollten uns also nicht wundern, daß das Phantasma der Liebe ein Phantasma der Gruppe, der Familie enthält.

3. Drittes Argument: Die Ehe ist ein Symbol der Gruppe

Dieses Argument gehört in den Bereich des manifesten Bewußten, des Sozialen und des Soziologischen.

Wie es scheint, tragen in unserer Zeit und unserer westlichen Kultur moralische, ökonomische und juristische Faktoren der Gesellschaft dazu bei, daß die Zahl der Eheschließungen im Verhältnis zu den »wilden«, wenngleich relativ festen Paarbeziehungen abnimmt. Trotzdem war die Ehe zu allen Zeiten eine häufig in Anspruch genommene Institution und ist es auch heute noch. Die Gründe dafür liegen nicht nur in der Sicherheit, die sie den Gatten und den aus einer solchen Verbindung hervorgegangenen Kindern gewährt, und auch nicht nur in ökonomischen Beweggründen und Vorteilen.

Die standesamtliche und/oder kirchliche Heirat entspricht einem Bedürfnis nach »Sanktionierung« einer neuen sozialen Zelle, nach *Kundgabe* und kollektiver Anerkennung eines sexuellen Verkehrs, der bis dahin verborgen bleiben oder zumindest diskret behandelt werden mußte. Der Heiratsritus erfüllt bei denen, die sich seiner - manchmal zum wiederholten Male - bedienen, eine Hoffnung auf Integration in die soziale Gruppe, ein Bedürfnis nach kollektiver Anerkennung der Verbindung von Familiengruppen, der Verschmelzung zweier Familiennamen, der Vermischung des Blutes zweier Verwandtschaften; ein Bedürfnis, das für den Fortbestand der Gruppe und darüber hinaus der Gattung sorgt.

»Liebende sind mit sich allein auf der Welt«, »Liebende leben im Verborgenen« - geben solche Aphorismen nicht letztlich doch mehr wieder als die Scham, die dem Austausch von Intimität eigentümlich ist? Zeigen sie nicht, daß das verliebte Paar so sehr mit der umgebenden sozialen Gruppe eins ist, daß es sie nicht mehr wahrnimmt, daß es sich von der Umwelt nicht mehr unterschieden fühlt und daß die soziale Gruppe ihrerseits es nicht mehr wahrnimmt, weil sie sich im Gleichklang mit dem affektiven Empfinden dieses Paares befindet?

4. Viertes Argument: Das »Entlieben« ist eine Enttäuschung über die Gruppe

Dieses Argument ist der klinisch am besten gesicherte und in meinen Augen überzeugendste Beweis für die Sehnsucht jedes Paares nach der Gruppe.

Was der Psychoanalytiker in den freien Assoziationen während der Ehetherapie, was der Eheberater in »Ehegesprächen« zu hören bekommt, das sind natürlich nicht die Äußerungen glücklicher Paare, sondern solcher, die in Schwierigkeiten sind, die Not leiden, die *sich entlieben* [*qui sont en désamour*]. Ich gestatte mir diesen Neologismus, da er die tiefe psychische Realität auseinanderbrechender Paare wiedergibt: sie durchleben (noch einmal) psychische Phänomene von der gleichen Art wie jene, die sie in der Verliebtheit empfunden haben, nur jetzt mit negativem Vorzeichen; ihr psychischer Apparat bietet die gleichen Abwehrmechanismen auf wie jene, die im Zustand der Verliebtheit abliefen (Verleugnung, Spaltung, Idealisierung), nur jetzt mit dem Ziel der Entkopplung der Körper und der Psychen voneinander.

4.1 Eine klassische Erklärung des »Entliebens«

Wenn die Verliebtheit das »Normalvorbild der Psychose« ist, kommen beim umgekehrten Phänomen des »Entliebens« der Dyade mentale Funktionen zum Zuge, die scheinbar über alles verfügen, was zu einer Psychose erforderlich ist. Ob die Paare uns konsultieren, um die Harmonie ihrer Beziehung wiederherzustellen, oder ob sie in der Absicht kommen, ihre Verbindung ohne allzuviel Leid aufzulösen, oder ob der Bruch der Beziehung nur von einem der Gatten gewünscht wird – jenseits der manifesten Vorwürfe vernehmen wir gewöhnlich die latente Klage: »Wir leiden in unserem Paar-Ich, jenem Teil unserer selbst, der der andere ist. Helfen Sie uns, entweder die Verschmelzung unserer beiden psychischen Apparate wiederherzustellen oder aber diese beiden siamesischen Teile, die in Wirklichkeit nur eines sind, ohne allzuviel Schmerz zu trennen. Wir möchten die Hülle, die uns zusammen umgab, entweder wieder aufbauen oder ohne Schäden ablegen.«

Der Psychoanalytiker macht es dem Paar in der Ehetherapie möglich, diese psychische Hülle, welche die beiden Ichs umgibt, von innen wie von außen zu erforschen. Erst aus dieser Perspektive des Paares als Zweiergruppe, als »Paar-Einheit«, »duale Einheit« oder »Gespann« (Abraham, 1972), läßt sich das Elend des Paares in seiner bedrohlichen Tiefe recht ermessen.

Das »Entlieben« ist nicht einfach Abwesenheit von Liebe, keine Gleichgültigkeit, keine Rückkehr zur Neutralität. Es ist Liebe im Zustand der Verlorenheit und der Wehmut, »notleidende Liebe«[26], wie man sagen könnte. Ebendeshalb finden wir beim »Entlieben« die gleichen Merkmale wie beim Verlieben: doch die Lust an der Ungeschiedenheit der beiden Ichs ist zum Leiden an dieser Ungeschiedenheit, zur Wehmut darüber geworden. Was einmal Quelle gegenseitiger Lust war – ein Gespann zu sein, »unter demselben Joch« –, ist »Unterjochung« geworden, Halseisen, unerträgliche Unterwerfung, Anschlag auf die Individualität.

Ich habe bereits früher gezeigt[27], daß das Paar in akuten Schwierigkeiten *wie eine individuelle psychotische Entität* lebt und dabei regressiv die Mechanismen der Realitätsverleugnung und der Spaltung zwischen gutem und bösem Objekt, gutem und bösem Ich benutzt. Diese Regression führt tendenziell zu einer paranoiden Wahrnehmung des verinnerlichten Partners, der als Teil desjenigen Ichs empfunden wird, das von innen her die individuelle Integrität bedroht. Der Gatte ist zum fremden inneren Körper, zum inneren Verfolger geworden.

Die analytische Ehetherapie enthüllt die gleichen Entwicklungsphasen, wie sie sich in psychotischen Familien finden, insbesondere die Unterscheidung zwischen dem psychischen Apparat des Individuums und dem des Paares. Die Bewußtwerdung dieser beiden seelischen Funktionsebenen erlaubt es den Gatten, entweder die Hülle, die ihre beiden Ichs enthält, zu erneuern oder aber diesen gemeinsamen psychischen Apparat zu »verschmerzen«.

Die Paarkrisen, die wir zu beobachten und zu behandeln hatten, erscheinen somit nach unserer klinischen Erfahrung als tiefe Störungen des ehelichen Ichs und nicht nur als physische und psychologische Anpassungsschwierigkeiten eines Individuums an ein anderes. Die Konzeptualisierung von Eheproblemen in Begriffen wie »Unvereinbarkeit der Charaktere« oder »Fehlanpassung« erscheint uns als Resultat schwerer theoretischer Mißverständnisse und als Quelle unterschwelliger psychologischer Manipulation. Die Begriffe der »Symmetrie« und »Komplementarität«, von denen die Schule von Palo Alto so viel hält und deren falsche Dosierung – Satir (1964, dt. 1973) zufolge – am Anfang aller Schwierigkeiten des Paares steht, sind meiner Auffassung nach die Frucht einer pragmatistischen, quasi-behavioristischen Sicht des Paares, das als technische, materielle Montage zweier isolierter Apparate aufgefaßt wird. Ein solches äußerliches Verständnis der Probleme des Paares scheint uns eine unbewußte Manipulation der beiden Partner von seiten der Therapeuten wesentlich zu begünstigen.

Gewiß entsteht ein Paar aus der Verbindung zweier unterschiedlicher Individuen. Was aber das Wesen des Paares und selbst noch seiner Schwierigkeiten ausmacht, ist letztlich die Herausbildung eines gemeinsamen seelischen Apparats jenseits der beiden individuellen Ichs. Das Paar ist nicht das Resultat einer Addition zweier Ichs, sondern das Faktum jener »normalen Psychose«, als welche die Verliebtheit anzusehen ist: Verschmelzung zweier Psychen. Die Krise des Paares ist ein Leiden dieses gemeinsamen psychischen Apparats.

4.2 Eine Interpretation der Krise zu zweit aus der Perspektive der Gruppe

Meine klinische Erfahrung der letzten Jahre, insbesondere die Praxis der Therapie mit der gesamten Familiengruppe – bei der Paar und Kind(er) zusammen an den Sitzungen teilnehmen –, erlaubt es mir heute, im Verständnis der unbewußten Dynamik des »Entliebens« und des Prozesses, den das Paar oder die Familie in einer Therapie durchlaufen, einen Schritt weiter zu gehen.

Einen Schritt weiter? Ich möchte von der Sehnsucht des Paares nach der Gruppe sprechen, zu Beginn und im Verlauf seiner Liebe, und von der Enttäuschung über die Gruppe, wenn die »Zweiheit« brüchig wird oder zerbricht.

Die Paare, die gemeinsam um psychoanalytische »Hilfe« nachsuchen, artikulieren damit ihre Klage, ihren Schmerz über ihre Trennung vom *socius*. Es will ihnen scheinen, als wären ihre *sozialen* Vertäuungen gerissen, als ob sie eine neue, freilich *negative Adoleszenz* durchliefen, soll heißen: eine Operation am gesunden Fleisch, am »offenen Herzen«. Die Ehegatten beschreiben ihre Situation so, als seien sie dabei, ihre Zugehörigkeit zur Gruppe zu verlieren: zu ihrer Herkunftsfamilie, ihrer Schwiegerfamilie, aber auch zur vertrauten Gruppe ihres Hauses oder Dorfes. Im selben Maße, wie der dyadische Austausch [*communication*] unmöglich geworden ist, fühlen sie sich ihrer sozialen Einbettung [*communion*] beraubt. Ich will hier nur zwei Arten von Vorgängen aus dem Bereich der Traumtätigkeit anführen, die im Verlauf des therapeutischen Prozesses auftreten und das Empfinden des Paares belegen, alle Verankerungen verloren zu haben; zwei Arten von Vorgängen, zu deren Erklärung man sich letztlich auf die Gruppe beziehen muß.

Entweder ist die Traumproduktion beider Gatten blockiert; der primäre Raum hat sich entleert, ist verstummt, erzeugt nicht mehr die gewohnten Szenarien; das Vorbewußte ist gleichsam kurzgeschlossen, es »antwortet nicht mehr«. Der Dialog der Ichs ist rein funktional, *operativ* geworden und erstarrt in einem rohen und perspektivlosen Realismus. »Man müßte etwas *tun*, aber alles, was man tut, ist umsonst. Und Denken ist unmöglich geworden.« Nur ein reines Schmerzgefühl läßt sich noch denken. Die Psychen habe ihre Verankerung im Körper verloren; die Körper haben ihre Verbindung zur Psyche verloren, ihre Fähigkeit zur Repräsentation im seelischen Bereich.

Oder man stellt eine überbordende Traumtätigkeit fest, eine ermüdende psychische Produktion, die das Bild zweier einsamer, getrennter Seelen gibt, die als rein Psychisches zu funktionieren versuchen und verzweifelt danach streben, sich wieder zu verbinden, ihre fliehenden, sich verflüchtigenden Affekte wieder zu binden, wie früher im Körper des anderen und im eigenen Körper verankert zu sein. Welchen Ausgang die Krise dieser

Paare auch nehmen mag – Trennung oder Wiederherstellung des Bandes der Liebe –, ihre gegenwärtigen psychischen Abläufe sind mit denen psychotischer Familien vergleichbar, wie ich sie früher beschrieben habe (Ruffiot, 1981c).

Zu Beginn des therapeutischen Behandlungsprozesses der Familiengruppe begegnen wir somit regelmäßig einem rein operativen Diskurs, der eine »leere«, bilderlose Beziehung [*relation blanche*] zwischen den einzelnen Familienmitgliedern erzeugt, und zum anderen einer unbewußten Suche nach Verschmelzung in der Gruppe. Die Not der Familiengruppe ist so groß, daß sie alles Phantasieleben blockiert. Um dieses primäre Vakuum zu füllen, sieht man zunächst bei einem der Familienmitglieder Phantasien und Träume auftauchen, deren Thema die Gruppenillusion ist. »Wir sind eine verschweißte, homogene Gruppe, ohne Unterschied der Geschlechter und Generationen.« Nach meinem Verständnis handelt es sich dabei um einen Versuch, den Symptomträger der psychotischen Symptome, den Devianten, Einsamen wieder ins Ganze der Gruppe »einzugemeinden« und ihn im Gruppenleben der Familie wiederauferstehen zu lassen.

Das Paar, dessen Liebe zerbricht, verhält sich nach meiner klinischen Erfahrung ganz so, als ob – nach dem Verstummen der Körper und dem Verlust ihrer gegenseitigen Erfahrung – die Gatten versuchten, ihre in Not geratene Dyade als rein psychische am Leben zu halten; als ob sie versuchten, eine undifferenzierte Gruppenpsyche zu bilden, körperlos und geschlechtslos. »Die Geschlechter tun nichts zur Sache, wenn wir nur ein Paar (eine Gruppe) sind, in dem (in der) wir psychisch verschmelzen können.« Das Paar regrediert damit auf das früheste postnatale Erleben, in dem die infantile Psyche im psychischen Apparat der Familie aufgeht.

Erst im Verlauf des paartherapeutischen Prozesses beginnen wieder differenzierte Imagines zu zirkulieren, die väterlichen und mütterlichen, männlichen und weiblichen und schließlich die Urphantasien (Kastration, Verführung, Urszene). Von da an werden die Gatten selbst über das Schicksal ihres Paares entscheiden können. Und ich möchte ergänzen: Wenn sie in der Ehebehandlung ihre vergangene Liebe und zumal ihre Liebesbegegnungen und Liebesentdeckungen restituieren, so zeigt dies, daß bei der Partnerwahl nicht so sehr die Eigenschaften des geliebten Objekts maßgeblich waren, sondern daß im Vordergrund eine Überschätzung des *Gruppenobjekts* stand: die Bildung eines solchen Paares stellte eine Flucht vor der Gruppe der Herkunftsfamilie dar mit dem Ziel der Verschmelzung mit einer anderen Familiengruppe, der Schwiegerfamilie – und darüber hinaus mit dem Ziel der psychischen Einbettung in die umgebende soziale Gruppe. Die Liebe war im wesentlichen Flucht vor der Gruppe, so wie vielleicht jede Liebe im Grunde Suche nach der Gruppe ist.

Schluß

Ich habe in dieser Arbeit zu zeigen versucht, daß das Paar als Studien- und Behandlungsobjekt eine ihm angemessene Methodologie und Therapeutik verlangt.

Die Behandlung der Monade – des Individuums in der dualen Beziehung Analysand/Therapeut – bewirkt, wie die gesamte Klinik belegt, eine Veränderung der individuellen Struktur durch die Stärkung des individuellen Ichs. Wenn der therapeutische Anspruch jedoch speziell von einem Paar ausgeht, dürfen wir annehmen, daß wir es nicht mit zwei Monaden zu tun haben, sondern mit dem notleidenden psychischen Apparat einer Dyade, mit einer gestörten dualen Einheit. Darüber hinaus hat mich die Reflexion über eine immer längere klinische Erfahrung zur Aufstellung der Hypothese bewogen, daß das Paar [*couple*] als Gruppe [*groupe*], als Paargruppe [*grouple*][28] anzusehen ist, und hat es mir wünschenswert erscheinen lassen, daß weitere klinische Untersuchungen diese Fragestellung untermauern: Existiert die Zweiheit wirklich als solche? Oder ist sie nur ein Artefakt, das die tiefe psychische Realität des Paares, seinen ursprünglichen und wesentlichen Gruppencharakter verdeckt? Von eben dieser Hypothese ließ sich meine Behandlungstechnik leiten – und zugleich eine ganze aktuelle Strömung der Paartherapie.

Um das Liebespaar, sein Entdecken und Erleben (in) der Liebe auf längere Sicht wissenschaftlich zu begreifen, schien es mir auf methodologischer Ebene nötig, den Begriff des Originären – im Unterschied zu dem des Primären und Sekundären – in Anspruch zu nehmen. Die Verliebtheit, ursprünglich Suche nach physischer und psychischer Lust, gegründet auf den Instinkt der Erhaltung der Menschheit, ist ein Erleben, das so individuell und zugleich so tief in der Gattung verankert ist wie kein anderes. Um dem Rechnung zu tragen und um der Schwäche einer auf das Individuum ausgerichteten Metapsychologie der Liebe abzuhelfen, habe ich in dieser Studie den topischen und genetischen Gesichtspunkt in den Vordergrund gerückt.

Bedenkt man ihr innovatives, schöpferisches Vermögen, so stellt die Liebe eine Regression – in einem ganz regenerativen Sinne – auf jenen frühesten Zustand dar, in dem Psyche und Soma bemüht waren, sich wechselseitig in einem noch nicht individuierten psychischen Raum zu integrieren, einem originären Raum, der nichts anderes sein kann als ein Gruppenraum. Ich habe versucht, mich diesem »schwarzen Diamanten des Archaischen« und Ursprünglichen zu nähern (Guillaumin, 1982), diesem mysteriösen, »mystischen« Zug, den die Verliebtheit mit der Hypnose gemein hat und der »sich der bisherigen rationellen Aufklärung ... [entzieht]« (Freud, 1921, S. 127).

Die Liebe ist ein Traum, ein teilweise verwirklichter Traum. Doch wie jeder Traum hat sie einen »Nabel«, »die Stelle, an der [sie] dem Unerkannten aufsitzt. Die Traumgedanken, auf die man bei der Deutung gerät, müssen ja ganz allgemein ohne Abschluß bleiben und nach allen Seiten hin in die netzartige Verstrickung unserer Gedankenwelt auslaufen. Aus einer dichteren Stelle dieses Geflechts erhebt sich dann der Traumwunsch wie der Pilz aus seinem Mycelium« (Freud, 1900, S. 530).

Mein bescheidener Wunsch wäre es – wobei mir jener blinde Fleck durchaus bewußt ist, der uns allen als Makel anhaftet, der aber auch das Unterpfand unserer Spontaneität ist: unser alltägliches Erleben der Liebe und der Bereich des Originären, in dem es wurzelt; jener blinde Fleck, der die Kontrolle unserer Gegenübertragung in der Theoriebildung so außerordentlich erschwert und der dafür verantwortlich ist, daß meine Behauptungen keine Schlüsse, sondern Forschungshypothesen sind, die der Bestätigung durch andere klinische Erfahrungen auf relativ unerforschten Wegen bedürfen – mein Wunsch also wäre es, jenen unlogischen Zug der Liebe durch den Rückgang zu ihrem Nabel, durch die Erforschung ihres Gruppenmyzeliums, der »rationellen Aufklärung« ein wenig näher gebracht zu haben.

Und wenn die Liebe, durch alle Raffinessen des wechselseitigen Begehrens und alle Listen der Gattung hindurch, nichts anderes wäre als eine Sehnsucht nach der Gruppe? Und wenn das Paar – wie Freud (1921, S. 126) von der hypnotischen Beziehung behauptet, nachdem er sie vor dem Hintergrund der Urhorde mit der Verliebtheit und der Massenbildung verglichen hat – im topischen Sinne, aber auch unter dynamischem und ökonomischem Gesichtspunkt, »eine Massenbildung zu zweien« wäre?

André Ruffiot
Das Paar und die Liebe.
Klinische und psychosoziologische Überlegungen

Ehetherapie mit Kindern oder »Ich bin von meinem Papa geschieden«

1. »Ich bin ein geschiedenes Kind«

Jeder, der in der Klinik der Kinderpsychopathologie arbeitet, wird diesen Satz in dieser oder ähnlicher Formulierung schon einmal aus dem Munde eines kleinen Kindes gehört haben. In der Tat zeigt sich an den Äußerungen zahlreicher Kinder, deren Eltern geschieden sind und die vorwiegend einem Elternteil – meist der Mutter – zugesprochen wurden, wie sie ihre Rolle beim Zerfall des Paares erleben, aus dem sie hervorgegangen sind.

Die Trennung der Eltern ist bei der Klientengruppe, die den Psychoanalytiker oder Familientherapeuten konsultiert, zu einer derart vertrauten Situation geworden, daß man beinahe versucht ist, sie als banal, als ebenso »selbstverständlich« zu betrachten wie die Ehe oder das Zusammenleben der Eltern. Die Scheidung würde damit als harmloses Mißgeschick angesehen, als »natürliche« Entwicklung, von der das Ehe- und Familienleben in jedem zweiten Falle betroffen ist.

Wenn sich die Ehegatten ohne Nachwuchs trennen, lassen sich das Schwinden der Liebe und der Bruch als »natürliche« Ereignisse oder vorübergehende Zivilisationserscheinungen auffassen; auf jeden Fall müssen sie als unbestreitbare soziologische Fakten anerkannt werden, wenn man nicht vor den schwerwiegenden psychologischen Folgen bei den Getrennten die Augen verschließen will. Ich werde im folgenden Abschnitt[1] das allzuoft verleugnete psychische Leid *beider* Mitglieder des Paares untersuchen.

Haben die Partner jedoch für Kinder zu sorgen, so betreffen der Bruch und die Trennung, das »Sorgerecht« für die Kinder sowie die häufige Neuformierung beider Seiten zu neuen Familien nicht nur die materielle Wirklichkeit der Kinder, sondern berühren sie auch in ihren tiefsten psychischen Funktionen. Daß die Entscheidung, auseinanderzugehen und ein neues Paar zu bilden, beiden Partnern einer (zerbrechenden) Liebe zukommt, versteht sich von selbst. Aber ist es heutzutage einzusehen, daß die Kinder daran gehindert werden, das Phänomen des Bruchs zu *verstehen*, unter dem von der Klinik widerlegten Vorwand, *»Kinder* *könnten solche Dinge noch nicht begreifen«?* Die Klinik der Familiengruppe, wie ich sie seit zehn Jahren in meiner Praxis von Paartherapien mit den Kindern beobachte, liefert den Beleg für die *Möglichkeit, Zweckdienlichkeit* und oft auch *Notwendigkeit* einer Mitarbeit der Kinder an der phantasmatischen Bewältigung – unter den günstigsten Bedingungen für das Paar wie für die Kinder – einer Trennung oder eventuellen Wiederaufnahme des gemeinsamen Lebens. Im folgenden geht es mir darum, die therapeutische Nützlichkeit und zugleich die heuristische Tragweite dieser klinischen Erfahrung zu diskutieren, die sich auf über zwanzig behandelte Familien erstreckt.[2]

2. Der Rahmen der Ehe- und Familientherapie

Die analytische Therapie der Ehe- und Familiengruppe ist häufig eine langwierige Behandlung[3], die im Rhythmus von einer Sitzung wöchentlich von einem Analytiker durchgeführt wird, oft gemeinsam mit einem oder zwei Kotherapeuten. Sie respektiert so weit wie möglich das psychoanalytische Setting (Regel der freien Assoziation und Abstinenzregel). In diesem Rahmen wird der gesamten Familiengruppe (Ehegatten und Kindern), die an sich als Gruppe leidet, neutrale und wohlwollende Aufmerksamkeit angeboten. Dennoch haben die Beschwerden, hat der Behandlungswunsch seine Wurzeln im Paar: Unstimmigkeit zwischen den Gatten; Wunsch oder Entschluß auseinanderzugehen; manchmal bereits verwirklichte Trennung.

3. Zielsetzungen der Therapie

Erstes Ziel: das Leiden dieser Eltern-Kind-Gruppe behandeln. Zunächst aber muß man es diagnostiziert und verstanden haben. Oft nämlich versteckt sich dieses Leiden der *ganzen* Familiengruppe hinter dem Schmerz, den das Paar und besonders einer der Partner äußert. Die klinische Erfahrung lehrt uns, daß das Leiden der übrigen Gruppenmitglieder gewöhnlich durch bewußte Schuldgefühle und soziale Scham sowie vor allem durch unbewußte Verleugnung des Verlassens und Verlassenwerdens abgetötet oder verhüllt wird: beide Mechanismen sind unbewußte Überlebensreflexe gegenüber einem intensiven Schmerz.

Zweites Ziel: diesem Paar und dieser Familie die Möglichkeit schaffen, in sich selbst und aus eigener Kraft die beste Lösung für das Problem zu finden, vor dem sie stehen; das heißt eine Lösung, die sowohl jetzt als auch in Zukunft möglichst wenig Leiden für die Gruppe insgesamt erzeugt. Der Ehe- und Familientherapeut leiht ihr seine menschliche, wohlwollend-neutrale Aufmerksamkeit, aber er kennt nicht bereits die Lösung für diese Familie. Die Teilnahme der Kinder an den Sitzungen hat keinesfalls den geheimen Sinn, ein Paar, das der Trennung entgegensieht, wieder zusammenzuflicken. Das Paar wird seine eigene Lösung wählen, ohne vom Therapeuten den Rat zu erhalten, zusammenzubleiben oder auseinanderzugehen.

Das therapeutische Verfahren wird den Familienmitgliedern von den Therapeuten zu Beginn der Behandlung klar und deutlich erklärt: sie sollen die Möglichkeit erhalten, *die unbewußte Kommunikation zu verstehen*, die zwischen den Gatten sowie zwischen Eltern und Kindern abläuft. Und eben dieses Verstehen der unbewußten Inhalte und Mechanismen wird es dem Paar ermöglichen, die am wenigsten schädliche Lösung für jeden einzelnen zu wählen. Übrigens läßt sich diese Therapie auch noch nach einer Trennung oder Scheidung fortsetzen. Manchmal beginnen Therapien überhaupt erst, nachdem die Scheidung vollzogen ist.

Im Rahmen dieses Abschnitts werde ich mich auf die technische Seite der Behandlung beschränken und dabei Einwände, die gegen eine solche therapeutische Praxis erhoben werden könnten, auszuräumen versuchen. Ich werde Probleme aufzählen und erörtern, die sich einerseits auf das beziehen, was man therapeutische Ethik nennen könnte, und andererseits auf die Eignung dieser besonderen Therapieform. Was ihre metapsychologischen Grundlagen betrifft, verweise ich auf meine eingehende Untersuchung dieser Frage im vorigen Kapitel.[4]

4. Fragen an den Therapeuten zu diesem Behandlungsansatz

(1) *Ein deontologisches Problem*: Die Schwierigkeit, mit der das Paar zu kämpfen hat, ist eine Angelegenheit der Gatten und Liebespartner. Hat man das Recht, die Kinder dort hineinzuziehen und sie möglicherweise einer Situation auszusetzen, in der einer der Partner »auspackt«, mit seinen sexuellen und affektiven Vorwürfen herausplatzt, seiner Verbitterung und seinem Groll freien Lauf läßt – Szenen, die für Kinder kaum erträglich sind? *Antwort*: Wenn Paare in ernsthaften Schwierigkeiten sind, werden die Kinder Tag für Tag Zeugen von Auseinandersetzungen, Streitereien, Beleidigungen, verbaler und manchmal körperlicher Gewalt. Wenn dieses Klima der offenen oder versteckten Gewalt in einem schützenden therapeutischen Rahmen erlebt wird, kann sich das nur günstig auswirken.

(2) *Die Reife des kindlichen Phantasielebens*: Können die Kinder es ertragen, wenn die Eltern – wie es in den Sitzungen geschehen kann – sich

über ihre Sexualität verbreiten? Droht nicht die Gefahr, daß bei den Kindern während der Reifung oder in der Latenzzeit der Sexualtrieb vorzeitig erwacht? Besteht nicht das Risiko, sie der Vorführung einer Urszene auszusetzen, die ihre gegenwärtige Fähigkeit der Verarbeitung in ihrem Phantasieleben übersteigt? *Antwort*: Bei ernsten Krisen zwischen den Gatten sind die Kinder im Familienalltag in jeder Hinsicht mit dem Problem der elterlichen Intimität konfrontiert: die Situation selbst zwingt sie dazu, vorzeitig ihre sexuelle Vorstellungswelt zu entwickeln oder aber eine oftmals rigide Abwehr gegen diese Vorstellungswelt aufzurichten. Solche Abwehrmechanismen wird der Ehetherapeut sorgsam respektieren, und zwar mit Hilfe eines technischen Kunstgriffs.

Wenn der Therapeut die Indikation einer Ehetherapie mit den Kindern stellt, schlägt er diese Therapieform mit einem besonderen Arrangement in folgender Form vor: *»Um Ihr Problem als Paar in seiner ganzen unbewußten Tiefe zu verstehen und um die Entscheidung, die für Sie die richtige ist, in der Realität unter besseren Voraussetzungen treffen zu können, ist es nach unserer Erfahrung am günstigsten, wenn an den Sitzungen möglichst oft die ganze Familie teilnimmt. Aber«* (und hier liegt der Kunstgriff, von dem ich eben sprach) *»jedesmal, wenn die Eltern allein als Paar kommen möchten, können sie das tun.«*

Dieses Arrangement ermöglicht es den Gatten, auf jene »berühmten« Probleme der sexuellen Harmonie oder ernstere Ehebruchs- oder Eifersuchtsprobleme zu sprechen zu kommen, die als Motive des Trennungswunsches oft in den Vordergrund geschoben werden.

Man stellt fest, daß die Ehegatten von dieser Möglichkeit recht wenig Gebrauch machen und daß sie – wenn sie als Paar mit dem Therapeuten allein sind – das gewissermaßen »strategische« Thema Sexualität rasch erschöpft haben, wenn man davon absieht, daß sie in Gestalt zweier Monologe, die stets aneinander vorbei laufen, immer wieder auf die gleichen Vorwürfe zurückkommen. Darin liegt übrigens eines der Hauptprobleme, auf das der Ehetherapeut in seiner Praxis stößt, wenn er die Partner einzeln oder zusammen (aber ohne Kinder) in Therapie nimmt. Beidemal trifft er auf die gleiche Schwierigkeit: Wie kann man vermeiden, daß sich sehr rasch ein »Dialog« herstellt, bei dem nur noch ein rein *operativer* »Austausch« ohne jede phantasmatische Beteiligung stattfindet? Ein Austausch von Nörgeleien und Anwürfen, die das geheime, tiefe Leiden der beiden Gatten verbergen? Daran scheitert die Therapie in vielen Fällen: »Wir haben nichts mehr zu sagen, weder uns noch Ihnen«; oft dehnt sich die Therapie auch endlos aus und wird zu einer Hilfe, zu einer Stütze für den am meisten leidenden Partner, in Gegenwart des anderen.

(3) *Ein dritter Einwand* schließlich, der wichtigste: Droht man nicht die

Kinder zu Schiedsrichtern des Ehekonflikts zu machen und sie in eine Situation zu bringen, in der sie ihren Ödipuskomplex konkret ausagieren können, indem sie für denjenigen Elternteil Partei nehmen, den sie unbewußt begehren? Wenn es dies wäre, was bei der Therapie auf dem Spiel steht, so müßten die Kinder dafür psychisch zweifellos schwer büßen: mit einem Wiederaufleben infantiler Allmachtphantasien, mit dem Verschwimmen von Ichideal und Ich und als Folge davon mit einem Abschleifen des Über-Ichs oder umgekehrt mit einem unauslöschlichen Schuldgefühl, welche Lösung von den Eltern auch immer gewählt werden mag.

Diese Gefahr bestünde sicherlich, wäre die Zielsetzung der Therapie von den Ehetherapeuten nicht zu Beginn deutlich ausgesprochen worden. In unserer Therapieempfehlung kommt zum Ausdruck, daß sich diese Form der Hilfe an die gesamte Familie wendet, *nicht um anzuklagen, zu verurteilen, diesen oder jenen zu verdammen,* auch nicht um auf ein bestimmtes Ziel – Trennung oder Wiedervereinigung des Paares oder der Familie – hinzusteuern, sondern um einem jeden die Möglichkeit zu geben, seine *Gedanken* und Befürchtungen zu äußern und die *Gedanken* und Befürchtungen der anderen zu verstehen. Es ist wichtig, daß die Teilnehmer davon überzeugt sind, daß die *phantasmatische* Kommunikation Gegenstand der Behandlung ist, daß sie in einen *psychischen* Prozeß eintreten, der nichts mit einem Anklage- oder Entscheidungsverfahren zu tun hat.

5. Fragen der Ehegatten

Die erste Reaktion, die wir zu Beginn unserer Praxis beobachten konnten, war allerdings ein gewisser Vorbehalt von seiten der Eltern: *»Wir haben ein Problem als Paar. Die Kinder haben damit nichts zu tun, sie sind nicht der Grund unserer Uneinigkeit. Glauben Sie, daß sie bei den Sitzungen nützlich sind?«*

Diese erste Reaktion war offenbar von der Scham oder auch von einem Schuldgefühl hervorgerufen worden, zwei natürlichen Gefühlen, auf die wir Rücksicht nehmen mußten. Doch vor allem ruft unser Therapievorschlag, einer Hilfe für Eltern *und* Kinder, einen *Überraschungseffekt* bei den Eltern hervor. Überraschung, weil diese Praxis *antikulturell* war und noch ist. Sie läuft ganz entschieden unseren soziokulturellen Aprioris zuwider, nach denen das Paar und die Kinder in zwei verschiedene Kategorien fallen: das Paar ist eine *Summe*, eine Anfangsinvestition; die Kinder sind das *Produkt*, gehören also zu den erworbenen Gütern, zum gemeinsamen Eigentum. Diese Einstellung geht, wie mir scheint, aus einer ökonomischen Auffassung der Familie hervor, die noch gar nicht so weit zurückliegt und nach der die Kinder Handlanger, Arbeitskräfte waren.

Ist diese Überraschungsreaktion einmal überwunden – und das gelingt einem immer größeren Anteil der Paare –, finden es die Gatten *natürlich*, gleichsam *selbstverständlich*, daß die Kinder um das Schicksal ihrer Eltern und um ihre eigene Zukunft bekümmert sind und sich deshalb auch psychologisch darum kümmern.

6. Fragen der Kinder

Ich habe von dem Anspruch der Eltern gesprochen. Aber der Anspruch der Kinder, worin besteht er? Wollen die Kinder des Paares, das in Schwierigkeiten ist, an der Therapie teilnehmen, wenn das bewußte Motiv der Konsultation in den Bereich der Paarbeziehungen gehört? Verlangen sie nach einer gemeinsamen psychologischen Hilfe? Eine der Reaktionen, die wir vor allem bei Jugendlichen beobachten, ist zweifellos diese: »*Das ist ihre Sache [die der Eltern]. Wir haben nicht das Recht, uns da einzumischen. Und außerdem wird davon zu Hause schon genug geredet.*« Aber hinter dieser ersten Äußerung eines Wunsches, dem Konflikt aus dem Wege zu gehen, vernimmt man eine Klage, einen Wunsch: »Wenn wir etwas tun könnten ... Aber was? und wie?«

7. Wie diese Praxis entstand

Ich möchte nun klarstellen, daß diese Praxis psychologischer Hilfe nicht etwa auf einer familialistischen Vorentscheidung beruht. Ab 1970 haben wir so oft wie möglich die Indikation »Ehetherapie« gestellt (beide Elternteile kommen gemeinsam zu den Sitzungen). In diesem Rahmen haben sich allmählich die Ansprüche (von seiten der Eltern und von seiten der Kinder) artikuliert. Und in diesem Rahmen haben wir zunehmend Erfahrungen damit gesammelt, die *eheliche* Malaise im Kreis der *Familie* anzuhören. So kam unsere Technik einer klinischen Nachfrage entgegen: (a) einer Nachfrage der Eltern: »*Könnten unsere Kinder nicht bei einigen Sitzungen dabei sein?*« (b) einer Nachfrage der Kinder, die von den Eltern übermittelt wurde: »*Unsere Kinder möchten wissen, was wir in den Sitzungen bereden. Sie würden gern herkommen.*« (c) Oder die Nachfrage wird von Kindern in Einzeltherapie geäußert: »*Es gibt auch Probleme zwischen meinen Eltern. Könnten sie nicht manchmal zu meinen Sitzungen kommen, um mit ihnen über all das zu sprechen?*«

Wir haben also unter dem Druck der klinischen Tatsachen gehandelt, als wir dieses Verfahren in die Familientherapie eingeführt und seinen Rahmen immer genauer abgesteckt haben.

Den Vorschlag einer Familientherapie, also die Indikation, formulieren wir gegenüber den Ehepartnern häufig etwa so: »Was Sie auch gegenwärtig vorhaben, wie Sie sich am Ende auch entscheiden, ob Sie zusammenbleiben oder sich trennen: wir schlagen Ihnen vor, regelmäßig mit Ihren Kindern an Therapiesitzungen teilzunehmen. Während dieser Sitzungen können Sie darüber sprechen, was zwischen Ihnen oder zwischen Ihnen und den Kindern *vorgeht*; vor allem aber können Sie darüber sprechen, was in Ihrer Familie *in Gedanken vor sich geht*: Sie alle sind aufgefordert zu sagen, was Ihnen in den Sinn kommt, Ihre Gedanken bei Tage und Ihre Nachtgedanken, Ihre Träume. Mit dieser Methode werden Sie die tiefe, unbewußte Kommunikation verstehen lernen, die zwischen Ihnen beiden und zwischen Ihnen und den Kindern abläuft. Es ist sehr wichtig, daß sich niemand gezwungen fühlt, zu den Sitzungen zu kommen. Die Kinder sind eingeladen, aber sie sollen nur kommen, wenn sie es möchten und wann sie es wollen.«

Damit sind Zielsetzung und Rahmen der Therapie zugleich dargelegt: es geht um ein Verstehen auf der Ebene der *Gruppe* und der *Phantasien*. Die Betonung wird auf die Entdeckung des Imaginären, Phantasmatischen (als Quelle des Handelns) gelegt, jedoch unter dem Gesichtspunkt der Gruppe (das heißt als Gegenstand des unbewußten Austauschs in der Familie). Gegenstand unserer Methode sind die *Phantasien, die sich zwischen den Familienmitgliedern bilden* [*l'interfantasmatisation familiale*].

8. Klinischer und theoretischer Gewinn

Dieser Zugang zum Paar im Rahmen der Familie erlaubt es, drei Feststellungen zu treffen. (1) Die erste betrifft ihre *Wirkung* auf das Leiden der Familiengruppe: Die von dem Paar gewählte Lösung erweist sich sowohl aktuell als auch langfristig (wobei wir auf eine zehnjährige Erfahrung zurückblicken können) für die Gatten wie für die Kinder viel weniger traumatisch als in zahlreichen Fällen, in denen keine Hilfe geleistet wurde oder in denen die Hilfe nur dem Paar oder nur einem der Gatten geleistet wurde. (2) Eine zweite Feststellung ist theoretischer Natur: *Die eheliche Phantasiewelt ist eine verstümmelte Phantasiewelt*. Das auf sich selbst beschränkte, in sich selbst eingeschlossene oder für sich behandelte Paar neigt sehr rasch dazu, ein operatives Verhalten zu entwickeln, das sich an der harten Faktizität der Fakten festhält, dem der Horizont versperrt ist und das von Todesphantasien verdunkelt ist. Es scheint, daß das Auflodern der Liebe, das so reich an Neuem und Schöpferischem ist, daß die Liebe zur Liebe Phantasien trägt, die über die Lust hinausgehen, alles zu zweit zu teilen. (3) Dritte Feststellung: Die Kinder in einer solchen Therapie steuern ihre Phantasien in der Form von Träumen, Zeichnungen, freien Assoziationen oder Gedanken bei, die ihnen im Laufe der Sitzungen kommen. Man bemerkt, daß die Phantasiewelt der Ehegatten durch dieses Imaginäre *psychologische Kohärenz* erhält und ohne diesen Beitrag amputiert erschiene. Die Phantasiewelt der Kinder macht *die Logik des gemeinsamen Unbewußten der Familiengruppe* wahrnehmbar. Es sind diese komplementären phantasmatischen Funktionen, die ich als *»psychischen Apparat der Familie«* bezeichnet habe.

9. Die Kindphantasie

Bei der technischen Diskussion in den vorigen Abschnitten hatte jeder Leser eine bestimmte Familie im Sinn: eine reale Familie, seine eigene oder eine ihm nahestehender Personen, eine in Behandlung genommene Familie. Gewiß drängen sich nun aber jedem zahlreiche Fragen auf, die sich auf Paare ohne Kinder beziehen: Paare, die noch keine Kinder oder keine Kinder mehr haben oder deren Kinder nicht geographisch nahe genug beieinander leben, um regelmäßig an den Sitzungen teilnehmen zu können; Paare, die keine Kinder haben und keine adoptieren können; hin und wieder auch jene, die der biologischen Fruchtbarkeit die geistige Schöpfung vorgezogen haben.

Ich habe als Grundlage meiner Darstellung einen realen Familientyp gewählt: nämlich jenen, der uns am häufigsten um Hilfe angeht; aber ich habe dabei auch andere Formen von Paaren ohne reale oder verfügbare Kinder gedacht. Und ich könnte sagen, daß sich die dargestellte Technik auch an sie wendet, insofern das Entscheidende unserer therapeutischen Konzeption *die Kindphantasie*, die Schöpfungsphantasie des Paares ist: das geborene, potentielle oder sublimierte Kind. Die Kindphantasie scheint mir vom Begriff des Paares untrennbar. Den Beweis dafür liefern die wenigen homosexuelle Paare – besonders weibliche Homosexuelle –, die zu behandeln ich Gelegenheit hatte und die ebenfalls ihre Konflikte und ihr Leiden haben. Bei ihrer Behandlung kann man feststellen, wie versessen sie darauf sind, phantasmatisch ein Kind zu erschaffen, ein imaginäres Kind, das sie in ihrem Beruf oder durch ihre künstlerische Produktion verwirklichen.

Fassen wir zusammen: In den Mittelpunkt meines Textes habe ich wesentlich technische und deontologische Überlegungen gestellt, da dieses neue therapeutische Setting gegen viele unserer überkommenen

Einstellungen verstößt, gegen unsere Auffassung der Liebe mit ihren Grundmerkmalen Intimität und Geheimnis sowie gegen unsere Vorstellung vom Kind, das von allen Konflikten und allen Vorstellungen, die es überfordern würden, möglichst ferngehalten werden muß. Die Ehetherapie unter Beteiligung der Kinder könnte in den Augen der Analytiker, die über keine Erfahrung mit dieser Technik verfügen, gleichsam als *aufgezwungene Urszene* erscheinen und von den Kindern so empfunden werden – mit all dem, was eine solche Szene an Erregung und Gewalt hochspülen mag. Meine Absicht war es, nicht nur die *Durchführbarkeit* einer analytischen Behandlung zu zeigen, bei der Eltern und Kinder zusammen an den Sitzungen teilnehmen, sondern auch die *Unschädlichkeit* einer solchen Praxis und ihre *Wirksamkeit*, da dieser Rahmen die Entwicklung eines echten unbewußten Gruppenprozesses ermöglicht.

Zum Schluß möchte ich betonen, daß der wichtigste Faktor bei der Behandlung des Leidens von Paaren – und erst recht, wenn die Kinder hinzugezogen werden – die *Gegenübertragung* des Therapeuten ist. Denn so viel ist wahr, daß es kaum therapeutische Situationen gibt, in denen unsere Partialtriebe so sehr erregt werden. Darin könnte auch einer der Gründe für die lebhaften Widerstände liegen, denen dieser analytische Ansatz noch immer begegnet.

Die Passion des Entliebens

Das *Entlieben* [*désamour*]: ich habe diesen Neologismus eingeführt, weil er mir nach wie vor einen besonderen operationalen und heuristischen Wert zu besitzen scheint. Einen operationalen Wert, den man in der Behandlungsweise zerbrechender oder leidender Paare feststellen kann; eine heuristische Tragweite, insofern er der Forschung hilft, unser Verständnis der unbewußte Mechanismen des Bruchs zu verfeinern.

Nach meiner psychoanalytischen Erfahrung in der Klinik des Paares kann man unabhängig von der Therapieform – ohne Rücksicht auf den Rahmen, in dem die Partner des zerbrechenden Paares analytisches Gehör finden, also unabhängig von der Frage, ob einer der Partner in Einzelanalyse behandelt wird, ob beide Gatten zur »gemeinsamen Therapie« in die Sitzungen kommen oder ob die Gatten auf ihren Wunsch hin zusammen mit den Kindern zu einer Ehe- und Familientherapie kommen – folgende klinische Feststellung treffen: Auseinanderbrechende Paare erleben psychische Phänomene der gleichen Art wie im Stadium der Verliebtheit (noch einmal) – nur jetzt mit negativem Vorzeichen. Ihr psychischer Apparat entwickelt die gleichen Abwehrmechanismen wie jene, die für die Verliebtheit kennzeichnend sind: Spaltung, Verleugnung und Idealisierung. Doch nun sind sie in einen Prozeß eingebettet, der auf ein Voneinander-Lösen der Körper und der Psychen zielt. Und ich wage die Formulierung: *Man entliebt sich auf die gleiche Art, wie man sich verliebt.*

Was den Ausdruck *Passion* angeht, so verwende ich ihn in zweierlei Bedeutung: einerseits im Sinne einer *intensiven psychischen Beschäftigung* mit dem (einstmals geliebten) Partner, also im Sinne einer *leidenschaftlichen* psychischen Aktivität, die sich dem Subjekt aufzwingt, über die der Sekundärvorgang – Urteilskraft und Wille – wenig Macht hat und die auf einen Rückzug der Objektbesetzung hinarbeitet. Andererseits bezeichne ich mit Passion das *Leiden*, den seelischen Schmerz des Entliebens. So ist die Passion des Entliebens ein erlittenes Phänomen, das alle Merkmale einer Leidenschaft hat, nur jetzt in umgekehrtem Sinne zu der verliebten Objektbesetzung von einst.

1. Die Leiden des »Verlassenden«: ein verkannter Aspekt

Meine Absicht ist also, einen wichtigen Gesichtspunkt darzustellen und zu unterstreichen, der in der Klinik der gegenwärtigen Ehetherapie zu beobachten und zu hören ist. Während der Prozeß des »Entliebens« – »Ich liebe dich nicht mehr, wir lieben uns nicht mehr« – eine leidenschaftliche Dynamik gewinnt, entwickelt sich gleichzeitig ein intensiver seelischer Schmerz. Um diesen Prozeß und diesen Schmerz haben sich Analytiker und Psychotherapeuten überhaupt bisher wenig gekümmert. Zwar gibt es zahlreiche Arbeiten, viele Veröffentlichungen über die Scheidung, über den seelischen Schmerz und die schwierige Trauerarbeit, die der verlassene Partner leisten muß.[5] Nur wenige Autoren haben sich dabei freilich für den »verlassenden« Partner interessiert, von dem die Initiative zum Bruch ausgegangen ist; ebenso wie man nur selten (allenfalls dort, wo psychosoziale Gründe für den Bruch untersucht werden) nach dem Paar gefragt hat, dessen Partner sich einvernehmlich trennen, weil sie sich einig darüber sind, daß ihre Liebe zu Ende ist.

2. Die sozialen Einstellungen zur Scheidung und der Einfluß der Soziologie

Ehe ich die Passion des »Entliebens« zu bestimmen versuche, möchte ich einige Vorbemerkungen machen.

Erste Bemerkung: Die Scheidung – um von einem soziologisch identifizierbaren Anhaltspunkt auszugehen, wobei ich die Trennungen nichtehelicher Paare mit einschließe - ist ein Phänomen, das sich immer weiter ausbreitet. Die Prognosen und gewisse Projektionen für die nächsten Jahre sehen voraus, daß in Frankreich jedes zweite Paar auseinandergeht. Das hat in den letzten zehn Jahren verstärkt dazu geführt, daß die Scheidung immer weniger sozial mißbilligt wird; das heißt, Geschiedene oder Kinder geschiedener Eltern müssen sich nicht mehr schuldig fühlen, man zeigt nicht mehr mit dem Finger auf sie. *Daß ein psychosoziales Faktum allgemein akzeptiert wird, bedeutet jedoch nicht, daß es damit schon psychologisch banal geworden wäre.*

Zweite Bemerkung: Dort, wo klinischer und soziologischer Bereich ineinander übergehen, läßt sich - vermittelt durch die *Medien* - eine eigenartige Pendelbewegung feststellen. Seit einiger Zeit vergeht kein Monat, ohne daß eine Wochenzeitschrift dem Ritus huldigt, die Einstellung der Franzosen zum Paar, zu Ehe und Familie, zu Liebe und Scheidung durch Meinungsumfragen zu ermitteln und die Ergebnisse mit entsprechend großer Aufmachung auf der Titelseite zu veröffentlichen. Das bedeutet, daß das Subjekt - das Individuum - Gegenstand einer Untersuchung wird, die ihm einen gesamtgesellschaftlichen Reflex gewissermaßen zurückspiegelt, so daß es, wenn es später nach seinen Ansichten befragt wird, eine Meinung vertreten kann, die den Durchschnittsantworten der ersten Umfrage nahekommt. Die Folgen dieser Entwicklung sind noch auf der Couch der Psychoanalytiker und in den Sprechzimmern unserer Eheberatungen spürbar, wo die bewußten Erklärungen, die uns als Ätiologie für das eheliche Unglück angeboten werden, oftmals *soziale Klischees* sind, das heißt Rationalisierungen, die von gelesenen oder gehörten Umfragen ausgehen. Auf diese Weise werden der tiefgreifende psychische Prozeß bei Personen oder Paaren, die sich »entlieben«, und das Leid, das damit einhergeht, häufig verdeckt.

Dritte Bemerkung zum Inhalt solcher Erhebungen: Was zeigen uns diese Umfragen und diese Intellektualisierungen über das Paar? Was können wir aus den bewußten Erklärungen ersehen, die uns zu Beginn der Behandlung gegeben werden? Einmal, daß die Liebe jetzt, gegen Ende des Jahrhunderts, *hoch im Kurs* steht und daß unsere Zeitgenossen meinen, Liebe sei *ein Recht*, etwas, auf das sie ein Anrecht hätten, und der Verlust von Liebe sei ein Verlust an Lebensqualität. Zum anderen bieten jene Umfragen gleich ein ganzes Bündel von Gründen dafür an, wie es zu diesem Verlust und dem Zerbrechen der Liebe kommt. Ich werde nur vier der am meisten genannten Gründe erwähnen.

Vier Faktoren, die (Meinungsumfragen zufolge) bei der Auflösung von Paaren relevant sind: An erster Stelle der Gründe, derentwegen Paare auseinandergehen, steht danach *die Untreue*, die das Paar allmählich untergrabe (früher sagte man Ehebruch). Aber es wird nicht weitergefragt, ob es sich dabei um eine Ursache oder eine Folge des »Entliebens« handelt. Als zweiter Faktor wird der Verschleiß oder *die Erosion des Begehrens* und der Lust mit demselben Partner genannt. Man spricht von natürlicher Abnutzung: der Sexualtrieb müsse aus einer neuen, schöpferischen, rekreativen Erfahrung neue Kraft schöpfen. Drittens wird auf die Verlängerung der *Lebenszeit* hingewiesen, also der Dauer des ursprünglichen Paares. Früher heiratete man für etwa dreißig Jahre; heute wäre eine endgültige Ehe ein Vertrag auf fünfzig Jahre, dessen Klauseln also inzwischen obsolet seien. Als vierter Faktor wird häufig das Verlieben in einen *anderen Partner* genannt – mit der unmittelbaren Folge, daß der gegenwärtige an Wert verliert. Und schließlich die Feststellung, daß heute sehr häufig Trennungen in gegenseitigem Einverständnis vorkommen (die Statistiken sprechen von jeder zweiten): man ist sich darüber einig, daß man sich nicht mehr liebt.

3. Das »Entlieben« als leidvolle Leidenschaft

Doch abgesehen von diesen psychosozialen Feststellungen bekommen wir heute von den Paaren und Familien, die in unsere Sprechstunde kommen, eine neue Sprache zu hören, die an die Stelle der traditionellen Erklärungen tritt; also etwa von Äußerungen wie: »Wir sind nicht mehr verliebt, wir lieben uns nicht mehr, aber wir werden wegen der Kinder zusammenbleiben« oder »Wir haben uns wegen der Kinder getrennt; jeder hat sein Leben für sich neu geordnet, und das ist für die Kinder besser als das Schauspiel, das wir ihnen sonst bieten würden«. Was wir regelmäßig zu hören bekamen, war die Feststellung: »Unsere Liebe ist vorbei«.

Neu an den Worten der Partner ist jedoch das, was über die *Plötzlichkeit des »Entliebens«* gesagt wird. Der aufmerksame Psychotherapeut kann immer öfter folgende Klage von Ehepartnern hören: »*Auf einmal*« – fast auf den Tag genau angebbar – »merkten wir, daß es vorbei war. Es kam plötzlich über uns.« Manche vergleichen diese Erfahrung mit einem Donnerschlag: es habe, wie man sagt, wenn man sich verliebt, »eingeschlagen«, nur eben »in umgekehrter Richtung«. Plötzlich sei ihre Liebe vorbei gewesen [*passé*], unbegreiflich geworden [*dépassé*]: »Wir verstehen nicht, was geschehen ist. Am Anfang waren wir verliebt, auch noch beim letzten Kind, bis es zwei oder drei Jahre alt war, und dann plötzlich...« Die Partner empfinden es als Demütigung, sich etwas vorgemacht zu haben, als sie an die ewige Liebe glaubten. Sie verspüren eine tiefe *narzißtische Kränkung*, eine individuelle und gemeinsam geteilte Verletzung.

Und man hört auch von einem Leid, das sich nicht in Worte zu kleiden vermag und das nicht einfach dem verletzten Narzißmus, sondern dem Bereich der schwer angegriffenen Objektbeziehungen zuzuordnen ist – die antinarzißtische Komponente der Liebe ist bedeutsamer, als man meint. Dieses Leid äußert sich auf verschiedene Weise: (1) in der oft mehrfachen und wiederholten *Flucht in die rasche Besetzung eines neuen Liebesobjekts*; (2) im Erleben einer unmöglichen Trauer. Während die Trauer um einen Toten natürlich, die Trauer um einen lebenden Partner nach einer Trennung möglich und zweifellos auch notwendig ist, ist die Trauer um das Paar oder um die Idee des Paares dagegen vielleicht eine unmögliche Trauer; (3) im Auftreten psychosomatischer Störungen als Ausdruck einer tiefen Depression bei gleichzeitigem Verstummen des Phantasielebens. Bei manchen Paaren, deren Liebe zerfällt, ist dieses Schwinden der Phantasmatik mit einer schweren Funktionsstörung des Vorbewußten verbunden, was so zu erklären wäre: Es gibt kein Objekt mehr, mit dem man sprechen könnte, man hat sich daran gewöhnt, nicht mehr zu sprechen. Es bilden sich keine Wortvorstellungen mehr; (4) oder schließlich – ein weiteres Zeichen des Leidens – die manchmal exzessive, hoch dosierte Einnahme von Psychopharmaka.

In zwei anderen, glücklicherweise auch recht häufig vorkommenden Fällen nimmt die Entwicklung einen günstigen Ausgang: dann nämlich, wenn die Bildung eines neuen Paares und damit eines neuen Gleichgewichts gelingt, sowie bei den Individuen, die über eine angeborene (oder im Verlauf einer längeren Analyse erworbene) Fähigkeit zur Sublimation verfügen und im intellektuellen, künstlerischen oder sozialen Bereich schöpferisch tätig sind.

4. Der Prozeß des »Entliebens«

Die Liebe als »Normalvorbild der Psychose« (wie Freud sie genannt hat) gründet auf dem Mechanismen der Spaltung, Verleugnung und Idealisierung. Spaltung zwischen gutem und bösem Objekt; Verleugnung des bösen Objekts, der bösen Teile des Liebesobjekts; Idealisierung eines *globalen* (und nicht totalen) Objekts, ausgehend von dem abgespaltenen guten, ausschließlich guten Teil. Lemaire hat diesen Vorgang in seinen Werken über das Paar treffend beschrieben.

In der normalen Entwicklung gehört zur Verliebtheit notwendig eine allmähliche Entidealisierung des Partners und die Einsetzung von Mechanismen, die es – im Einklang mit den Forderungen des Realitätsprinzips – erlauben, den anderen als *totale* Person zu betrachten, die gut und böse zugleich, das heißt mit Gutem und weniger Gutem ausgestattet ist. Doch das Erlebnis der Liebe, in dem – wie Freud sagt – zärtliche und sinnliche Regungen miteinander vermischt sind, nährt sich zum großen Teil aus materiellen Diensten, Austausch von Gefühlen und vor allem aus der gemeinsamen und oftmals ausschließlichen sexuellen Intimität.

Das »Entlieben« ist keine Rückkehr zur Neutralität. Im Unbewußten gibt es nichts Neutrales. Das »Entlieben« ist eine Leidenschaft, eine *Neuauflage des verliebten »Wahns« – nur mit negativem Vorzeichen.* Man findet bei ihr alle Merkmale einer »Passion«, jene »fatalistische« Passivität der Seele, der (im Sinne des 17. Jahrhunderts) ein Schicksal widerfährt, oder (wenn wir in eine modernere Sprache wechseln) eine Gruppe von Vorstellungen und Gefühlen, die sich gegenüber allen anderen durchsetzen, sich alle anderen unterordnen und nach sich ziehen (wie es in Lalandes philosophischem Wörterbuch heißt). Eine geistige Produktivität zwingt sich dem psychischen Apparat auf und zwingt ihn zur Verwendung regressiver Abwehrmechanismen. Ein anderes, gleichermaßen mit der Passivität verbundenes Merkmal besteht darin, daß diese Funktionsweise die Subjekte zur Verwirklichung ihrer Phantasien treibt: zur Verwirklichung der als unvermeidlich empfundenen Trennung. Man hört die Entliebten sagen: »Es ist eine Tatsache. Man kann nichts daran ändern. Es gibt keine Hoffnung mehr. Man kann nur noch die Konsequenzen daraus ziehen. Wir lieben uns nicht mehr, so ist es im Leben, das ist eben Schicksal, wir müssen darüber hinwegkommen.«

Man kann darin alle Elemente einer leidenschaftlichen Liebe wiederfinden. Die Idealisierung wird, noch über eine normale Entidealisierung hinaus, zu einer wahren *Gegenidealisierung,* einer sinnlichen und affektiven Entwertung des anderen, die als Wiedergewinnung eines ursprünglichen, verlorenen, vermeintlich gestohlenen Selbst erlebt wird. Diese *umgekehrte Idealisierung* setzt den anderen herab, degradiert ihn, entwertet seine Worte, seine Gesten, seine Gewohnheiten; oft besteht auch ein mehr oder weniger bewußter Todeswunsch. Diese Gegenidealisierung ergibt sich aus der Erneuerung der Spaltung in »nur böse« und »nur gut«, aus der Verleugnung der guten Anteile des Partners, über die das »Nur-Böse« obsiegt. Der Partner wird als innerer Verfolger empfunden, der seine Attacken bis in die Träume hinein fortsetzt. »Ich liebe ihn nicht mehr, ich verstehe nicht, warum er noch in meinen Träumen vorkommt.«

5. Jenseits der narzißtischen Kränkung

So ist das »Entlieben«, das uns heute als alltägliche soziale Realität erscheint, mit einer *bedeutenden psychischen Arbeit* verbunden, deren tiefen Gehalt und deren Leidenspotential der Psychotherapeut, der in einer moralistischen oder libertären Ideologie befangen ist, nicht zu ermessen vermag. Tatsächlich hatte der Analytiker mit der psychischen Wiederherstellung, die durch den Zustand der »Entliebtheit« nötig wurde, bis vor kurzem nur nachträglich zu tun. Er beobachtete vor allem sekundäre Mechanismen: Schuldgefühl gegenüber dem verlassenen Gatten, Schuldgefühl gegenüber den Kindern, Besetzung oder gesuchte Besetzung eines neuen Partners: aber alles nachträglich, im Verlauf von Analysen nach dem Bruch oder nach mehreren Brüchen, denn im Verlauf der Analyse selbst fällt es dem Analysanden manchmal schwer, die tiefe Verletzung seiner »entliebten« Psyche sogleich zu äußern. Erst in den letzten zwanzig Jahren haben die Paaranalytiker in der Paartherapie und in der Ehe- und Familientherapie eine Sensibilität entwickelt, die es ihnen heute ermöglicht, die tiefe unbewußte psychische Realität des »Entliebens« zu hören. Was wir dabei vernehmen, ist – jenseits der narzißtischen Kränkung, die sich in der Klage ausdrückt: »Wie konnte ich mich so täuschen, daß ich ihn geheiratet oder ihn verlassen habe?« – die *Objektverletzung*, die sich wie eine niemals geschlossene Wunde äußert, eine »antinarzißtische Kränkung«, jenseits von Eifersucht oder Schuldgefühl: »Ich fühle mich getroffen, als Partner eines Paares, in meiner Vorstellung von einem Paar, in meinem Ideal eines Paares«.

Und entsprechend äußert sich im Behandlungszimmer des Psychoanalytikers ein neuer Anspruch, in der Einzeltherapie wie in der Ehebehandlung. Dieser neue Anspruch lautet: »Ich möchte begreifen, wir wollen verstehen, was eigentlich geschehen ist... Wir haben unseren Bruch erlebt, als hätte er sich ganz außerhalb von uns ereignet. Wir haben uns gefühlt wie von etwas Fremdem getrieben.« Sie beschwören dann die Ansteckung durch die Gesellschaft, weisen auf den Einfluß der Familie, die Vererbung oder andere Schicksalsmächte hin: »Wir waren wie besessen von einer Kraft, die uns dazu getrieben hat, unser Paar und den Sinn des Paares überhaupt zu entwerten.« Und sie präzisieren noch: »Was wir verstehen müssen, geht weit über das hinaus, was der Bruch an Verlockungen verspricht; es hat nichts mit Faszination des Neuen, mit dem Reiz des Verbotenen oder mit dem ›Johannistrieb‹ zu tun, alles Dinge, die wir im übrigen in unseren jeweiligen Einzelanalysen verstanden haben.«

6. Eine »Entliebtheitsneurose«?

Hinweisen möchte ich schließlich auf einen neuen Anspruch oder jedenfalls einen Anspruch, der sich seit ungefähr zehn Jahren sehr viel häufiger bemerkbar macht. Patienten sagen zu uns: »Ich komme zu Ihnen, zu Ihnen als Analytiker, weil ich mich nicht mehr verlieben kann.« Diese

Klienten erklären dann im wesentlichen, daß sie in einen Zustand der »Entliebtheit« verfallen sind, den sie als seelische Behinderung erleben, als eine Form der Selbstentfremdung, als einen »Grundmangel«, einen Sinnverlust des Lebens, ein wenig wie eine Depersonalisierung. Das Leben hat seine Würze verloren. Was ihnen fehlt, ist nicht die von anderen empfangene Liebe (sie bekommen Liebe, haben Liebe bekommen, werden sie noch bekommen), sondern die gegebene Liebe, zu gebende Liebe, das heißt die *Fähigkeit, verliebt zu sein*.

Nicht daß ich mir dabei gefiele, den nosographischen Klassifikationen, die wir schon haben und die bereits hinreichend differenziert sind, ein paar weitere Kästchen hinzuzufügen. Aber könnte man nicht - neben unseren etwas altmodischen Bezeichnungen Verlassenheitsneurose, Mißerfolgsneurose, Schicksalsneurose bildhaft von einer *Entliebtheitsneurose* sprechen, die ziemlich genau jenem neuen Anspruch entspricht, der an uns gerichtet wird? Diese Entliebtheitsneurose entwickelt sich bei manchen vor dem Hintergrund dessen, was Pierre Marty mit dem Namen der »essentiellen Depression« belegt hat. Zum Glück besteht jedoch bei vielen Entliebten eine Traumaktivität fort, der man bei essentiellen Depressionen nicht begegnet, und das ist entscheidend: der Traum zeigt besonders aufschlußreich die unbewußte Arbeit, die dem psychischen Apparat abgefordert wird, wenn das Paar zerbricht; eine Arbeit, die - wie man sagen könnte - bis zum Tode dauert.

Die absolute Macht: Die Imago der vereinigten Eltern oder die Anti-Urszene

Erich Fromm (1934), einer der Hauptvertreter der amerikanischen kulturalistischen Strömung, der die Arbeiten von Johann Jakob Bachofen (1861) und Lewis H. Morgan (1877) über das Matriarchat aus psychoanalytischer Perspektive wiederaufgenommen hat, beschreibt zwei Machttypen, die über Räume und Epochen hinweg in den Gesellschaften dominierend waren und dabei soziale Gruppen vater- oder mutterrechtlichen Typs hervorgebracht haben.

Fromm charakterisiert diese beiden Gesellschaftstypen folgendermaßen. Die *patriarchalische* Gesellschaft, wie sie heute in der westlichen Welt vorherrscht, sei von Zügen des *analen*, hortenden Charakters geprägt: beschränkte Rolle der Lust; Ersetzung der Liebe durch den Wunsch, zu sammeln, zu sparen, zu besitzen; Pflicht und Ordnung als höchste Werte. Die *matriarchalische* Gesellschaft, die den Zügen des *oralen* Charakters entspricht, weise dagegen andere Merkmale auf: Liebe zur Mutter; Abbau des vom Über-Ich ausgehenden Schuldgefühls; größere Fähigkeit zu Lust und Glück sowie ein Ideal von Mitleid und gegenseitiger Hilfe. Das *matriarchalische Prinzip* sei das der bedingungslosen Liebe, der natürlichen Gleichheit, der Betonung der Bande des Blutes und der Erde, des Mitgefühls und der Nachsicht. Das *patriarchalische* Prinzip ist das der bedingten Liebe, der hierarchischen Struktur, des abstrakten Denkens, der vom Menschen und vom Staat geschaffenen Gesetze.

In den sozialen und politischen Veränderungen seit dem Ende des Zweiten Weltkrieges sieht Fromm eine Herabsetzung des patriarchalischen Prinzips und die fortschreitende Annäherung an eine Gesellschaft matriarchalischen Typs. Als Beleg für diese *wachsende matriarchalische Strömung* führt Fromm an: das Scheitern des patriarchalischen Systems (Kriege, Hungersnöte, Umweltverschmutzung), die demokratischen Revolutionen, die feministische Revolution, die Anerkennung des Status von Kindheit und Adoleszenz, die Vorstellung vom Konsumparadies (trotz aller Übertreibungen eine Große technische Mutter, welche die natürliche ersetzt), die Liberalisierung der Moral und schließlich die jüngste Entwicklung der Psychoanalyse und das wachsende Interesse, das sie auf die Beziehung Mutter/Säugling richtet.

Fromm, der die Gefahren eines absoluten Neomatriarchats - als abstrakte und unmittelbare Negation des Patriarchats - durchaus erkennt, hofft auf eine höhere Form des Matriarchats, eine Art Synthese, in der die mütterliche Liebe durch Gerechtigkeit und Rationalität und die väterliche Liebe durch Mitleid und Streben nach Gleichheit einander angenähert wären.

In seinen sozialpsychologischen Untersuchungen beschäftigt sich Fromm vorzugsweise mit den *sozialen Rollen* von Vater und Mutter und hält sich dabei so eng wie möglich an die reale Macht, vernachlässigt dabei freilich die phantasmatischen oder symbolischen Funktionen, wie sie sich in den bewußten Elternbildern oder den unbewußten Imagines darstellen. Mit Schweigen übergeht er vor allem die Imago der Allmacht - Vater und Mutter vereint und gleichzeitig weder Vater noch Mutter -, die bestimmten Ideologien von Familie und Gesellschaft, vielleicht sogar der Ideologie schlechthin zugrunde liegt: die Imago der *vereinigten Eltern*, von der in dieser Studie die Rede sein soll.

Meine Absicht geht dahin, das Wesen und den unbewußten Ursprung einer psychischen Funktionsweise zu untersuchen, die jeder Analytiker in der dualen Beziehung mit einem psychotischen Patienten beobachten kann und die sich mit aller Deutlichkeit in der ersten Therapiephase einer versammelten Familiengruppe bemerkbar macht, die nach der früher (1979) dargestellten analytischen Technik behandelt wird.

Dank der Vorarbeiten von Didier Anzieu (1975) und René Kaës (1976)

war es mir im Rahmen meiner analytischen Behandlung psychotischer Familien möglich, *drei psychische »Organisatoren«* zu isolieren, in dem Sinne, wie René Spitz (1965, dt. 1967) diesen aus der Embryologie stammenden Begriff benutzt hat, um die markanten Punkte der Ontogenese festzuhalten. Diese »Organisatoren« stehen im Zentrum der unbewußten Familiendynamik und bezeichnen *drei Etappen des unbewußten Prozesses*, die sich in den analytischen Familientherapien erkennen lassen:
- *die Gruppenillusion*, verbunden mit einer »leeren«, bilderlosen Beziehung [*relation blanche*];
- das Auftreten immer differenzierterer *Imagines*: Vater- und Mutter-Imagines;
- die Zirkulation von *Urphantasien* (intrauterines Erleben, Verführung, Urszene, Kastration).

Diese Etappen sind Entwicklungsstufen des familialen Phantasielebens, ausgehend von einem Blockadezustand des psychischen Apparats der Familie. Der Punkt, den ich hier ausführen möchte, bezieht sich auf die erste Phase dieses Vorgangs: nämlich die eigentümliche Funktionsweise des psychischen Apparats der psychotischen Familie zu Beginn der Therapie, und zwar unter dem Gesichtspunkt der Macht in der Familie.

In dem erwähnten Artikel (1979) habe ich die psychische Dynamik (vielleicht sollte man lieber sagen: die Trägheit) der Familiengruppe mit psychotischer (oder anorektischer) Symptomatik unter Betonung zweier Merkmale beschrieben:
- auf unbewußter Ebene: Streben nach *Verschmelzung* der psychischen Apparate und der individuellen Körper;
- auf der Ebene der manifesten Kommunikation: Auftreten von *operativem Denken*, das zwischen den Familienmitgliedern, aber auch zwischen ihnen und den Therapeuten eine *leere, bilderlose Beziehung* entstehen läßt.

Ich möchte zeigen, daß diesen Phänomenen eine *übermächtige Imago* zugrunde liegt, die den familialen Apparat erstarren läßt und die einzelnen Körper und Psychen miteinander verschmilzt: die Imago der vereinigten Eltern. Zuvor aber möchte ich an eine Beobachtung erinnern, die von Caillot und Decherf (1981) bei der Behandlung der Familiengruppe mit Hilfe der gleichen analytischen Technik gemacht wurde. Diesen Autoren fiel eine eigenartige Form der Übertragung zu Beginn der Therapie von Psychotikerfamilien auf. Sie vertreten die Auffassung, daß der erste Organisator solcher Familiengruppen einer »paradoxen Gruppenorganisation« entspricht, die sich während der Behandlung in einer *»paradoxen familialen Übertragung«* als Reflex zweier unvereinbarer Positionen äußert: beide sind voneinander nicht zu trennen und bringen die Familiengruppe immer wieder in unentscheidbare, ausweglose und ausgehrende Krisensituationen, wodurch sich die Symptome des designierten Kranken und der übrigen Familienmitglieder verschlimmern. Diese Übertragung aktualisiert in der Behandlung nichts anderes als ein ständiges Schwanken zwischen der Phantasie der Zerstückelung der Familie einerseits und der Phantasie der idealen Familie andererseits.

Ursache dieser Familienorganisation und dieses paradoxen Übertragungstyps ist, wie ich zeigen möchte, ein ganz und gar archaisches Bild im Dienste der Abwehr: die Imago der *vereinigten Eltern*.

1. Was ist eine Imago?

Laplanche und Pontalis zufolge handelt es sich bei einer Imago um eine unbewußte Vorstellung, »ein statisches Klischee, nach dem das Subjekt den anderen erfaßt« (1967, dt. 1972, S. 229), das imaginäre Relikt der intersubjektiven Beziehung des Kindes mit seiner familialen und sozialen Umgebung. Diese »Vorstellung« muß sich nicht in einem Bild objektivieren, sondern kann sich auch unmittelbar, ohne weitere Verarbeitung, in Affekten und Verhaltensweisen äußern. Wir werden sehen, daß genau diese Möglichkeit, ohne Vorstellung erlebt und ausagiert zu werden, das Schicksal einer ganz archaischen Imago ist.

Anzieu (1975) versucht Status und Ursprung der Imago unter Bezug auf Phantasien in der psychischen Dynamik einzukreisen. »Die Imago«, schreibt er, »gehört zum selben Realitätsbereich wie die Phantasie, doch mit einem wichtigen Unterschied: die Phantasie ist die Vorstellung einer Aktion – mit mehreren Protagonisten, in denen sich Triebe und Abwehrmechanismen personifizieren –, während *die Imago eine Vorstellung einer Person* ist; eine Vorstellung, in der keimhaft die das Ich regulierenden psychischen Instanzen – Über-Ich, Ichideal, Idealich – angelegt sind. Die Phantasie bildet sich im Verlauf der individuellen Entwicklung. Die Imago dagegen ist, zumindest nach Freud, im Verlauf der Gattungsentwicklung entstanden und läge demnach als Potential im Kind von Geburt an bereit; daher die Universalität der Imagines und ihre Fähigkeit, Gruppen, Kollektiven und Organisationen ihre tiefe psychische Einheit zu gewährleisten.«

Anzieu macht jedoch aus der Imago den zweiten »Organisator« der Gruppe, während der erste seiner Auffassung nach in der »phantasmatischen Resonanz« liegt: in der Tatsache, daß ein individuelles unbewußtes Phantasma als »gemeinsamer Nenner der unbewußten Gruppenphantasien« (Ezriel, 1960, dt. 1960) zu einem Faktor bei der Organisation der Gruppe wird und die Gruppenillusion hervorruft – Zeichen einer Verschmelzung der individuellen psychischen Apparate zu einem Gruppenapparat.

Die vorliegende Studie möchte dagegen vorschlagen, den ersten Organisator psychotischer Familiengruppen, den *originären Organisator* solcher Familien, ebenfalls als Imago zu betrachten: als eine unbewußte Figur besonderer Art, wie wir sehen werden, die man als Erbe der Gattung ansehen kann.

2. Die Imago der vereinigten Eltern

Im Anschluß an die klinischen Bemerkungen Freuds über »Die infantilen Sexualtheorien« (1908b) und die mit einem Penis ausgestattete Mutter beschreibt Melanie Klein (1932, dt. 1934; 1952) eine Imago, die sich in der Psyche bereits sehr früh bemerkbar macht: die Imago der *in einer ununterbrochenen sexuellen Beziehung vereinigten Eltern*. »Dabei enthält die Mutter den Penis des Vaters oder den ganzen Vater, während der Vater die Brust der Mutter oder die ganze Mutter enthält: *die Eltern sind in ihrer sexuellen Beziehung untrennbar miteinander verschmolzen.*« Nach Melanie Klein geht aus dieser Imago das Phantasma der »Frau mit Penis« hervor, wobei es sich stets um den Penis des Vaters handelt, den sich die Mutter einverleibt hat.

Hanna Segal zufolge bildet sich die *Figur der vereinigten Eltern*, wenn der Vater noch nicht gänzlich von der Mutter unterschieden ist und sein Penis noch als Teil des Körpers der Mutter wahrgenommen wird. Eifersucht und Neid lassen das Kind bei der Abwehr seiner frühödipalen Ängste auf jene *vereinigte Elternimago* regredieren, *um auf diese Weise den Koitus der Eltern zu leugnen.* Die projizierte Aggressivität des Kindes verwandelt die sexuelle Beziehung in *»einen verhaßten Koitus«*, bei dem die Eltern als »hassenswertes, drohendes Ungeheuer« empfunden werden (1964, dt. 1974, S. 143), als »wildes Tier mit zwei Rücken« (siehe Rabelais) oder als »Tier mit acht Beinen«. Für kleinianische Autoren macht dieses *erschreckende* Bild oft den Kern kindlicher Alpträume und des kindlichen Verfolgungswahns aus. In der normalen Entwicklung gewinnt das Baby erst allmählich ein realistischeres Verhältnis zu den Eltern und gelangt dahin, sie als voneinander getrennte Individuen zu betrachten.

Woher allerdings diese »Vorstellung« der Eltern als eine ungeschiedene Person stammt, die panischen Schrecken auslöst, vermag Melanie Klein nicht eindeutig zu klären. Bald wird sie als erworben, als Resultat einer schlechten frühen Beziehung mit der realen Mutter dargestellt, bald soll sie von konstitutionellen Faktoren abhängen. Ich glaube jedoch, daß es sich um eine Imago handelt, die dem phylogenetischen Erbe angehört: so regelmäßig und deutlich tritt diese Gestalt in allen Familien mit psychotischer Symptomatik in der analytischen Familientherapie auf. Diese Imago der vereinigten Eltern beherrscht die Abläufe des psychischen Apparats psychotischer Familien als dominierende Instanz und stellt ein *Paradigma absoluter Macht* dar, der sämtliche Mitglieder der Familiengruppe unterworfen sind. Sie steht am Ursprung der Phänomene der Gruppenillusion und der »operativen« Beziehung, die wir beobachtet haben, sowie der paradoxen Übertragung, die von anderen Analytikern hervorgehoben wurde. In diesem Sinne läßt sie sich als *originäre Organisation* jener behandelten Familien betrachten.

3. Vereinigte Eltern und Gruppenillusion

Nach welchen Regeln die psychischen Prozesse bei psychotischen Familien, die der Gruppenillusion erliegen, zu Beginn der Therapie ablaufen, habe ich ebenfalls schon 1979 beschrieben: Sämtliche Familienmitglieder scheinen ihre ganze Triebenergie darauf zu verwenden, sich und dem Therapeuten zu beweisen, daß sie eine gute Familie sind und ohne Spannungen miteinander auskommen. Ihre Gegensätze werden als bloße »Charakterunterschiede« dargestellt. Der Beweis dafür, daß es keine Spannungen gibt, daß sie sich alle sehr lieben, besteht darin, daß sie alle gleich sind. Beim Anhören des *innerfamilialen unbewußten Diskurses* drängt sich dieses Bild eines Zusammenschlusses von Individuen auf, die in allem einander gleich sind, zumal in Geschlecht und Alter. Alle Differenzen sind ausgelöscht. Der Hauptmechanismus, der gemeinsame Nenner der individuellen Phantasmen, die »organisierende« Phantasie solcher Familien scheint *die Leugnung des Geschlechts- und Generationsunterschieds* zu sein. Der typische latente Diskurs der Familie des Psychotikers während der ersten Therapiesitzungen lautet etwa so: »Da wir alle gleich sind, gibt es keinen Unterschied zwischen Eltern und Kindern. Wir sind alle Brüder und Schwestern und, mehr noch, geschlechtslose Brüder und Schwestern, das heißt eine Gemeinschaft von Brüdern, eine Fratrie. Ein Gesetz existiert nicht. Von Macht ist keine Rede. Wozu sollten diese Macht und dieses Gesetz denn dienen? Um Konflikte zu regeln? Aber Konflikte, wirkliche, schwere Konflikte gibt es nicht, da wir alle auf gleicher Wellenlänge sind, alle vereint und wiedervereinigt in der gemeinsamen Gruppenphantasie einer vollkommenen familialen Einheit. Gewiß, im Alltag kommen durchaus Konflikte vor, aber das sind keine wirklichen Konflikte, sondern Mißverständnisse, die von der Brüdergruppe durch bewußte Anstrengung oder – besser noch – mit gutem Willen leicht ausgeräumt werden im Namen der Zuneigung, die alle Mitglieder miteinander verbindet. Konflikte, nun ja! Früher gab es welche; aber das ist vorbei, es gibt keine mehr. Früher, das heißt vorher, bevor alles angefangen hat, das heißt, bevor der designierte Patient auf verrückte Weise zu handeln und zu denken begonnen hat. Aber seitdem ist alles wieder in Ordnung. Übriggeblieben ist davon nur dieser Junge (dieses Mädchen), der (das) durch seine Verrücktheit aus der Familie herausfällt, irgendwie exzentrisch ist. Sorgen Sie dafür, daß er (es) in den Kreis des einheitlichen Denkens der Familie zurückkehrt, und alles ist perfekt.«

Die Familie stellt sich dar und erlebt sich als Gruppe von Kindern, von geschlechtslosen Kindern. Sie ist eine Brüdergemeinschaft, in der sich jeder von der Gruppenillusion nährt, von der Illusion einer vollkommenen Identität untereinander. Eine so perfekte Gemeinschaft, daß sie kein Gesetz braucht. Und erst recht findet man *nicht die Spur von einem sexuellen Gesetz* oder von sexueller Macht. Es fällt auf, daß im Gegensatz zum Strukturmuster neurotischer Familien *das Gesetz des Vaters*, als Korrelat zum Begehren der Mutter, *fehlt*. Die Pseudoeltern sind geschlechtslos, Erzeuger nur nebenbei, durch einen glücklichen Zufall, versehentlich. Sind sie wirklich die Erzeuger? Der Vater ist ein *Vater ohne Macht*, wie es oft beschrieben wurde. Er setzt nicht das sexuelle Gesetz durch, weder das Inzestverbot noch die Kastrationsangst. Er ist ein Kastrierter unter anderen. Wir stoßen damit wieder auf das klassische Schema der Psychotikerfamilie. Nun aber zwingen uns unsere Beobachtungen, von den klassischen Beschreibungen abzuweichen.

Nach der üblichen Vorstellung ist die Familie von Psychotikern dadurch charakterisiert, daß ein abwesender Vater auf seine Rolle als Agent der Kastration verzichtet hat und daß die Mutter diese Rolle des Repräsentanten des Gesetzes übernimmt. Entgegen diesem Schema lassen unsere Beobachtungen jedoch ein *unbewußtes Mutterbild* erkennen, das *ebenso abwesend*, ebenso kastriert und ebenso schwach ist wie das unbewußte Vaterbild. Der familiale psychische Apparat von Psychotikerfamilien scheint uns von der Abwesenheit jedes sexuellen Gesetzes beherrscht zugunsten einer Kastratenidentität, die sämtliche Mitglieder, Eltern und Kinder, in einer verderblichen und schwächenden Gruppenphantasie vereint: Verleugnung der Kastration, der Verführung und natürlich der Urszene. Die zusammengeschweißte Familie verausgabt eine »irrwitzige« Energie darauf, das Unhaltbare auf diese Weise zu erhalten, ihre Einheit – mit dieser egalitären und asexuellen Phantasie im Mittelpunkt – durch die gemeinsamen Mechanismen der Leugnung jeder Differenz, jeder sexuellen Realität, aufrechtzuerhalten. Diese gemeinsame Erfahrung des Fehlens jedes Gesetzes erscheint überdeutlich als der Angst auslösende Faktor, der sämtliche Poren dieser familialen Haut durchdringt und die Gegenübertragung der Familientherapeuten auf eine harte Probe stellt.

Längere und genauere klinische Beobachtungen sowie ein tieferes Verständnisses von Übertragung und Gegenübertragung erlauben es mir heute, dieser Leugnung der Geschlechter und Generationen eine weitere Verleugnung hinzuzufügen: *die des individuellen Todes.* Die kollektive Phantasie des Familientodes tritt dagegen in den psychotischen Familien sehr deutlich hervor, wie ich schon in einem früheren Text betont habe (Ruffiot, 1981b).

Fehlen eines Gesetzes, Fehlen von Macht im Zusammenhang mit der Elternfunktion. Die Macht ist *anderswo*, setzt sich auf stumme und despotische Weise durch. Sie wird von jener Imago des Vater-Mutter-Amalgams repräsentiert, das - allmächtig, grauenerregend, tyrannisch, bedrängend - zur Quelle primitivster Ängste wird und dem man nur als undifferenzierte Einheit entgegentreten kann. Die Gruppenillusion, das Bedürfnis, die Grenzen der Familiengruppe zu verteidigen und die Pseudoeinheit aller ihrer Mitglieder zu sichern, geht auf das Entsetzen zurück, das jenes gesichtslose Ungeheuer erregt: jenes Scheusal mit zwei Rücken, das sein Gesetz erzwingt, ohne seinen Namen zu nennen, sein Gesicht zu zeigen oder konkrete körperliche Gestalt anzunehmen.

Es ist erstaunlich, daß der Träger psychotischer Symptome nicht der ständige Träger dieser Imago ist - auch wenn seine Symptome eine beständige Erinnerung an diese außernatürliche Kraft darstellen -, sondern daß sämtliche Familienmitglieder dem Joch dieses phantastischen Ungeheuers unterworfen sind. Der psychische Apparat der Familie ist gleichsam vom Donner gerührt, erstarrt, *versteinert* vor diesem Bild eines seinerseits erstarrten Paares, das bewegungslos ist wie der Tod. Todbringende Umarmung, welche die Macht hat, sich selbst zu vernichten, die Geschlechter zu neutralisieren und das Doppel, den Vektor des Lebens, auf das Eine, den Spiegel des Todes, zu reduzieren. Als entstellte Gestalt der Bisexualität ist diese Imago der vereinigten Eltern die äußerste Abwehr jeder sexuellen Vorstellung; der Koitus wird paradoxerweise zum *Bild des geschlechtslosen Neutrums* als extreme Äußerung des negativen Narzißmus.

Diese Imago ist es, die sämtliche Mitglieder psychotischer Familien in ihren Bann schlägt und erstarren läßt. Vor ihr, einer wahrhaften *Anti-Urszene*, regrediert die Familie auf einen gruppenpsychischen Apparat primitivster Art, löst dabei alle Geschlechts- und Generationsunterschiede auf, flüchtet in die Illusion einer vollkommenen Gruppe, ein undifferenziertes Magma individueller, in tödlicher Umarmung miteinander verschmelzender Ichs, gleichsam als Spiegelbild jener todbringenden Fusion, der sie mimetisch zu entgehen versucht. Darin liegt, nach unseren klinischen Beobachtungen, die Ursache der unbewußten Gruppenillusion, wie man sie in Familien von Psychotikern antrifft.

4. Vereinigte Eltern und leere Beziehung

Ich nehme nun die Beschreibung des *manifesten Diskurses* wieder auf, wie wir ihn zu Beginn psychoanalytischer Therapien psychotischer Familien regelmäßig beobachten.

Der gruppenpsychische Apparat dieser Familien führt uns eine Art *»operatives Denken«* vor, und zwar in dem Sinne, in dem Pierre Marty und Michel de M'Uzan diesen Ausdruck seit 1963 (dt. 1978) benutzen, um das bewußte Denken von Individuen mit psychosomatischer Struktur zu kennzeichnen. Erinnern wir daran, daß es sich dabei um ein Denken handelt, »das mit keiner nennenswerten Phantasietätigkeit verbunden scheint und das Handeln eher verdoppelt, statt es zu bezeichnen«. Ein Denken ohne symbolische Tragweite oder sublimierenden Wert. Eine Kommunikationsweise, die tendenziell zu dem führt, was die Autoren als *leere, bilderlose Beziehung* bezeichnen, bei der »sich jede Assoziation so eng wie möglich an die harte Faktizität der Fakten hält und in einem sehr begrenzten zeitlichen Rahmen bleibt«.

Wir waren verblüfft über diese leere Beziehung, die solche Familien vom ersten Kontakt an mit dem Therapeuten herzustellen und in der Folge beizubehalten versuchen. Der Familienkörper strebt danach, die Therapeuten in diese »leere«, rein operative Beziehung hineinzuziehen. Das Leben der Familie wird uns beschrieben – man könnte sagen: »auswendig«, ohne innere Beteiligung, vor uns abgespult – als eine Aufgabe, die bewältigt werden muß, in einer unmittelbaren Gegenwart, in einem äußerst verengten zeitlichen Universum ohne Vergangenheit und ohne Zukunft.

Ohne Zukunft: die Familie scheint kein Projekt zu haben, keine Zukunftsphantasie, keine Perspektive; die Zukunft scheint ihr versperrt. Man hat das Gefühl, daß die Bilanz abgeschlossen ist. Die Familie wird nur noch von einer gemeinsamen Aufgabe zusammengehalten: *die laufenden Geschäfte abzuwickeln.* Was die Vergangenheit betrifft, so wird sie dargestellt, »abgespult« als »ein Stück Gegenwart«, das sogleich operational, pragmatisch, operativ verwendbar ist. Der »abgespulte« Bericht der Familie »klebt an der harten Faktizität der Fakten«, zumal was das Auftreten der Störungen bei dem designierten Patienten betrifft: »Mit dem Umzug fing alles an . . .« Ein Bericht ohne Phantasie, *ohne manifesten affektiven Wert.* Darstellung einer strengen, trockenen Logik, die alles – oder fast alles – mit der Realität erklärt. Ein Denken, das *der Realität verhaftet* ist, der Materialität, ohne Möglichkeit des Zurücktretens oder der Temporalisierung.

Sobald in dieser leeren Beziehung die Rede auf Sexualität kommt, wird sogleich von ihr abgelenkt, wird sie gemieden oder banalisiert und aller

Verbindungen in der Phantasie beraubt. Als Beleg dafür mag die folgende exemplarische Sequenz dienen. Dieser Ausschnitt aus einer sechsten Therapiesitzung zeigt deutlich eine Form der Abwehr, wie sie in psychotischen Familiengruppen vorherrscht: die Blockierung der freien Zirkulation von Phantasmen im familialen Apparat durch einen Mechanismus der *Pseudorationalisierung, der jede Urphantasie aus dem familialen Diskurs ausstößt*, um eine rein materielle Kausalität aufrechtzuerhalten.

Die Familie besteht aus den Eltern und einer 23jährigen Tochter – nennen wir sie Sophie –, die im Alter von fünfzehn Monaten adoptiert wurde, nachdem die Mutter mehrere Fehlgeburten erlitten und einen »mißgestalteten, nicht lebensfähigen« Jungen zur Welt gebracht hatte, der mit zwei Jahren starb. Vor der sechsten Sitzung also – zu früh, könnte man sagen – hat Sophie zwei Träume, die ungeschminkt, ohne jegliche Symbolisierung, uterine und Kastrationsphantasmen liefern. Da solche Phantasien für den psychischen Apparat der Familie zu diesem Zeitpunkt der therapeutischen Entwicklung unannehmbar sind und Erschrecken auslösen, werden sie mittels einer Pseudorationalisierung, die »weder Hand noch Fuß« hat, kollektiv reduziert und eingefroren.

Sophie »Ich hatte zwei leicht zu verstehende Träume. Im ersten war ich zwölf; ich war mit einem gleichaltrigen Jungen am Strand. Er zeigte mir sein Geschlecht und sagte: ›Es stört mich.‹ Also schneide ich ihm das Glied mit einer Gartenschere ab und klebe ihm ein Hansaplast drüber. Er sagt: ›Weißt du, Sophie, jetzt fühle ich mich viel besser.‹ Dieser Traum will sagen: Ich habe Angst vor dem Geschlechtsakt, ich will mein Geschlecht abschneiden. In meinem zweiten Traum hatte ich einen ovalen Fötus mit zwei schwarzen Augen zur Welt gebracht. Ich wollte ihn töten. Man sagte zu mir: ›Wirf ihn aus dem Fenster.‹ Schließlich sagte ich: ›Nein, ich will ihn leben lassen.‹ Die Erklärung dieses Traumes hat mit meiner natürlichen Mutter zu tun. Ich bin in der gleichen Situation wie sie. Ich wollte den Fötus nicht haben, so wie ich im Moment kein Kind haben möchte, so wie meine Mutter mich nicht haben wollte.« *Die Mutter* »Sophie findet die Situation ganz klar. Ich nicht. Wenn ich solche Träume hätte, wäre mir angst. Ich hätte den Eindruck, daß mir etwas fehlt, daß ich etwas anderes suche. Ich würde mich fragen, was das heißt.« *Der Vater* »Herr R. [der Therapeut] muß es wissen.« *Therapeut* »Träume haben viele Bedeutungen.« *Die Mutter* »Und oft ganz andere Bedeutungen, als man denkt.« *Der Vater* »Mir fällt in den Träumen von Sophie eine deutliche Tendenz zur Sexologie auf.« *Sophie* »Als ich den Fötus sah, hatte ich Angst. In meinem Traum war er häßlich, schmierig, fett.« *Die Mutter* »Vielleicht war es ein Marsmensch.« *Sophie* »Dann hätte er grün sein müssen.« *Die Mutter* »Das ist ein Vorurteil, daß Marsmenschen grün sind.« *Sophie* »Man sagt immer: ›die kleinen grünen Männchen‹.« *Die Mutter* »War dein Traum in Farbe?« *Sophie* »Nein!« *Die Mutter* »Also war er vielleicht grün und blau.« *Sophie* »Das hätte doch nichts geändert. Ich höre noch die Stimme, die sagte: ›Man muß ihn töten‹.« *Der Vater* »Es war ein toter Fötus!« *Sophie* »Warum man ihn töten sollte? In meinem Traum war er nicht tot.« *Der Vater* »Physiologisch war er tot.« *Sophie* »Wenn man eine Fehlgeburt hat, lebt der Fötus dann noch?« *Die Mutter* »Nein!« *Der Vater* »Die Frühgeburten legt man in den

Brutkasten. Aber meistens sind sie tot.« *Therapeut* »War es ein Junge oder ein Mädchen?« *Sophie* »Ich erinnere mich nicht. Das war im Traum nicht erklärt.« *Die Mutter* »Also keins von beidem.« *Sophie* »Es war eine formlose Masse. Das ist der Bezug zu einem Baby. Säuglinge sind völlig blöd, mit großen runden Augen und ohne Haare. So ein Baby, das ist häßlich. Es hat keine Zähne, es ist ulkig, man klopft ihnen auf den Rücken, damit sie ein Bäuerchen machen.« *Die Mutter* »Es ist rührend.« *Sophie* »Man muß zwei Jahre warten, bis es spricht, so ein Baby.« *Die Mutter* »Menschen sind interessant, auch wenn sie nicht sprechen.« *Der Vater* »Mit Hunden ist es genauso.« *Sophie* »Hunde haben ein Fell.« *Der Vater* »Jedes Ding hat seinen Platz. Hunde haben ein Fell, menschliche Wesen haben was anderes.«

Dann sprechen die Eltern über Sophies Ankunft bei ihnen, mit fünfzehn Monaten, und über das anormale Kind, das sie zehn Jahre vor Sophies Adoption hatten.

Der Grund für diese panische Flucht der Gruppe vor jeder Erwähnung der Sexualität ist offenbar *das von allen geteilte Entsetzen vor der Imago der vereinigten Eltern.* Man bekommt den Eindruck, daß die Familie »gewissermaßen vor dem Realen Haltung annimmt« (Racamier, 1980), daß sie alle Phantasien, die auf diese Imago verweisen könnten, einfriert und sich einer unsichtbaren, allmächtigen Gestalt unterwirft, die jede Assoziation untersagt. Der familiale Diskurs über Angst und Leiden in seiner Härte, in seinen Brüchen, im gleichzeitigen Eingestehen und Verleugnen von Angst und Leiden. Die familiale Psyche erstarrt wie betäubt, krümmt sich auf sich selbst zurück, um sich einem *Gesetz des Schmerzes zu unterwerfen, das von einem anonymen Ungeheuer aufgezwungen wird: der Imago der vereinigten Eltern.*

Die Quintessenz des psychotischen Familiendiskurses, wie wir ihn anfangs zu hören bekommen, lautet regelmäßig: »Es gibt etwas, das stärker ist als wir, das sich uns aufzwingt, gegen das wir nichts ausrichten können, eine unheilvolle, unsichtbare und unvorstellbare Kraft. Wenn wir ihr nur ins Gesicht sehen könnten! Aber sie hat kein Gesicht.« Diese Kraft wird bald »Vererbung«, bald »Bosheit der Gesellschaft«, »Zusammentreffen zufälliger Umstände«, »Kinderkrankheit« oder »Pech« genannt. Hinter diesen Formulierungen, die das Übel zu benennen und zu beschwören suchen, verbirgt sich jene Imago der in ihrer ewigen Vereinigung erstarrten Eltern.

5. Vereinigte Eltern und Paradoxie

Die paradoxe familiale Übertragung, wie sie von Caillot und Decherf (1981) zu Beginn der Behandlung beobachtet wurde – »das Zusammenleben bringt uns um; uns zu trennen, wäre tödlich« –, illustriert dieses

Erleben der Familie unter dem Zeichen einer allmächtigen Imago, die nicht nur den physischen, sondern auch den psychischen Tod in sich trägt: die *geistige Verwirrung*. Diese Imago lähmt den Diskurs, indem sie das Denken schon in den Wurzeln lähmt.

Das Bild der »phallischen Mutter«, der »Frau mit Phallus« gehört in den Bereich des Vorstellbaren, Bildhaften (der Begriff ist in der analytischen Literatur recht geläufig, auch wenn ihm nur wenige Untersuchungen gewidmet worden sind, wie Green 1968 bemerkte). Was jedoch die Kleinsche Imago der *vereinigten Eltern* betrifft, ist sie das Bild des *bildlich nicht Darstellbaren*, des Nichtvorstellbaren; sie ist ein Stocken des Denkens, eine Art Antisymbol oder der Typus des Nichtsymbolisierbaren selbst. Stocken des logischen Denkens, der Dynamik der Phantasien oder »Perversion-Subversion des Denkens«, um die Definition aufzunehmen, die Racamier von dieser Paradoxie gibt. In der Tat scheint mir die paradoxe Beziehung, wie sie von diesem Autor beschrieben wurde und wie wir sie im Erleben der psychotischen Familiengruppe in der analytischen Familientherapie während der Sitzungen *hic et nunc* beobachten, von dem fassungslosen Erschrecken herzurühren, das die Imago der vereinigten Eltern auslöst.

Diese Imago, die der Mensch seit der Entstehung seiner Welt in Worte zu fassen versucht und die von der Psychoanalyse als »*phallische Mutter*« kenntlich gemacht worden ist – mit all den Spezifikationen, die sie näher bezeichnen (kastrierende, verschlingende, eindringende, »abgründige« Mutter (Joyce McDougall), »dunkle Mutter« (J. Brill), »stummes Ungeheuer« (J. Bigras), »anale Mutter« (René Kaës)[6], und mit all den mythologischen Bezügen, die ihr zugrunde liegen –, bezieht sich häufig nicht auf ein zweigeschlechtiges Mischwesen, sondern auf das Bild der Ungeschlechtlichkeit in der Form der vereinigten Eltern. Pasche (1975) beschreibt unter der Bezeichnung »verschlingende und eindringende Mutter« genau das, was nach meinem Verständnis die Imago der vereinigten Eltern ist.

»Die Triebe«, schreibt er, »verknüpfen sich vorzugsweise mit bestimmten Repräsentanten der äußeren Welt: dem Elternpaar. Hinter diesen Archetypen ... zeichnen sich jedoch archaischere Bilder ab. Diese Bilder entsprechen der dualen Beziehung des frühesten Lebensabschnitts, insbesondere dem einer *verschlingenden und eindringenden Mutter*, die einerseits das Kind, das sie zur Welt gebracht hat, wieder ihrem Körper einzuverleiben droht (und dabei auf das reziproke Begehren des Kindes trifft, in ihr aufzugehen), während sie gleichzeitig in es einzudringen, es gar zu überwältigen droht (wobei sie auf das Begehren des Kindes trifft, sie völlig in sich aufzunehmen).« Pasche betont, daß dieses Bild »zur *Nichtdarstellbarkeit* führt, da es unmöglich ist, sich ein Objekt oder sich selbst als totalen Eindringling in ein anderes Objekt und gleichzeitig als vollständig von ihm durchdrungen vorzustellen ... Es ist kein Raum mehr für irgend jemanden. Es ist keine Vorstellung mehr möglich. Man kann ein solches Bild nur sukzessiv und widersprüchlich denken. Die vollendete reziproke Penetration ist nicht einmal mehr vorstellbar; das Erlöschen des Triebes durch gegenseitige Neutralisierung ist daher abzusehen. Ist dies nicht die *psychotische Leere*, zu der die Katatonie nur das Gegenstück wäre – verkrampft und starr als Inkorporation einer *erstarrten Urszene*?«

Legt uns Pasche in diesem Text nicht den Gedanken nahe, daß sich hinter der verschlingenden und eindringenden Frau eine Imago der vereinigten, in monströser und *nicht darstellbarer* Verschmelzung erstarrten Eltern abzeichnet – eine Imago, die der Psychotiker buchstäblich verkörpert?

Es ist diese undenkbare, unvorstellbare Gestalt, die am Ursprung des wahnsinnigen und beängstigenden Diskurses steht, jener »gemeinsamen Bemühung, zusammen verrückt zu bleiben« (um die bemerkenswerte Beobachtung von H. Searles mit Blick auf die Familie insgesamt aufzunehmen). Dieser Bemühung begegnen wir zu Beginn unserer Familientherapien. Der »Organisator« dieses verrückten Denkens ist im Grunde genau diese nicht darstellbare Imago, Maske des Todes. Die paradoxe Kommunikation in den Psychotikerfamilien ist bloß die Folge dieser omnipotenten Imago, welche die psychischen Apparate der einzelnen vernichtet und in einer zerfließenden Pseudobeziehung – die das Zerfließen von Vater- und Mutterimago noch einmal verdoppelt – ineinander aufgehen läßt.

Die Bisexualität der Urszene ist verschwunden, auf geschlechtslose Neutralität reduziert in einer Umarmung, bei der »Hermes und Aphrodite nur noch eins sind, jedoch in einer noch radikaleren Bewegung einer Negativität, in der das Nichts sich verkörpert und das Begehren Erfüllung findet als Tod des Begehrens und Triumph über den Tod des Begehrens. *Das Eine erweist sich als undenkbarer Begriff*... Zwischen dem Doppel und der Hälfte scheint die Null das einzig Sichere« (Green, 1973). Das Eine, die *elterliche Verbindung*, ist in der Tat das Undenkbare, Nichtdarstellbare und *schlechthin die Matrix jeder Paradoxie*, das Urparadox, dem die paradoxe Kommunikation psychotischer Familiengruppen entspringt.

Als Ursprung der Paradoxie ist die Imago der vereinigten Eltern zugleich der *Ursprung der psychotischen Angst* in ihren *unbeschreiblichen* Aspekten. Die Bezeichnungen, die ihr von manchen Autoren beigelegt werden – katastrophale Angst, primitive Angst (Winnicott), kataklystische Angst, namenloser Schrecken (Bion) – lassen an die Konfrontation mit einer Gestalt denken, die »eine«, freilich identitätslose und namenlose Gestalt ist und jede Vermittlung und jede Triangulation untersagt: die paradigmatische Gestalt absoluter Macht, vor der man nichts anderes sein kann als nichts.

In der Dynamik der psychoanalytischen Familientherapie wohnen wir der Ent-Bindung [*dé-combinaison*] und dem Zerfall [*défusion*] dieser Imago bei. Allmählich erscheinen in der Übertragung, in den Traumproduktionen zwei immer deutlicher voneinander geschiedene Pole: ein *väterlicher* und ein *mütterlicher* Pol. Das Auftreten dieser beiden differenten Elternimagines stellt den zweiten Organisator des Prozesses dar, den wir beobachten können. Haben diese komplementären, lebendigen Phantasiegestalten einmal ihren Platz gefunden, bildet sich im psychischen Apparat der Familie ein *phantasmatischer Raum*. Die sexuell identifizierten Elterngestalten können sich nunmehr dem »Spiel« der Verführung, der lebendigen Begegnung in der Lust, der Schwängerung und der Kastration hingeben. Erst jetzt können die *Urphantasien* der Verführung, der (lebendigen) Urszene, der Kastration und des intrauterinen Erlebens auftreten. Sie stellen den dritten Organisator des Prozesses dar, den unsere familientherapeutische Technik in Gang bringt. Diese Phantasmatik ermöglicht es den bis dahin miteinander verschmolzenen, der Willkür der vereinigten Eltern unterworfenen einzelnen Ichs, sich zu individualisieren, indem sie sich einen individuellen Familienroman bilden.

Bevor ich schließe, scheint es mir wichtig, daran zu erinnern, daß die Imago der vereinigten Eltern weder den realen Eltern noch deren Phantasmatik entspricht; es ist nicht etwa so, daß diese Imago von Unbewußtem zu Unbewußtem auf die Kinder überginge und dann, vermittelt über solche Phantasmen, bei ihnen eine Psychose hervorrufen könnte. Vielmehr scheint es sich um eine phylogenetisch erworbene *spontane Produktion der ganzen Familiengruppe* zu handeln, die jedoch nur bei solchen Familien in den Vordergrund tritt, die aufgrund ihrer konstitutionellen Ausstattung und/oder frustrierender früher Interaktionen zwischen Eltern und Kindern zur Psychose »bestimmt« sind. Bei unserer Beobachtung schwer gestörter Familien entdecken wir wechselseitige pathogene Induktionen – »zurückstrahlende pathogene Kreisläufe« nach der Formulierung von Soulé (1978) – innerhalb eines verschlissenen, früh blockierten familialen psychischen Apparats.

Fassen wir zusammen. Die psychoanalytische Familientherapie ist der ideale Ort, um die archaischste Imago der menschlichen Psyche zu beobachten: die der vereinigten, in einem unendlichen Koitus versteinerten Eltern. Diese Imago, die in psychotischen Familien vorherrscht, hat die Eigenschaft, die psychischen Apparate der Individuen miteinander zu verschmelzen und dafür einen »kombinierten« und erstarrten psychischen Apparat der Familie entstehen zu lassen, in dem die einzelnen Ichs zu einem undifferenzierten Konglomerat vermengt sind mit der Tendenz, sich in todbringender Umarmung und in operativer, paradoxer Pseudokommunikation selbst zu vernichten.

Jenseits des väterlichen Gesetzes, jenseits der Allmacht, die dem Bild der phallischen Mutter zugeschrieben wird, kann man zur Erklärung bestimmter klinischer Tatsachen eine Imago postulieren, die das Muster absoluter Macht wäre: die Imago der vereinigten Eltern als Anti-Urszene, Matrix der Paradoxie und des kollektiven Wahns.

Die Liebe in Gefahr. Zu einer neuen Ethik des Paares

> »Die Mehrzahl der Wesen hat das dunkle Gefühl, dass Tod und Liebe nur durch eine durchsichtige Haut von einander getrennt sind. Sie meinen, die Natur wolle streng genommen, dass man in dem Augenblick, wo man neues Leben hervorruft, das seine lässt. Wahrscheinlich ist es diese angeerbte Furcht, die der Liebe solche Bedeutung verleiht.«
>
> Maurice Maeterlinck,
> *Das Leben der Bienen*, S. 174

Wer heute [1988] von der Liebe spricht, muß es vor dem Hintergrund von AIDS tun. Was den Menschen dazu treibt, sich den Fesseln seines Narzißmus zu entwinden, was die Geschlechter seit den Anfängen der Menschheit dazu gebracht hat, sich zu vereinigen und fortzupflanzen, was die poetische Begabung und überhaupt jede *schöpferische* Produktion inspiriert hat, ist genau dies: daß die Leidenschaft, die das Leben in sich birgt, zum potentiellen Träger des Todes wird.

Gewiß, es gibt Arten, bei denen das Individuum genau in dem Augenblick stirbt, in dem es den Keim des Lebens überträgt. In der menschlichen Gattung folgen die Generationen aufeinander, machen einander Platz. Zumeist jedoch ist der Tod das Ende eines langen Lebensprozesses. Liebe und Tod sind im Unbewußten nur durch jene »durchsichtige Haut« getrennt, von der Maeterlinck spricht. Gleichwohl nimmt diese von den Dichtern besungene Verbindung von Eros und Thanatos nicht das ganze Feld des menschlichen Bewußtseins ein, besonders seit in Europa die großen Epidemien (Lepra, Pest, Syphilis, Cholera) verschwunden sind und vor allem seit den Entdeckungen Pasteurs.

Das Auftreten einer neuen Krankheit im Jahre 1981 – einer Krankheit, die auf sexuellem Wege, über die Blutbahn, auch zwischen Mutter und Fötus, übertragen wird – rückt unsere Gesellschaft erneut in eine Perspektive, in der Liebe, Sexualität und Tod auf ein und derselben Achse liegen. So kann die menschliche Libido, die Energie des Sexualtriebs, gegenwärtig nicht mehr außerhalb ihres physio-psychopathologischen Zusammenhangs gedacht werden, das heißt nicht mehr anders als vor dem Hintergrund von AIDS. Die von den Medien übertragenen und verbreiteten Verhütungskampagnen in den westlichen Ländern drängen dem individuellen Bewußtsein eine neue Komponente der Sexualität auf: die der Ansteckung mit einer tödlichen Krankheit. Der Akt der Übertragung, der Weitergabe des Lebens wird so zum Akt der Übertragung, der Weitergabe eines Virus.

Es gibt kaum eine Krankheitserscheinung, die in solchem Maße von den Medien aufgegriffen und verbreitet worden wäre: AIDS ist ein Gerücht, aber auch eine soziologische Realität.

1. Aktuelle Phantasien und Abwehrmechanismen im Zusammenhang mit dem AIDS-Phänomen

Es gibt zahlreiche Arbeiten, die sich auf der Grundlage psychosoziologischer und psychoanalytischer Daten mit dem *Gerücht* beschäftigen; man weiß heute, wie Gerüchte bestimmte Elemente des tiefsten Unbewußten dazu nutzen, eine »Massenpsychologie« zu erzeugen, indem sie die Überzeugungen sehr großer sozialer Gruppen homogen in Angst oder Erregung versetzen; die Realität, von der dabei ausgegangen wird, ist eine winzige, oft sogar völlig imaginäre Tatsache. Noch wenig bekannt ist dagegen die tiefenpsychologische Wirkung einer Krankheit, die (1) *durchaus real* ist, (2) *die gesamte Menschheit* betrifft oder betreffen kann und (3) die Bereiche von *Geschlecht und Tod* berührt. Ebendies gilt für AIDS.

Tatsächlich gibt es gegenwärtig erst sehr wenige *klinische* Studien[7], die sich mit der Wirkung von Informationen über die AIDS-Gefahr und von Verhütungskampagnen – die in Europa noch relativ neu sind – auf die psychische Tiefenstruktur von Patienten befassen, die sich in einer Analyse oder Psychotherapie befinden. Ich möchte also von der *Phantasmatik* und den *Abwehrmechanismen* sprechen, wie sie im Heilungsprozeß eines Patienten auftreten, der aus ganz anderen Motiven gekommen ist. Ich selbst bin seit 1985 auf dieses psychische Material im Assoziationsfluß aufmerksam geworden, da ich aufgrund meiner universitären Funktion im Rahmen meines Instituts für klinische Psychologie und Psychopathologie bereits sehr früh Forschungsarbeiten über die Psychopathologie von AIDS zu leiten hatte.

Meine Absicht ist es, zu zeigen, in welchen Formen das Faktum AIDS gegenwärtig in der Psyche auftaucht. Meine Erfahrung stützt sich dabei auf die analytischen Behandlungen, die ich selbst durchgeführt oder als Supervisor betreut habe, und zwar mit Patienten sowohl in Einzelbehandlung als auch in Paar- und Familientherapie. Abschließend möchte ich mit

Rücksicht auf diese neue Lage der Sexualität einen Ausblick auf eine veränderte Ethik formulieren.

2. Phantasien der unreinen, todbringenden Mutter

Um diese neuen klinischen Gegebenheiten schematisch darzustellen: Wie mir scheint, ist die am weitesten verbreitete und am tiefsten verankerte Phantasie die der *unreinen, potentiell den Tod in sich tragenden Mutter.* Jede Frau wird mit einer *schmutzigen, »gefallenen«, gefährlichen Mutter* gleichgesetzt, der eine abscheuliche, mit Worten nicht zu nennende Beziehung vorgeworfen wird, aus der Krankheit, Ungeheuer und Tod hervorgehen. In einer ersten Schicht des Unbewußten verweist diese unaussprechliche Beziehung auf die Phantasie eines Inzests der Mutter mit ihrem eigenen Vater. Diese Phantasie der möglicherweise das HIV-Virus »tragenden« Frau/ Mutter tritt beim Mann gewiß deutlicher hervor, ist latent aber auch in der weiblichen Psyche enthalten: *eine Frau steht am Ursprung des Übels, der Ansteckung*, einer Art Fluch. Es ist Eva, die Versucherin.

Oft konnte ich feststellen, daß der Hinweis auf den bedeutenden Anteil *homosexueller* Männer an den Infizierten oder Erkrankten ein Mittel ist, auf dem Wege der Verneinung die Bisexualität anzusprechen, die jedem von uns eingeprägt ist, etwa in der Form: »Zum Glück bin ich nicht homosexuell!« Doch hat der Umstand, daß das Virus überwiegend von Mann zu Mann übertragen wird, die Intensität und Prägnanz des Bildes der schuldigen Frau keineswegs abgeschwächt; sie bleibt schuldig, weil sie zum Beispiel ihrem Kind keine sexuelle Identität zu geben vermochte.

Die nach und nach bekanntgewordenen Informationen über den Anteil der infizierten *drogensüchtigen Frauen* und vor allem der *seropositiven schwangeren Frauen*, bei denen in der Hälfte aller Fälle zu erwarten ist, daß sie ein AIDS-infiziertes Kind zur Welt bringen, haben die unbewußte Vorstellung der bösen, todbringenden Mutter wiederbelebt.

All die Rationalisierungen, die von dem latenten rassistischen Untergrund in jedem von uns befördert werden – die Vorstellungen von der »amerikanischen« Homosexualität, der »afrikanischen« Polygamie und ganz allgemein der Haß auf das Fremde und Andere (ausländisch = fremd = krankhaft) –, all diese Rationalisierungen lassen das unbewußte Bild der *Hurenmutter* keineswegs verblassen. Und man hat guten Grund für die Annahme, daß die jüngsten statistischen Daten über den Prozentsatz der Seropositivität bei Prostituierten oder bei der weiblichen Bevölkerung bestimmter afrikanischer Städte[8] dieses Bild der Frau, die den Tod ausstreut, noch weiter verfestigen werden, wo sie doch eher als Opfer zu betrachten wäre.

2.1 Die Zweideutigkeit des Begriffs »Prävention«

Die Anti-AIDS-Kampagnen predigen die Verwendung von Präservativen als Mittel zur Verhinderung von Ansteckung und Ausbreitung des Virus, sofern die Gewißheit oder auch nur der mindeste Verdacht besteht, daß sich der Partner oder die Partnerin angesteckt haben könnte, sowie bei jeder sexuellen Beziehung mit einer neuen Person. Manche Fernsehspots zeigen in aller Ausführlichkeit, wie das männliche Organ *sich schützt*. Gewiß, der Begleittext macht deutlich, daß es um den eigenen Schutz wie auch um den der Partnerin geht. Doch die aktive Geste des Mannes, der *sich* schützt, weckt bei vielen das Bild des Mannes, der sich vor der potentiell verunreinigenden Frau schützen muß.

So ist also die Frau, Objekt des männlichen Begehrens, zu einer Gefahr geworden – jede Frau, die nicht jungfräulich ist. Diese Gefahr erscheint in der manifesten Rede von Männern gewiß viel lebhafter, da die Trennung zwischen Sinnlichkeit und Zärtlichkeit (jedenfalls heutzutage) bei Männern viel verbreiteter ist als bei Frauen. Je stärker das sexuelle Begehren (ohne damit verbundene Zärtlichkeit) gewachsen ist, desto größer ist das Gefühl der Gefahr.

2.2 Warum dieser unbewußte Haß auf die Mutter?

Um diese unbewußte Verschiebung der Schuld und des Hasses auf die Frau zu verstehen, sind drei Aspekte der menschlichen Sexualität zu berücksichtigen:

(1) *Die Mutter und die Sexualität*. Nach Freud, dem wir diese erste Überlegung verdanken, wird »die Normalität des Geschlechtslebens« durch das Zusammentreffen der zärtlichen und der sinnlichen Strömung gewährleistet (Freud, 1905, S. 108). Doch woher stammt diese Fähigkeit, die sinnlichen und affektiven Regungen an eine Person des anderen Geschlechts zu knüpfen?

Jede Verliebtheit oder, allgemeiner gesagt, jede sexuelle Anziehung ist zum Teil das Wiederaufleben inzestuöser Regungen, die insbesondere während der *ödipalen Phase* erlebt wurden. Darüber hinaus umfaßt jedes Begehren oder jede erotische Befriedigung stets auch eine Regression auf *die früheste Beziehung von Körper zu Körper*: die Beziehung mit der Mutter (oder einer Ersatzperson), die dem Säugling die erste Pflege zukommen ließ und damit auch die ersten sexuellen Erregungen hervorrief. Sie hinterläßt auf diese Weise im Unbewußten jedes einzelnen eine unzerstörbare Prägung. »Nicht ohne guten Grund ist das Saugen des Kindes an der Brust der Mutter vorbildlich für jede Liebesbeziehung geworden. Die

Objektfindung [das Finden des geliebten und begehrten Anderen] ist eigentlich eine Wiederfindung« (ebd., S. 123).

Alle klinischen Feststellungen seiner Nachfolger haben diese Auffassungen Freuds über die menschliche Sexualität nur bestätigen können: Jedes sinnliche Begehren, jeder wirkliche Liebeswunsch enthält die unbewußte Phantasie einer *Befriedigung* spendenden Beziehung *mit der primitiven Mutter*.

(2) *Der Haß auf die »böse Mutter«.* Nach einer zweiten Überlegung, die wir vor allem Melanie Klein verdanken, umfaßt diese primitive Mutter – die unsere Sexualität überhaupt »initiiert« und deren unbewußte Vorstellung in die Zusammensetzung aller unserer späteren Sexualtriebe eingeht – zwei gegensätzliche Aspekte: die gute Brust und die böse Brust.

Während das Kind die gute Brust-Mutter als gewährende erlebt, die alle Sicherheit und alle Lust spendet, wird die böse Brust-Mutter *gehaßt* wegen der Versagung, die sie den rohen Trieben des Säuglings notwendigerweise bereitet, vor allem aber aufgrund des angeborenen Todestriebes, den das Kind auf die Mutter ablenkt, indem es sie in seinen Neid- und Eifersuchtsempfindungen phantasmatisch angreift. Gefährlich wird die Mutter dadurch, daß das Kind eigene aggressive Phantasien auf sie projiziert.

Während die Imago der guten Mutter die massive Idealisierung des (männlichen oder weiblichen) Partners erlaubt, ist die Imago der bösen Mutter stets zur Hand, um für alle Unbefriedigungen im Leben jedes einzelnen als Begründung zu dienen.

(3) Die dritte Überlegung betrifft den *sexuellen »Verkehr« der Mutter*. So problematisiert Freud 1910 im ersten seiner »Beiträge zur Psychologie des Liebeslebens« die Entwicklung der Vorstellungen, die sich das Kind – Freud nimmt den Knaben als Beispiel – vom Geschlechtsleben seiner Eltern und insbesondere seiner Mutter macht.

Freud betrachtete die Vorstellung der Liebesspiele der Eltern als Urszene, das heißt als unbewußte Urphantasie, die ohne Zweifel zum phylogenetischen Erbe des Individuums gehört. Das Kind hat dieses Bild sehr früh, angeregt durch die (visuellen oder auditiven) Wahrnehmungen, die es davon macht, vor allem aber aufgrund der ödipalen Rivalität, die in ihm keimt. Mit Beginn der Latenzzeit verfällt diese Vorstellung gewöhnlich der infantilen Amnesie, besonders soweit sie sich auf die mütterliche Sexualität bezieht.

In der bewußten Psyche des Kindes tritt nun zwischen der *Mutter* und der *Dirne* eine Spaltung ein: die *Mutter*, »das keusche und unverdächtige Weib« (Freud, 1910, S. 69) »von unantastbarer sittlicher Reinheit« (ebd., S. 72), steht der *Dirne* mit zweifelhaftem sexuellem Ruf gegenüber. Freud beschreibt den rauhen Kampf, der sich daraufhin im Inneren des Kindes abspielt. Die soziale Wirklichkeit zwingt ihm nach und nach eine ziemlich umfassende Kenntnis der sexuellen Verhältnisse zwischen den Erwachsenen auf. Schwierigkeiten bereitet ihm jedoch die Einsicht, daß solche Praktiken auch zwischen *den eigenen Eltern* vorgehen. Wenn es dann genötigt ist, diese Realität, die »häßlichen Normen der Geschlechtsbetätigung«, bewußt anzuerkennen, bringt es dafür nur »eine Mischung von Sehnsucht und Grausen« auf; es sagt sich, »daß der Unterschied zwischen der Mutter und der Hure doch nicht so groß sei, daß sie im Grunde das nämliche tun«. Und es vergibt der Mutter nicht, »daß sie die Gunst des sexuellen Verkehres nicht ihm, sondern dem Vater geschenkt hat« (ebd., S. 73). Beim Mädchen ist dieses innere Problem im wesentlichen das gleiche.

Indessen zwingen die Liebespraktiken, die heute von den Medien – und in diesem Fall von den Fernsehspots zur AIDS-Verhütung – weit verbreitet werden, die Jungen und Mädchen viel frühzeitiger, die Verdrängung der Latenzperiode aufzuheben. Doch das Dilemma ist nicht einfacher als im Jahre 1910.

Die Menschen tragen heute [1988] die gleichen Konflikte mit sich herum wie zu Beginn des Jahrhunderts und zu allen früheren Zeiten. Stets war die Mutter, war die Frau bevorzugtes Ziel der menschlichen Aggressivität. Psychoanalytiker haben gezeigt, daß die Imago der »bösen«, kastrierenden, verschlingenden, eindringenden, den Tod in sich tragenden Mutter in den tiefsten Schichten des Unbewußten verankert ist; sie bezeichnen sie als »phallische Mutter« (Freud, Melanie Klein), »abgründige Mutter« (Joyce McDougall), »dunkle Mutter« (J. Brill) und »stummes Ungeheuer« (J. Bigras). Aus dieser todbringenden Mutter entsteht die *Imago der vereinigten Eltern*, die Schreckensgestalt der in einem ewigen Koitus untrennbar vereinten Eltern.

Sollte es sich etwa um eine moderne Version der »vereinigten Eltern« handeln, wenn das wunderbare Abenteuer der Spermatozoen bei ihrer Eroberung der zu befruchtenden Eizelle die sadistisch entstellte Form einer Phantasie todbringender gegenseitiger Befleckung annimmt, wie ich sie jüngst zu hören bekam: »Das Zusammentreffen von HIV-infiziertem Sperma und ebenso infiziertem Menstruationsblut im Verlauf einer haßerfüllten Beziehung bewirkt eine Verschmelzung der verunreinigten Zellen und ihre Wucherung ins Unendliche«?

Diese drei klinischen Beobachtungen erlauben es uns, besser zu verstehen, warum das Phänomen AIDS in der gegenwärtigen Phantasmatik mit den archaischsten Phantasien assoziiert wird, um das Bild der Frau zu trüben und jede Frau zu einer potentiell tödlichen Gefahr werden zu lassen. Es läßt sich noch kaum absehen, welchen Einfluß diese Vorstellung auf die Entwicklung des Liebeslebens der heranwachsenden Generation haben wird.

3. Mechanismen zur Abwehr der AIDS-Furcht. Ein Überblick

Ich will hier nur diejenigen Mechanismen erwähnen, die in der Psyche unserer Zeitgenossen ganz deutlich hervorzutreten scheinen und für das Phänomen AIDS eigentümlich sind.

(1) Ein Mechanismus, der zur Psychosomatik im weitesten Sinne gehört, ist das *plötzliche Verschwinden der Libido überhaupt*, jedes Begehrens und aller sexuellen Lust. Ein verheirateter Patient, Familienvater, der in der Vergangenheit Erfahrungen mit bestimmten homosexuellen Praktiken gesammelt hatte, kommt zur Behandlung, weil er seit vier Jahren keinerlei hetero- oder homosexuelle Anziehung mehr spürt. In einem späteren Gespräch werde ich erfahren, daß er genau seit diesem Zeitpunkt Kenntnis von den Verheerungen hatte, die der Einbruch von AIDS in die amerikanische *gay community* hatte.

(2) Offenbar der verbreitetste Mechanismus gegenüber der Angst vor AIDS-Ansteckung ist die *Verleugnung* der Gefahr, und zwar in zwei verschiedenen Formen. *Entweder* führt sie zu einer Einschränkung oder Beendigung der Promiskuität aus bewußt geäußerten »moralischen« Gründen, ohne daß auf der bewußten Ebene irgendein Zusammenhang mit der Ansteckungsfurcht hergestellt würde: »Meine Frau und ich haben beschlossen, uns treu zu sein ... wegen der Kinder und um der Stabilität unserer Familie willen«. *Oder* die promiskuitiven Beziehungen werden unter dem magischen Schutz eines guten Sterns ohne Vorsichtsmaßnahmen fortgesetzt. So habe ich zum Beispiel den folgenden scherzhaft geäußerten, aber aufrichtig empfundenen Satz zu hören bekommen: »Auf jeden Fall werde ich niemanden mit AIDS anstecken. Ich bin ein schlechter Leiter. Überhaupt, das Virus, das fühlt man. Ich habe eine Art Fluidum, um es zu erkennen.«

(3) Schließlich reaktiviert die Angst vor der AIDS-Epidemie auch *neurotische Mechanismen* zwanghafter und hysterisch-phobischer Art. Zweifellos bietet ein Virus, das als Eindringling in die vertraute Umgebung wahrgenommen wird, günstige Voraussetzungen für die Ausbildung von *Zwangsritualen*. Trotz der von den Medien verbreiteten Beschwichtigungen (daß das Virus nur durch Geschlechtsverkehr, über die Blutbahn oder transplazentar übertragen wird) fühlen sich viele Menschen mit zwanghafter Struktur beschmutzt, wenn sie genötigt sind, eine öffentliche Toilette zu benutzen oder auch nur einer bisher unbekannten Person die Hand zu geben: beides erfordert rituelle Reinigungen, sobald sie wieder zu Hause sind.

Die *hysterisch-phobischen* Erscheinungen sind weniger massiv, aber nicht weniger eindeutig. Zum einen löst jede somatische Affektion, die an die ersten AIDS-Symptome erinnern mag – ein Fleck auf der Haut, eine

Bronchialerkrankung, eine Reizung der Lymphknoten – bei manchen große Angst aus, als handele es sich um den Beginn einer AIDS-Erkrankung, auch wenn keine sexuelle Beziehung diese Annahme rechtfertigt. Übrigens brechen manche Frauen mit ihrem Freund aus der (durchweg unbegründeten) Angst, er könne eine Beziehung mit einer infizierten Frau gehabt haben. Zum anderen begegnet man konversionshysterischen Phänomenen wie Diarrhöen oder verschiedenen sensorischen Störungen, mit denen die Psyche unbewußt die sogenannten »opportunistischen« Erkrankungen imitiert.

4. Die Mutterimago bewahren

Die Liebesbeziehung und insbesondere das Finden der Verliebten sind – zweifellos seit es Menschen gibt – eine Quelle von Glück, innerer Befriedung und sozialer Schöpfung gewesen. Vor welchem Hintergrund und in welchen pathologischen Abarten die Liebe auch auftreten mag, ist sie doch das Gefühl, das den Menschen mit sich selbst und dem anderen versöhnt und aus dem er seine Dynamik bezieht. Wird die Liebe jedoch als lebensbedrohendes Risiko empfunden und der andere stets als eventueller Träger eines tödlichen Virus betrachtet, so muß man auf psychosoziologischer Ebene mit *massiven Depressionserscheinungen* rechnen ähnlich denjenigen, denen wir individuell bei AIDS-Erkrankten oder HIV-Infizierten begegnen. Alles in allem scheint es, als habe der Mensch verlernt, dem Tod in Auge zu blicken, eine innere Konfrontation zu ertragen, zu der der Mensch noch vor wenigen Generationen gezwungen war.

Es scheint mir wichtig, daß das Bild der Mutter, der Frau von dieser Heimsuchung der Menschheit nicht getrübt wird. Die Frau ist in unserer Psyche stets in drei Gestalten anwesend. »Man kann sagen«, schreibt Freud abschließend über »Das Motiv der Kästchenwahl«, »es seien die drei ... Formen, zu denen sich ... das Bild der Mutter im Laufe des Lebens wandelt: Die Mutter selbst, die Geliebte, die er nach deren Ebenbild gewählt, und zuletzt die Mutter Erde, die ihn wieder aufnimmt ... die schweigsame Todesgöttin« (1913, S. 37).

Gewiß waren Liebe, Sexus und Tod stets miteinander verknüpft. Heute steht die Menschheit jedoch vor der Aufgabe, dafür zu sorgen, daß der Tod nicht über das Leben, der Haß nicht über die Liebe die Oberhand gewinnt. Es ist von wesentlicher Bedeutung, daß in unseren Aufklärungskampagnen gegen sexuell übertragbare Krankheiten das Bild der Frau nicht negativ, das heißt herabsetzend und bedrohlich dargestellt wird. Wäre es nicht angebracht, die Frau in ihrer wichtigsten Funktion als Erzeugerin und als Hüterin der Liebe zu zeigen?

5. Schluß

Zwei Grundregeln beherrschen das Funktionieren aller menschlichen Gesellschaften: (a) *das Tötungsverbot* (»Du sollst deinen Vater, deinen Bruder, deinesgleichen, *deinen Rivalen* nicht töten«); (b) *das Inzestverbot* (»Du sollst mit den Nächsten deiner Familie nicht geschlechtlich verkehren. Du sollst deine Frau außerhalb der Familiengruppe suchen«). Welchen Einfluß haben diese beiden Gebote auf das individuelle und kollektive Bewußtsein angesichts der HIV-AIDS-Ansteckungsgefahr? Ist in naher Zukunft eine Umwälzung der Sitten zu erwarten, solange kein Heilmittel gegen AIDS und kein Impfstoff gegen HIV-Viren gefunden worden sind? Zwei Szenarien für die Zukunft sind vorstellbar:

Erstes Szenario: Eine Kultur des Hasses und des Inzests. Wegen der Millionen AIDS-Toten, mit denen nach einer pessimistischen, aber keineswegs unvorstellbaren Hypothese weltweit gerechnet werden muß, sprechen manche schon vom »Dritten Weltkrieg«. Im Verlauf dieser Entwicklung könnten zwei Faktorenreihen zum psychischen Triumph von Thanatos beitragen.

Zum einen könnte jeder Geschlechtsakt eine tödliche Bestimmung annehmen, könnte als potentieller Mord erlebt werden. Ein kürzlich in Frankreich erschienenes Buch (Juliette, 1987), angeblich ein authentischer Bericht, führt eine junge AIDS-kranke Frau vor, die in ohnmächtiger Wut auf den Tod und aus einem boshaften Allmachtsgefühl heraus das Virus auf eine möglichst große Zahl männlicher Partner überträgt... Andererseits droht bei einer solchen Auffassung des Anderen, des Fremden und Unbekannten als Überträger der Krankheit eine Tendenz zur »Inzestualisierung«, zur Teilung der körperlichen Intimität mit dem Bekannten, dem Nächsten, dem vermeintlich Gesunden, das heißt einem Mitglied der Verwandtschaft. Diese intrafamiliale sexuelle Austausch wäre die Verwirklichung des tiefsten unbewußten Wunsches.

Zweites Szenario: Die Entwicklung einer neuen Liebesethik. Die Woge der sexuellen Befreiung, die seit Ende der sechziger Jahre über Europa brandete, und besonders die »feministische Revolution« (die zwar notwendig war, doch auf lange Sicht vielleicht schädlich für das Bild der Frau als Garantin der Werte der Liebe) schwächt sich allmählich ab und weicht teilweise sogar zugunsten einer »neuen Moralordnung«, deren politische Ziele oft verhüllt bleiben.

Doch ließe sich nicht zwischen einer repressiven Kultur, aus der die moderne Nervosität entspringt (Freud, 1908a), und einer Kultur, in der jede sexuelle Befriedigung jederzeit möglich wäre, mit anderen Worten, zwischen einer Kultur des Über-Ichs und einer des Es, das Auftreten einer neuen Ethik der Liebe entdecken? Diese Ethik wäre auf *einen neuen*

Liebeskodex gegründet, der die Sinnlichkeit, Zärtlichkeit und den Tod gleichermaßen berücksichtigen würde und damit die notwendige Triebmischung der Lebens- und Todestriebe ins kollektive Bewußtsein aufnähme. Das bedeutet, daß sie die aggressiven Impulse den Liebestrieben, Thanatos dem Eros unterstellen würde.

Unsere westliche Kultur ging auf ökonomischer Ebene mit einer fortgeschrittenen Technologie und auf moralischer und psychischer Ebene mit einer sexuellen Liberalisierung einher – in der geheimen Hoffnung, daß sich die Liebe vielleicht auf ein Ensemble fortschrittlicher Techniken, auf die Entdeckung eines sexuellen Absoluten zurückführen ließe. Das moderne Paar wird vom Sturm dieser Entwicklung geschüttelt. Die wachsenden Scheidungsziffern, das Sinken der Heirats- und Fruchtbarkeitsrate der Paare sind Zeichen einer Epoche im Wandel: der Mensch unserer Zeit ist auf der Suche nach seiner Individualität, nach Abgrenzung seines Geschlechts, nach Befreiung des Weiblichen vom Männlichen und umgekehrt. Die Verschmelzung in der Liebe wird oft als überholter Mythos, als Ideologie der Vergangenheit dargestellt.

Unsere Gesellschaften haben nach und nach das Ideal einer Gesellschaft geschaffen, in der alle Triebe des Individuums, die aggressiven wie die sexuellen, vollständige und harmonische Befriedigung finden könnten – gewissermaßen das Ideal einer Symphonie der Triebe. Zu allen Zeiten haben jedoch Ausbrüche von Aggressivität jede soziale Gruppe, die überleben wollte, dazu gezwungen, die Notwendigkeit einer Art »Kriegsrecht« zur Reglementierung der Gewalttriebe anzuerkennen. Und dennoch muß man den Eindruck gewinnen, als wäre die Utopie einer möglichen vollständigen und harmonischen Befreiung der Sexualtriebe, einschließlich der sadistischsten perversen Triebe, noch immer lebendig (vgl. Ullerstam, 1964): Sehnsucht nach einem verlorenen Paradies, in dem jede Sexualität erlaubt, jeder einzelne Herr und Meister seines Triebschicksals wäre.

Und dennoch hat uns Freud vor der Gefahr gewarnt, die der Libido von zwei Seiten droht, der Unterdrückung und der schrankenlosen Freiheit:

»Die Tatsache, daß die kulturelle Zügelung des Liebeslebens eine allgemeinste Erniedrigung der Sexualobjekte mit sich bringt, mag uns veranlassen, unseren Blick von den Objekten weg auf die Triebe selbst zu lenken. Der Schaden der anfänglichen Versagung des Sexualgenusses äußert sich darin, daß dessen spätere Freigebung in der Ehe nicht mehr voll befriedigend wirkt. Aber auch die uneingeschränkte Sexualfreiheit von Anfang an führt zu keinem besseren Ergebnis. Es ist leicht festzustellen, daß der psychische Wert des Liebesbedürfnisses sofort sinkt, sobald ihm die Befriedigung bequem gemacht wird. Es bedarf eines Hindernisses, um die Libido in die Höhe zu treiben, und wo die natürlichen Widerstände gegen die Befriedigung nicht ausreichen, haben die Menschen zu allen Zeiten konventionelle eingeschaltet, um die Liebe genießen zu können. Dies gilt für Individuen wie für Völker. In Zeiten, in denen die Liebesbefriedigung keine Schwierigkeiten fand, wie etwa während des Niederganges der antiken Kultur, wurde die Liebe wertlos, das Leben leer, und es bedurfte starker Reaktionsbildungen, um die unentbehrlichen Affektwerte wieder herzustellen. In diesem Zusammenhange kann man behaupten, daß die asketische Strömung des Christentums für die Liebe psychische Wertungen geschaffen hat, die ihr das heidnische Altertum nie verleihen konnte« (Freud, 1912, S. 88).

Die Libido kann nicht vollständig befriedigt werden: Ein Teil ist dazu bestimmt, in der Kulturarbeit, bei der sozialen Schöpfung in Form von Sublimationen verausgabt zu werden. Freud hat sich gegen die sexuelle Unterdrückung empört, besonders gegen die Verleugnung der infantilen Sexualität und der perversen Triebe, die in jedem von uns sind; und er hat sich gegen die »Doppelmoral« gewandt, die einerseits zwischen der offiziellen und der praktizierten Moral, andererseits zwischen der Moral des Mannes (der sich seine Freiheiten nimmt) und der Moral der Frau (die abhängig und frigide gehalten wird) einen Unterschied macht.

Eine der ersten Errungenschaften der Menschheit war für Freud jedoch die Schöpfung des Paares, das auf der Verbindung sinnlicher und zärtlicher Regungen gründet. Eine notwendige Sexualethik liegt allen Freudschen Texten zugrunde. Die menschliche Psyche strukturiert sich in der Auseinandersetzung zwischen Begehren und Gesetz: dem Gesetz der Kastration. Die bewußte Moral erhebt sich auf der Grundlage von Über-Ich und Ichideal (unbewußten Instanzen, die aus diesem Konflikt zwischen Begehren und Gesetz hervorgehen). Diese Moral – die Achtung vor dem anderen – ist zweifellos in einer Furcht verankert (der Kastrationsangst), doch zu einer wirklichen Ethik wird sie erst durch Identifikation mit dem anderen als Träger überindividueller Werte.

So müssen wir uns davor hüten, eine restriktive Haltung gegenüber der Sexualität, die auf der Furcht vor dem anderen als potentiellem Träger des HIV-Virus beruht, als moralischen Wert zu betrachten. Eine Moral der Angst und der Ausschließung ist keine Moral. Die Angst vor dem Schutzmann, sagt das Sprichwort, ist der Anfang der Weisheit. Ob das für die Todesangst ebenso gilt, ist alles andere als gewiß.

Hingegen ist auf diesem Hintergrund der Gefahr für die soziale Gruppe eine neue Liebesethik vorstellbar, die auf einer Aufwertung des Paares und der Liebe gründet. Nicht eine »geschlossene Moral« als einfacher Schutzmechanismus der eigenen sozialen Gruppe vor Bedrohung, sondern eine »dynamische Moral« (Bergson), antinarzißtische Öffnung zum anderen hin. Die rationalisierte oder unbewußte Furcht »droht der Ethik des Gesetzes die Vorherrschaft vor der Ethik der Liebe zu geben, den Sinn des Tragischen durch einen simplen Kodex der guten Sitten zu ersetzen« (Mounier). Die Liebe ist kein individualistischer Zufluchtsort, sondern bedeutet letztlich eine Suche nach einem Absoluten im Dienste der großen Familie der Menschheit.

Anmerkungen

Alberto Eiguer
Für eine Psychoanlayse der Allianzverbindung

1 Mir liegt viel daran, Prof. Jean-G. Lemaire meine Dankbarkeit für seine freundliche Unterstützung meiner Arbeit zur Paartherapie zu erweisen. Danken möchte ich auch meinen Lehrern, Freunden und Mitarbeitern, deren Forschungen über die Gruppe, über das Paar beziehungsweise über die Familie für meinen eigenen Ansatz sehr fruchtbar gewesen sind; namentlich den Damen und Herren Professoren D. Anzieu, O. Avron, Ph. Jeammet, R. Kaës, S. Lebovici, E. Liendo, N. Rausch, A. Ruffiot und N. Zuili; den Damen und Herren Doktoren J.-P. Aubin, I. Bérenstein, J.-P. Caillot, S. Decobert, A. Gallo, M.-C. Gear, A. Green und E. Granjon; Herrn G. Decherf sowie Frau M. Aubert und Frau E. Lemaire-Arnauld.
2 Zwischen 1975 und 1981 hat sich der Anteil der unverheirateten Paare an der Zahl der jungen Haushalte in Frankreich von 5 auf 11 Prozent erhöht. M.-L. Lévy (1983, S. 170) zieht aus seiner Analyse dieses Anstiegs den Schluß: »Wenn man dieses Phänomen mit der gleichzeitigen Zunahme der Scheidungsrate [15,6 Prozent im Jahre 1975 gegenüber 29,1 Prozent im Jahre 1985; A. E.] in Verbindung bringt, so kann man sagen, daß die scharfe Grenze, die früher den Familienstand der Unverheirateten von dem der Verheirateten trennte, einem ›Kontinuum‹ gewichen ist, auf dem nun auch der Stand der unverheiratet Zusammenlebenden und der Nochverheirateten einzutragen ist. Die ehemalige Verlobung wird von den beiden Formen der ›Ehe auf Probe‹ abgelöst, dem Zusammenleben ohne Trauschein und der labilen Ehe. Dabei ist zu bedenken, daß das voreheliche Zusammenleben den Zeitpunkt der offiziellen Eheschließung gegenüber dem Zeitpunkt der Bildung des Paares verzögert.«
3 Zusammengezogen aus *le groupe*, die Gruppe, und *le couple*, das Paar. – A.d.Ü.

Alberto Eiguer
Allianzverbindung, Psychoanalyse und Paartherapie

1 Wegen der wesentlich klinischen Orientierung unserer Untersuchungen haben wir diese semantische und methodologische Einführung absichtlich knapp gehalten.
2 Lassen wir Anatole France sprechen (1949, dt. 1920, S. 79): »Überall und von jeher [wurden] die erotischen Akte geheim vollzogen ... um nicht im Publikum heftige und gegenteilige Gefühle zu erwecken ... Auf diese Weise ist die Scham entstanden, die gerade bei den laszivsten Völkern am stärksten ausgeprägt ist!« Denis Diderot (1951, dt. 1965, S. 59 f.) ist da nüchterner: »Sobald das Weib Eigentum des Mannes wurde und der heimliche Besitz eines Mädchens als Raub betrachtet wurde, entstanden die Begriffe ›Schamhaftigkeit‹, ›Zurückhaltung‹, ›Anstand‹.«
3 Sie geht zudem auf die Fremdenangst des Kindes während des ersten Lebensjahres zurück, jene entscheidende Etappe auf seinem Weg zur Objektbeziehung.

4 Wir schreiben die Falldarstellungen in der ersten Person Singular. Namen und Vornamen sind fiktiv. Verschiedene Einzelheiten der Beobachtungen wurden abgeändert, um die Anonymität zu wahren.
5 Bei der Formulierung dieser Deutung hatte ich die Phantasie vom Verlorenen Paradies im Sinn.
6 Ergänzungen in eckigen Klammern von mir. – A. E.
7 Diese Herrschaft hat ihre Machttechniken, ihre Feldzeichen, ihre Waffen, ihre historischen Mythen und ihre stets wirksamen Argumente.
8 Auch die sexuelle Leistungsfähigkeit kann als Machtargument eingesetzt werden, woran Pasini (1982) erinnert. Mit feinem Gespür für die Bedeutung des phallischen Phänomens hebt Jacques Lacan (1958) dessen scheinhaften Charakter hervor. Für die Frau besteht gegenüber dem Mann »die Notwendigkeit, dieser Phallus zu sein, insofern er gerade das Zeichen dessen ist, was begehrt wird. Dort liegt der Ursprung ... dafür, daß sie als Sein ... auf das zurückgeworfen wird, als was sie erscheinen soll.« Was den Mann betrifft, ist auch er »nicht er selbst ... da er [der Frau] geben muß, was er nicht hat [den Phallus], einem Sein, das nicht [der Phallus] ist«. Anders gesagt, die Frau muß, um geliebt zu werden, den Anschein erwecken, sie *sei* der Phallus; und der Mann muß so tun, als ob er ihn *hätte*. [Der Text ist in den *Écrits* nicht enthalten; vgl. aber als Parallelstelle: Lacan 1975, S. 130 f. – A. d. Ü.]
9 Freilich sind diese beiden Begriffsbündel nicht unter genetischem Gesichtspunkt zu betrachten. Man dürfte zum Beispiel nicht sagen, daß das erste Ensemble »frühere Situationen« wiedergibt als das zweite oder umgekehrt.
10 Der Ausdruck *libidinöse Bindung(en)* wird in den Schriften Freuds, zumal in *Massenpsychologie und Ichanalyse* (1921), mehrfach aufgenommen; wir entwickeln hier nur die ursprüngliche Idee. Bei Freud (1905, 1915b) sind die Beziehungen zwischen Narzißmus und Objektlibido dennoch komplex: Besetzungen können ausgesendet und zurückgenommen werden; die Objektbesetzung kann etwa nach der Entwöhnungstrauer in den Narzißmus zurückfließen (und dabei den Autoerotismus wiederbeleben).
11 In Willis (1975) Klassifikation der Arten des »unbewußten Zusammenspiels zwischen Partnern« wird dieser Typus als »phallisch-ödipale Kollusion« bezeichnet; seine »Thematik« wäre die von »Liebe und männlicher Bestätigung«.
12 Nach Willi wäre die phantasmatische Kollusion in diesem Falle oraler Natur und die »Liebesthematik« von intensiver gegenseitiger Fürsorge gekennzeichnet. Aus eigener Beobachtung können wir bestätigen, daß Traurigkeit, Niederlagen, Leiden die Partner keineswegs voneinander entfernen, sondern eine starke Anziehung hervorrufen.
13 Übrigens sollte man beachten, daß die Liebe im jugendlichen Alter auch nicht bloß ein Abklatsch der infantilen Liebe ist. Sie enthält auch Neues. Die Unbeständigkeit in der Adoleszenz – der zweiten Phase der Triebentwicklung – relativiert jeden starren Determinismus, der so tut, als würde der Trieb in der frühen Kindheit ein für allemal wie in einer Gießform modelliert. Die künftigen psychischen Produktionen des Erwachsenen sind das Produkt der *Zweiphasigkeit* (Fain, 1982). Die kurzlebigen Objektwahlen der Adoleszenz, die Erfahrungen in den Lehrjahren des Gefühls werden bei der Liebeswahl des Erwachsenen mit Bestimmtheit eine Rolle spielen.

14 Aus der Perspektive des Mädchens: Identifikation mit der begehrenden Mutter; Verschiebung Vater/Knabe; Identifikation mit der Bindung Vater/Mutter.
15 Erinnert sei an die Idee, daß sowohl der Organisation als auch den Konflikten des neurotischen Paares Verzerrungen der Geschlechterdifferenz zugrunde liegen. Normalerweise spielen die gehemmten homosexuellen Triebimpulse eine soziale Rolle, indem sie die Vorstellung einer *Interpenetration* annehmbar machen: beim Mann als Liebenswürdigkeit und Offenheit gegenüber dem anderen; bei der Frau als Lust, den anderen »psychologisch zu *durchdringen*«. In beiden Fällen besteht die Möglichkeit, die Organlust durch eine ausgedehntere Zärtlichkeit zu dezentralisieren oder gar zu ersticken. Dagegen löst starke homosexuelle Erregung die Furcht aus, sich vom anderen überwältigen zu lassen, oder aber wehklagende Enttäuschung. Dies zeigt sich in den Auseinandersetzungen zwischen Paaren.
16 Bei diesem Typus leidenschaftlicher und narzißtischer Partner sind wir einem Muster stark homosexuell gefärbter Eifersucht begegnet: der Mann ist auf die freundschaftliche Beziehung seiner Frau zu einer anderen Frau (möglicherweise einem Familienmitglied) und die Frau auf die Beziehung ihres Mannes zu einem Freund eifersüchtig. Diese Eifersucht richtet sich gegen eine zielgehemmte, also nicht erotische Besetzung, eventuell eine sublimierte Kameradschaft.
17 Das Gefühl der Zugehörigkeit mag bestehen oder nicht, jedenfalls ist es selten konfliktgeladen; in ihm äußert sich der unbegrenzte Narzißmus, der hier dazu dient, der Gruppe heimelige narzißtische Wärme zu geben. Dafür integriert es das individuelle Selbst, garantiert jedem Mitglied eine sichere Herkunft und damit das beruhigende Erkennungszeichen seiner Identität. Die Familienmythologie mit ihren Bilderbögen und Erzählungen aus der Familiengeschichte, diese vorgestellte, eher phantasmatische als reale Geschichte verweist auf die »Zusammengehörigkeit, die sich im Wiedererkennen, in äußeren oder charakterlichen Ähnlichkeiten, in einer gemeinsamen Religion, geteilten moralischen Idealen oder in ähnlichen kulturellen Vorstellungen und Geschmacksurteilen äußert. Aufbewahrte Gegenstände (Orden) und sorgsam gepflegte Stätten (das väterliche Erbe) sind die konkreten Repräsentationen dieser gemeinsamen phantasmatischen Vergangenheit« (Ruffiot, 1980).
18 Ergänzung in eckigen Klammern von mir. – A. E.
19 Eine Erscheinungsform dieser Amalgamierung von Ichideal und Idealich ist das »Voraussagen«; ein Partner sagt über den anderen: »Das wird er nicht machen«, »ich weiß, daß ihr das nicht gefallen wird«. Sie verbieten sich sozusagen gegenseitig jede Veränderung.
20 Wir haben Frau Martine Aubert für die Transkription der Notizen von dieser Sitzung zu danken.
21 Das gemeinsame Phantasma, das den Beginn dieser Sitzung beherrscht, ist das der Urszene. Haben die Kinder geahnt, daß die Eltern von ihrer Sexualität sprechen wollten? Sind sie deshalb nicht gekommen (um nicht »zusehen« zu müssen)?
22 Diese Intervention zielte zum einen darauf, Herrn R., der von dem Gespräch zu sehr ausgeschlossen war, in die Unterhaltung einzubeziehen; zweitens wollte ich die Vermutung überprüfen, daß diese Inzestgeschichte, die seine Frau berührt, bei Herrn R. Unbehagen oder Abscheu weckt; und drittens ging es darum, seine eigene Treue und seine eigene inzestuöse Nähe zu untersuchen.
23 Wir denken dabei auch an ihre eigene sexuelle Abstinenz.

24 Einige unserer *Formulierungen* sollten hier erwähnt werden. Wir können dem Paar etwa sagen, daß unsere Aufgabe nicht darin liegt, über seinen Entschluß zur Scheidung zu beraten; und wir können hinzufügen, daß eines der Therapieziele darin besteht, den Gatten die Möglichkeit zu geben, über die gemeinsame Vergangenheit zu sprechen, wobei es ihnen dann selbst überlassen bleibt, ob sie sich zur Scheidung entschließen. Diese Formel wendet sich an Paare, die einen Schlußstrich unter ihre Ehe ziehen wollen, um sich in ihrer Entschlossenheit zur Scheidung zu bestärken, die im Grunde recht fraglich ist.
25 Im Fall Schreïer wird das Gleichgewicht im ersten Gespräch wiederhergestellt, nämlich dort, wo ich sage: »Ich habe darauf bestanden, Sie beide zu sehen, da wir gewöhnlich *beide Standpunkte* kennenlernen möchten« (oben, S. 26). Im Fall Matteoti stellt sich das Gleichgewicht durch die Bemerkung wieder her, die der Therapeut in der zweiten Phase der Sitzung an Herrn Matteoti richtet (oben, S. 81).
26 Wir haben es vorgezogen, von »assoziativer Deutung« und nicht von »assoziativer Intervention« oder »assoziativen Interventionen« zu sprechen, weil diese Technik ganz entschieden auf Deutungen zielt.

André Ruffiot
Das Paar und die Liebe. Vom Originären zur Gruppe

1 Dennoch werden wir uns am Ende dieser Studie mit Schopenhauer die Frage stellen, ob es diese rein sinnliche Liebe »im Rohzustand«, ohne psychische Beteiligung, tatsächlich gibt oder ob es sich in dieser rohen Form nicht eher um ein nachträgliches Konstrukt handelt.
2 Ab 1962 im Rahmen des *Service de Documentation Conjugale* und ab 1974 dann im *Institut de Recherche sur l'Enfant et le Couple* in Grenoble.
3 Aus naheliegenden Gründen – der ärztlichen Verschwiegenheit, der »unhaltbaren« Gegenübertragung oder der schlichten Ethik – wurde in den Fällen, mit deren Supervision ich betraut war oder die ich selbst behandelt habe, grundsätzlich von längeren Gesprächstherapien beider Partner durch denselben Therapeuten und erst recht natürlich von zwei parallelen Analysen der beiden Gatten durch denselben Analytiker abgesehen. Gerade diese Methode ist es jedoch, die von Cahen praktiziert und in seinem Artikel »Le couple, lieu du Soi et du narcissisme« empfohlen wird. Der Autor beschreibt dort seine lange Erfahrung mit der parallelen Analyse der beiden Mitglieder eines Paares folgendermaßen: »Was stellt man fest? Zur großen Überraschung des Analytikers zunächst dies: es geht. Und in schwierigen Fällen geht es besser als mit jeder anderen Methode ... Zweite Feststellung: In den ersten drei, vier, fünf, sechs Sitzungen wird man bei jeder kleinsten Gelegenheit daran erinnert, daß die, die da bei Ihnen getrennt in Analyse sind, ein Paar sind. Und dann, nach fünf, sechs Sitzungen und der ganzen Zeit danach, handelt es sich um zwei Analysen, so als ob die beiden Wesen einander niemals begegnet wären!« (Cahen, 1979, S. 73).
4 Über die Erfahrung der Eheberater des *Family Discussion Bureau* berichtet das Werk von Bannister u. a. (1955).

5 Ebenso liegt mir daran, auf die Bedeutung des klinischen Materials hinzuweisen, jener zahlreichen »Fälle« von Paaren, die mir seit zwanzig Jahren von den Grenobler Eheberatern in der Supervision regelmäßig zur Kenntnis gebracht werden. Der Reichtum der klinischen Erfahrung, die sie mir dabei vermittelt haben, wiegt die psychoanalytische Hilfe, die ich ihnen geliefert habe, bei weitem auf.
6 *Child's Hospital*, Boston, Abteilung Kindliche Entwicklung.
7 Kursorische Bemerkungen zur Verliebtheit finden sich im gesamten Freudschen Werk, doch beschränken sie sich darauf, die in den hier herangezogenen Texten entwickelte Theorie der Verliebtheit zu wiederholen. Ich werde hier also weder »Die ›kulturelle‹ Sexualmoral und die moderne Nervosität« (1908) analysieren, worin die Gesellschaft – zu Beginn unseres Jahrhunderts – für die Entstehung der Neurosen und sexuellen Schwierigkeiten des Paares verantwortlich gemacht wird, noch die drei »Beiträge zur Psychologie des Liebeslebens« (»Über einen besonderen Typus der Objektwahl beim Manne« von 1910, »Über die allgemeinste Erniedrigung des Liebeslebens« von 1912 und »Das Tabu der Virginität« von 1918). Diese Texte behandeln in Wirklichkeit die *Psychopathologie* des Liebeslebens, worum es mir hier nicht geht.
8 »Die Umgestaltungen der Pubertät« (mit den Änderungen und Ergänzungen von 1915 und 1920) in den *Drei Abhandlungen zur Sexualtheorie* (1905).
9 Diese klassischen Grundlagen sind entwickelt in den Werken von Lemaire (1966, dt. 1968; 1971; 1979, dt. 1980) sowie von David (1971). Ich selbst habe an der Sicherung und Verbreitung dieser Grundlagen mit drei Beiträgen teilgenommen, die auf Kolloquien französisch-schweizerischer Eheberater in Mulhouse, Lausanne und Annecy vorgetragen wurden: »L'instinct de couple et l'inconscient« (1972); »Melanie Klein et le couple« (1974) und »Le soi conjugal« (1975). Die Hefte der Zeitschrift *Dialogue*, des Organs der *Association française des Centres de consultation conjugale*, stellen eine sehr nützliche Ergänzung zu diesen Grundtexten dar. Schließlich möchte ich auf das Werk von Marty (1981) hinweisen, das in Zusammenarbeit mit den Grenobler Eheberatern entstanden ist.
10 Die zweite »Hauptregel der Methode« besagt, »jedes Problem, das ich untersuchen würde, in so viele Teile zu teilen, wie es angeht und wie es nötig ist, um es leichter zu lösen« (Descartes, 1637, dt. 1969, S. 31).
11 Die beiden Filme von André Cayatte, »Françoise et la vie conjugale« und »Jean-Marc ou la vie conjugale«, die zu Beginn der sechziger Jahre im Fernsehen gezeigt wurden, geben diese doppelte Realitätswahrnehmung – oder zumindest diese Desynchronisierung desselben Erlebens bei zwei Personen – recht gut wieder.
12 Siehe Pontalis (1963, dt. 1968, S. 224–238), auf den der Begriff des Paares als Objekt vor allem zurückgeht.
13 Aus dieser Perspektive mag sich eines Tages das allgemeine Problem der Unterscheidung zwischen narzißtischer Besetzung und Objektbesetzung klären lassen. Siehe insbesondere Cosnier (1970), Aulagnier (1979) und M'Uzan (1976).
14 Diese Zusammenfassung ist dem ersten, zweiten, fünften und siebten Kapitel von *La violence de l'interprétation* (Castoriadis-Aulagnier, 1975) entnommen. Während ich diese Zeilen schreibe, erhalte ich das neue Heft der *Nouvelle Revue de Psychanalyse* 26, Herbst 1982, über »Das Archaische«. Bei Durchsicht der klini-

schen und theoretischen Beiträge fällt auf, (1) daß die meisten Autoren das Originäre mit dem Archaischen gleichsetzen (zu diesem semantischen Aspekt siehe insbesondere den Text von J.-M. Petot über das Archaische und das Tiefe); (2) daß die Beschreibung des Originär-Archaischen auf einer Ebene von Vorstellungen oder Phantasien angesiedelt wird statt auf einer topischen Ebene; (3) daß schließlich keiner der Autoren auf Piera Aulagniers Theorie des Originären Bezug nimmt – was die getreue Wiedergabe dieser zum Verständnis des Originären grundlegenden Theorie um so angebrachter erscheinen läßt.

15 Wie Ruffiot an dieser Stelle vermerkt, verwendet die Autorin in ihrer Theorie die von S. Isaacs vorgeschlagene Schreibweise *phantasme* (für unbewußte Phantasiebildung) in Abgrenzung zu *fantasme*. Der Versuch, im Deutschen analog etwa zwischen »Phantasmen« und »Phantasien« terminologisch zu unterscheiden, widerspräche freilich dem Sprachgebrauch Freuds und wird deshalb in der vorliegenden Übersetzung nicht unternommen; vgl. dazu Laplanche/Pontalis, 1967, dt. 1972, Stichworte »Phantasie« und »Urphantasien«. – A. d. Ü.

16 »Für den wohlerzogenen Laien ... sind Liebesbegebenheiten mit allem anderen inkommensurabel; sie stehen gleichsam auf einem besonderen Blatte, das keine andere Beschreibung verträgt« (Freud, 1915a, S. 307).

17 Ich gebe den Satz im Zusammenhang wieder, weil es dabei um die Liebe geht. Es handelt sich um die letzten Zeilen von Freuds allegorischer Deutung der drei Frauengestalten des Shakespeareschen »Motivs der Kästchenwahl«: »Man könnte sagen, es seien die drei für den Mann unvermeidlichen Beziehungen zum Weibe, die hier dargestellt sind: Die Gebärerin, die Genossin und die Verderberin. Oder die drei Formen, zu denen sich ihm das Bild der Mutter im Laufe des Lebens wandelt: Die Mutter selbst, die Geliebte, die er nach deren Ebenbild gewählt, und zuletzt die Mutter Erde, die ihn wieder aufnimmt. Der alte Mann aber hascht vergebens nach der Liebe des Weibes, wie er sie zuerst von der Mutter empfangen; nur die dritte der Schicksalsfrauen, die schweigsame Todesgöttin, wird ihn in ihre Arme nehmen« (1913, S. 37).

18 Gewiß gibt es Liebe auch in der Latenzzeit; ihre heftigen ödipalen Gefühlswallungen sind freilich von der entscheidenden Hemmung des Sexualtriebs hinsichtlich seines Ziels geprägt und tragen zur Entstehung der zärtlichen Strebung als Reaktionsbildung bei. Was diesen Neigungen der Latenzzeit jedoch fehlt, ist das im eigentlichen Sinne Genitale: der physiologische Schub der Pubertät und sein Korollar, die Aktphantasie der Komplementarität der Geschlechter (und das auch heute, trotz frühzeitiger Sexualerziehung).

19 Die Adoleszenz ist »eine Periode tiefer, in der Geschichte des Individuums einzigartiger Umgestaltungen; und zwar auf drei Ebenen: der biologischen, psychischen und sozialen«, schreibt Schonfeld, der Gründer der *American Association for Adolescence*.

20 Wäre dies nicht eine mögliche Bedeutung jener Notiz, die im Nachlaß Freuds gefunden wurde: »Psyche ist ausgedehnt, weiß nichts davon« (Freud, 1941, S. 151)? Meist wird zur Erläuterung auf die cartesische *res extensa* verwiesen – die Psyche erhält ihre Ausprägung von den Formen eines körperlichen Behälters – und an den Satz aus *Das Ich und das Es* erinnert: »Das Ich ist vor allem ein körperliches ...« (Freud, 1923, S. 253). Doch läßt sich die Freudsche Notiz auch anders verstehen: im Hinblick auf den Gruppencharakter des seelischen Apparats.

21 So die Erklärung in einem »situationistischen« Manifest von 1966, die eine Äußerung von Friedrich Engels – über die Vernunft-, Konvenienz- und Interessenheirat, die er als charakteristisch für die »bürgerliche« Familie betrachtete – auf die Ehe überhaupt ausdehnte: die verheiratete Frau unterscheide sich »von der Kurtisane nur dadurch..., daß sie ihren Leib nicht als Lohnarbeiterin zur Stückarbeit vermietet, sondern ihn ein für allemal in die Sklaverei verkauft« (Engels 1892, S. 73).
22 Siehe den Artikel über »Die ›kulturelle‹ Sexualmoral und die moderne Nervosität« (Freud, 1908a). Viele der Passagen über die Folgen der Masturbation oder der Empfängnisverhütung sind gewiß von ihrem historischen und sozialen Entstehungszusammenhang geprägt. Freud brandmarkt darin die Auswirkungen der damaligen Ehemoral und bemerkt: »Es ist wirklich für den Uneingeweihten ganz unglaublich, wie selten sich normale Potenz beim Manne und wie häufig sich Frigidität bei der weiblichen Hälfte der Ehepaare befindet, die unter der Herrschaft unserer kulturellen Sexualmoral stehen« (ebd., S. 164). »Nehmen wir noch hinzu, daß mit der Einschränkung der [vorehelichen, aber wegen der Unzulänglichkeit der damaligen Verhütungstechniken auch der ehelichen, A. R.] sexuellen Betätigung bei einem Volke ganz allgemein eine Zunahme der Lebensängstlichkeit und der Todesangst einhergeht, welche die Genußfähigkeit der einzelnen stört und ihre Bereitwilligkeit, für irgendwelche Ziele den Tod auf sich zu nehmen, aufhebt, welche sich in der verminderten Neigung zur Kinderzeugung äußert, und dieses Volk oder diese Gruppe von Menschen vom Anteile an der Zukunft ausschließt« (ebd., S. 167). Siehe auch »Über die allgemeinste Erniedrigung des Liebeslebens« (Freud, 1912), wo die kulturelle Moral abermals angeklagt wird: »das Liebesverhalten des Mannes in unserer heutigen Kulturwelt [trägt] überhaupt den Typus der psychischen Impotenz an sich ... Die zärtliche und die sinnliche Strömung sind bei den wenigsten unter den Gebildeten gehörig miteinander verschmolzen« (ebd., S. 85). Es ist eine »Tatsache, daß die kulturelle Zügelung des Liebeslebens eine allgemeinste Erniedrigung der Sexualobjekte mit sich bringt« (ebd., S. 88).
23 Vor allem im Anschluß an die bereits angeführten Arbeiten von Lemaire.
24 Die »Metaphysik der Geschlechtsliebe« ist ein Kapitel des zweiten Bandes der *Welt als Wille und Vorstellung*, »welcher die Ergänzungen zu den vier Büchern des ersten Bandes enthält« (Schopenhauer 1858; 1986). Ich erinnere daran, daß Freud vier Jahre alt ist, als Schopenhauer stirbt. Der Einfluß des »große[n] Denker[s] Schopenhauer« (Freud, 1917, S. 12) auf ihn ist unleugbar: Man findet nicht weniger als fünfzehn Belegstellen im Freudschen Werk. Zu den begrifflichen Verbindungen zwischen dem »Einsiedler von Wien« und dem »Einsiedler von Frankfurt« siehe Assoun (1976).
25 »Amor est titillatio concomitante idea causae externae«. Spinoza, *Ethik*, 4, prop. 44, demonstratio. Schopenhauer übersetzt: »Die Liebe ist ein Kitzel, die von der Vorstellung einer äußeren Ursache begleitet ist.«
26 Über das Leidenspotential des Paares schreibt Aulagnier (1979), daß das Ich, um existieren zu können, wenigstens ein anderes Ich braucht, das es anerkennt, besetzt hält und von dem es besetzt gehalten wird. Das ist »der Bereich des *universell Notwendigen* zur Erhaltung der Ichfunktionen«. Die symmetrische Liebe besteht darin, daß »sich jedes der beiden Ichs dem anderen offenbart und vom

anderen anerkannt wird als *Quelle einer bevorzugten Lust sowie als Besitzer einer nicht minder privilegierten Fähigkeit, Leiden zu schaffen«* (ebd., S. 169, 171; Hervorhebungen der Autorin).
27 Ich erinnere an meine Beiträge, die auf den Kolloquien französisch-schweizerischer Eheberater in Lausanne und Annecy vorgetragen wurden (1974, 1975).
28 Diese (phonetisch ebenso häßliche wie semantisch gewagte) Wortverdichtung könnte ziemlich genau veranschaulichen, was ich sagen will. Vgl. die Analyse dieses Neologismus, der aus dem Versprecher eines Teamleiters hervorgegangen ist, bei Kaës (1972, S. 57).

André Ruffiot
Das Paar und die Liebe
Klinische und psychologische Überlegungen

1 »Die Passion des Entliebens«, unten, S. 159.
2 Es handelt sich um Therapien, die ich selbst durchgeführt habe oder deren Supervision ich übernommen hatte.
3 Die Ehe- und Familientherapie kann, wenn sie streng psychoanalytisch verfährt, mehrere Jahre dauern; die durchschnittliche Dauer liegt dabei zwischen zwei und drei Jahren. Dieser Behandlungszeitraum steht in Gegensatz zu der Kürze und Plötzlichkeit des Verliebens und »Entliebens«. Die am häufigsten praktizierte Lösung von Problemen in der Liebe (und nicht nur in der Sexualität) läßt sich als unaufhaltsame Flucht nach vorn beschreiben, als irreversibles Agieren, welches das Vorbewußte sozusagen kurzschließt.
4 »Das Paar und die Liebe. Vom Originären zur Gruppe«, oben, S. 101.
5 Vgl. *Revue française de psychanalyse,* 50, 2 (1986), ein Heft, das dem Thema »Objektverlust. Liebesverlust« gewidmet ist.
6 In seinem Werk über die Ideologie vertritt René Kaës (1981) die Meinung, daß es die »anale Mutter« ist, welche Ideologie absondert. Insofern sie »die Macht über die Dinge« hat, behandelt die »anale Mutter« geistige Produktionen und Ideen als anale Gegenstände. Unter ihrem Einfluß wird der Kopf »gleichsam zum analen Gefäß mit Sphinkter: eine ideologische Blase«. Kaës hebt die Allmacht dieser »zusammengesetzten und ambivalenten Imago« hervor, die »den gesamten Raum des Subjekts einnimmt« und in der paranoid-schizoiden Phase vorherrschend ist. Hitler wäre danach ein »ziemlich repräsentatives Beispiel für jemanden, der von der Imago der analen Mutter abhängig ist«. Bedenkt man die Eigenschaften dieser Imago, die Kaës auf einer so frühen Entwicklungsstufe ansetzt und die er auf eine »anale Mutter, verwandelte Gestalt der Sphinx« bezieht – also ihr frühes Auftreten, ihre Allmacht und ihre Eigenschaft, Ideologie abzusondern –, so fühlt man sich bei diesem »narzißtischen Double, das den Tod überwindet«, in vielerlei Hinsicht an die Imago der vereinigten Eltern erinnert.
7 Das Institut für klinische Psychologie und Psychpathologie an der Universität Grenoble II war unter meiner Leitung eines der ersten humanwissenschaftlichen Institute in Frankreich, die Forschungen über die psychosoziologischen, psychopathologischen und psychosomatischen Aspekte von AIDS und HIV-Seropositivität

betrieben haben. Siehe dazu die Arbeiten, die von einer Forschungsgruppe Grenobler Psychologen zu diesem Thema veröffentlicht wurden: Ruffiot (1987); Dransart (1987); Durand (1987); Thome (1987); Francis Maffre (1987) und Guy (1987).

8 In bestimmten Städten Ugandas, wie Malaba und Busia, sollen *80 Prozent der Frauen* und 30 Prozent der Männer Virusträger sein. Vgl. *Le Monde* vom 24. Juli 1987.

Bibliographie

Abraham, K. (1924). *Versuch einer Entwicklungsgeschichte der Libido auf Grund der Psychoanalyse seelischer Störungen.* Leipzig/Wien/Zürich: Internationaler Psychoanalytischer Verlag.
Abraham, N. (1972). Introduction à Hermann. In I. Hermann, L'instinct filial (S. 7-58). Paris: Denoël.
- & Torok, M. (1978). *L'écorce et le noyau.* Paris: Aubier-Flammarion.
Anatrella, T. (1987). Un fléau révélateur. *La croix,* 24. Juni 1987.
Anzieu, D. (1970). Éléments d'une théorie de l'interprétation. *Revue française de psychanalyse, 34* (5-6), 3-67.
- (1972). Le moniteur et sa fonction interprétante. In A. Anzieu, A. Béjarano, R. Kaës, A. Missenard & J.-B. Pontalis (S. 141-216), *Le travail psychanalytique dans les groupes.* Bd. 1: *Cadre et processus.* Paris: Dunod.
- (1975). *Le groupe et l'inconscient.* Paris: Dunod.
- (1982). Et le couple fut... *Dialogue, 77,* 99 f.
- (1985). *Le Moi-Peau.* Paris: Bordas. Deutsch: Das Haut-Ich. Frankfurt am Main: Suhrkamp, 1991.
-, Béjarano, A., Kaës, R., Missenard, V. & Pontalis, J.-B. (1972). *Le travail psychanalytique dans les groupes.* Bd. 1: *Cadre et processus.* Paris: Dunod.
- & Martin, J.-Y. (1969). *La dynamique des groupes restreints.* Paris: P.U.F.
Assoun, P.-L. (1976). *Freud. La philosophie et les philosophes.* Paris: P.U.F.
Aulagnier, P. (1979). *Les destins du plaisir.* Paris: P.U.F. Siehe auch unter Castoriadis-Aulagnier.
Bachelard, G. (1938). Préface. In M. Buber (Hrsg.), *Je et Tu.* Paris: Aubier-Montagne, 1981.
Bachofen, J. J. (1861). *Das Mutterrecht. Eine Untersuchung über die Gynaikokratie der alten Welt nach ihrer religiösen und rechtlichen Natur.* Stuttgart: Dietz. Auswahl: Frankfurt am Main: Suhrkamp, 1975.
Balint, M. (1965). *Primary Love and Psychoanalytic Technique.* London. Deutsch: Die Urformen der Liebe und die Technik der Psychoanalyse. Frankfurt am Main: Fischer, 1969.
- (1968). *The Basic Fault.* London: Tavistock. Deutsch: Regression. Therapeutische Aspekte und die Theorie der Grundstörung. München: dtv, 1988.
Bannister, K. & andere (1955). *Problèmes de mariage.* Paris: P.U.F., 1959.
Barande, I. & Barande, R. (1983). Antinomies du concept de perversion et épigenèse de l'appetit d'excitation (notre duplicité d'être inachevé). *Revue française de psychanalyse, 47,* 1, 143-282.

Barande, R. (1963). Essai métapsychologique sur le silence. *Revue française de psychanalyse, 37* (1), 53-98.
- (1975). *La naissance exorcisée.* Paris: Denoël.
Barzach, M. (1987a). Le vrai risque, c'est la peur. *L'Express-aujourd'hui,* 20. Februar-19. März 1987.
- (1987b). Le SIDA, c'est aussi un problème d'éthique. *La santé de l'homme, 269,* Mai-Juni 1987.
Béjarano, A. (1972). Résistance et transfert dans les groupes. In D. Anzieu, A. Béjarano, R. Kaës, A. Missenard & J.-B. Pontalis (Hrsg.), *Le travail psychanalytique dans les groupes.* Bd. 1: *Cadre et processus* (S. 65-140). Paris: Dunod.
Berenstein, I. (1975). Notas sobre la noción de sujeto en psicoanálisis. *Revista de psicoanálisis, 23.*
- (1976). *Familia y enfermedad mental.* Buenos Aires: Paidos.
- (1981). *Psicoanálisis de la estructura familiar.* Buenos Aires: Paidos.
- & Puget, J. (1982). De l'engagement amoureux au reproche. *Dialogue, 77,* 35-46.
Bergeret, J. (1987). Le SIDA, l'amour et la mort dans la société des hommes. In *SIDA: Epidémies et sociétés,* Lyon: Charles Mérieux.
Bick, E. (1968). The experience of the skin in early object relations. *International Journal of Psychoanalysis, 49,* 484-486.
Bion, W. R. (1959). Attacks on linking. In *Second Thoughts* (S. 93-117). London: Heinemann, 1967. Deutsch: Angriffe auf Verbindungen. In Elizabeth Bott Spillius (Hrsg.). Melanie Klein heute. Bd. 1. München/Wien: Verlag Internationale Psychoanalyse, 1990.
- (1961). *Experiences in Groups and Other Papers.* London: Tavistock. Deutsch: Erfahrungen in Gruppen und andere Schriften. Stuttgart: Klett, 1971; Frankfurt am Main: Fischer, 1990.
- (1962a). A psycho-analytic study of thinking. *International Journal of Psychoanalysis, 43,* 306-310. Deutsch: Eine Theorie des Denkens. Psyche, 17 (1963), S. 426-435.
- (1962b). *Learning from Experience.* London: Heinemann. Deutsch: Lernen durch Erfahrung. Frankfurt am Main: Suhrkamp, 1990.
- (1965). *Transformations.* London: Heinemann.
- (1966). Catastrophic change. *Scientific Builletin of the British Psychoanalytic Society, 5.*
- (1967). The imaginary twin. In *Second Thoughts.* London: Heinemann, 1967.
Blain, M.-F. (1983). Pourquoi les thérapeutes de couple. *Journal des psychologues, 9,* 26 f.
Bleger, L. & Bleger, J. (1959). Grupo familiar: psicología y psicopatología. In L. Grinberg, M. Langer & E. Rodrigué (Hrsg.). *El grupo psicológico.* Buenos Aires: Nova.

Bleger, J. (1966). Psychoanalysis of the psychoanalytic frame. *International Journal of Psychoanalysis, 48,* 511-519.
- (1980). El grupo como institución y el grupo en las instituciones. *Temas de psicología social,* 85-104.
Boszormenyi-Nagy, I. & Framo, J. F. (Hrsg.) (1965). *Family Therapy.* Deutsch: Familientherapie. Theorie und Praxis. 2 Bde. Reinbek: Rowohlt, 1975.
Boszormenyi-Nagy, I. & Spark, G. M. (1973). *Invisible Loyalities.* New York: Harper and Row. Deutsch: Unsichtbare Bindungen. Stuttgart: Klett-Cotta, 1981.
Braunschweig, D., Diatkine, R., Kestemberg, E. & Lebovici, S. (1968). A propos des méthodes de formation en groupe. *La psychiatrie de l'enfant, 11* (1), 71-180.
Brazelton, T. B., Cramer, B., Kreisler, L., Schappi, R. & Soulé, M. (1982). *La dynamique du nourisson.* Paris: E.S.F.
Brill, J. (1981). *Lilith ou la mère obscure.* Paris: Payot.
Buber, M. (1923). *Ich und Du.* Leipzig: Insel.
Cahen, R. (1979). Le couple, lieu du narcissisme et du Soi. *Cahiers de psychologie jungienne, 22,* 70-89.
Caillot, J.-P. & Decherf, G. (1981). *Travail psychanalytique et psychothérapie familiale psychanalytique.* Vortrag, gehalten auf dem Kongreß französischsprachiger Psychoanalytiker im Juni 1981.
- (1982). Vivre ensemble nous tue, nous séparer est mortel. *Dialogue, 78,* 98-103.
- (1983). *Thérapie familiale psychanalytique et paradoxalité.* Paris: Clancier-Guénaud.
Castoriadis-Aulagnier, P. (1975). *La violence de l'interprétation. Du pictogramme à l'énoncé.* Paris: P.U.F.
Chasseguet-Smirgel, J. (1973). Essai sur l'Idéal du Moi. Contribution à l'étude de la »maladie d'idéalité«. *Revue française de psychanalyse, 37* (5-6), 735-929. Deutsch: Das Ichideal. Psychoanalytischer Essay über die »Krankheit der Idealität«. Frankfurt am Main: Suhrkamp, 1981.
Claudel, P. (1968). *Journal.* Paris: Gallimard.
Colin, M. (1980). L'imbroglio sado-masochique. *Dialogue, 68,* 3-29.
- & andere (1982). *Essai de typologie à partir de cent histoires de couples reçues en consultation conjugale.* Paris: AFCCC.
Cooper, D. (1967). *Psychiatry and Anti-Psychiatry.* London: Tavistock. Deutsch: Psychiatrie und Anti-Psychiatrie. Frankfurt am Main: Suhrkamp, 1971.
Cosnier, J. (1970). A propos des investissements narcissiques et objectaux dans la cure analytique. *Revue française de psychanalytique, 34* (4), 575-600.

Cramer, B. (1982). La psychiatrie du bébé. In T. B. Brazelton, B. Cramer, L. Kreisler, R. Schappi & M. Soulé (Hrsg.): *La dynamique du nourisson.* Paris: E.S.F.

D., J.-M. (1983). Le nombre des familles de trois enfants a augmenté en France. *Le Monde,* 1. Februar 1983.

David, Ch. (1971). *L'état amoureux. Essais psychanalytiques.* Paris: Payot.

Decherf, G. (1981). *Œdipe en groupe.* Paris: Clancier-Guenaud.

Descartes, R. (1637). *Discours de la méthode.* Pour bien conduire sa raison, & chercher la verité dans les sciences. Leyden: Ian Maire. Deutsch: Dicours de la méthode. Von der Methode des richtigen Vernunftgebrauchs und der wissenschaftlichen Forschung. Zweisprachig. Hamburg: Meiner, 1969.

Dicks, H. V. (1967). *Marital Tensions. Clinical studies towards a psychological theory of interaction.* New York: Basic Books.

Diderot, D. (1951). *Supplément au voyage de Bougainville.* In Œuvres. Paris: Gallimard. Bd. 1, S. 963-1002. Deutsch: Nachtrag zu Bougainvilles Reise oder Gespräch zwischen A und B über die Unsitte, moralische Ideen an gewisse physische Handlungen zu knüpfen. Frankfurt am Main: Insel, 1965.

Dransart, A.-M. (1987). Angoisse et désir dans la réalité du SIDA. *Journal des psychologues psychanalytiques,* November 1987.

Durant, J. (1987). Maintenir un espace de parole. Entretien avec Anne-Marie Dransart. *Journal des psychologues psychanalytiques,* November 1987.

Ebtinger, R. & Bolzinger, A. (1978). Crises, incertitudes et paradoxes de l'adolescence. *Revue de neuro-psychiatrie infantile, 26* (10-11), 539-557.

Eiguer, A. (1972). Transferencia y contra-transferencia institucional. *Acta psiquiatrica y psicológica de América Latina,* 18 (1), 43-49.

- (1978). La prise en charge de familles dans un hôpital de jour. *L'information psychiatrique, 9,* 953-960.

- (1979). Sur la perversion narcissique. *Dialogue, 61,* 60-70.

- (1980a). Thérapie familiale et hôpital de jour. *Dialogue, 67,* 37-48.

- (1980b). Méthodologie de l'interprétation en thérapie familiale d'inspiration psychanalytique. *Psychiatries, 40,* 13-26.

- (1980c). Croyance et narcissisme dans la relation perverse. *Études psychothérapiques, 12,* 42, 271-278.

- (1981a). L'impact de l'adolescence d'un enfant sur la famille. *Dialogue, 72,* 45-52.

- (1981b). Guide de l'entretien clinique avec la famille. *L'information psychiatrique, 57,* 837-850.

- (1981c). Le transfert dans la thérapie familiale d'inspiration psychanalytique. *Psychiatrie française, 12* (3), 57-65.

- (1982a). Considérations sur la famille du psychotique. Relation d'objet narcissique et vie fantasmatique groupale. *Psychologie française, 27,* 1, 8-20.
- (1982b). La thérapie familiale comme processus transférentiel. Transfert, contre-transfert et »névrose-psychose« de transfert. *Dialogue, 75,* 63-83.
- (1982c). L'action thérapeutique de l'hôpital de jour. *Psychologie médicale, 14* (1), 83-87.
- (1982d). Lorsque les changements de mœrs et des valeurs sociales questionnent le thérapeute. *Dialogue, 76,* 30-45.
- (1982e). Place actuelle de la psychothérapie des états maniaco-dépressifs. *Psychiatrie française, 14* (3), 67-73.
- (1982f). Les organisateurs inconscients de la famille. Ce que la thérapie familiale nous apprend sur son organisation. *Cahiers critiques de la thérapie familiale, 4-5,* 33-48.
- (1982g). Falstaff et le Prince Henry, ou l'homosexualité initiatique. *Études psychothérapeutiques, 14* (4), 281-289.
- (1983a). La construction de la temporalité par le groupe familial. *Bulletin de psychologie.*
- (1983b). La théorie groupaliste des liens intra-familiaux. *Bulletin de psychologie.*
- (1983c). *Un divan pour la famille.* Paris: Le Centurion.
- & Litovsky, D. (1981). Contribution psychanalytique à la théorie et à la pratique de la psychothérapie familiale. In A. Ruffiot, A. Eiguer, D. Litovsky, M. C. Gear, E. Liendo & J. Perrot (Hrsg.), *La thérapie familiale psychanalytique.* Paris: Dunod.

Eiguer-Litovsky, D., & Eiguer, A. (1974). Introduction à la théorie des groupes de Pichon-Rivière. *Bulletin de psychologie,* Sondernummer, 45-60.

Emde-Boas, C. van (1962). Thérapie intensive de groupe avec les couples mariés. *Revue française de psychanalyse, 26,* 447- 466.

Engels, F. (1892). *Der Ursprung der Familie, des Privateigenthums und des Staats. Im Anschluß an Lewis H. Morgan's Forschungen.* 4. ergänzte Auflage. Stuttgart: Dietz, 1892. Wieder in K. Marx & F. Engels, Werke (MEW). Bd. 21. Berlin/DDR: Dietz, 1962, S. 25-173.

Ezriel, H. (1960). Le rôle du transfert dans le traitement psychanalytique de groupe. In P. Schneider u. a.: *Pratique de la psychothérapie de groupe.* Bd. 2. Paris: P.U.F.. Deutsch: Übertragung und psychoanalytische Deutung in der Einzel- und Gruppenpsychotherapie. Psyche, 14, 496-523.

Fain, M. (1982). Biphasisme et après-coup. In J. Guillaumin (Hrsg.) (1982). *Quinze études psychanalytiques sur le temps* (S. 103-124). Toulouse: Privat.

Ferenczi, S. (1924). *Versuch einer Genitaltheorie.* Leipzig/Wien/Zürich: Internationaler Psychoanalytischer Verlag. Wieder in S. Ferenczi (1972). Schriften zur Psychoanalyse. 2 Bde (S. 317-400). Frankfurt am Main: S. Fischer.

Ferreira, A. M. (1966). Les mythes familiaux. In P. Watzlawick & J. H. Weakland (Hrsg.) (1981). *Sur l'interaction.* Paris: Seuil. Deutsch: Familienmythen. In P. Watzlawick & J. H. Weakland (Hrsg.), Interaktion (S. 85-93). Bern: Huber, 1980.

France, A. (1949). *Mannequin d'osier.* Paris: Calmann Lévy. Deutsch: Die Probierpuppe. München: Langen-Müller, 1920.

Freud, S. (1895). Entwurf einer Psychologie. In S. Freud (1950), *Aus den Anfängen der Psychoanalyse. Briefe an Wilhelm Fließ. Abhandlungen und Notizen aus den Jahren 1887-1902* (S. 297-384). Frankfurt am Main: S. Fischer, 1975.

- (1900). *Die Traumdeutung.* Gesammelte Werke, Bd. 2/3.
- (1905). *Drei Abhandlungen zur Sexualtheorie.* Gesammelte Werke, Bd. 5, S. 27-145.
- (1908a). *Die »kulturelle« Sexualmoral und die moderne Nervosität.* Gesammelte Werke, Bd. 7, S. 143-167.
- (1908b). *Über infantile Sexualtheorien.* Gesammelte Werke, Bd. 7, S. 171-188.
- (1909). *Der Familienroman der Neurotiker.* Gesammelte Werke, Bd. 7, S. 227-231.
- (1910). *Über einen besonderen Typus der Objektwahl beim Manne.* Gesammelte Werke, Bd. 8, S. 66-77.
- (1912). *Über die allgemeinste Erniedrigung des Liebeslebens.* Gesammelte Werke, Bd. 8, S. 78-91.
- (1912/13). *Totem und Tabu.* Gesammelte Werke, Bd. 9.
- (1913). *Das Motiv der Kästchenwahl.* Gesammelte Werke, Bd. 10, S. 24-37.
- (1914). *Zur Einführung des Narzißmus.* Gesammelte Werke, Bd. 10, S. 137-170.
- (1915a). *Bemerkungen über die Übertragungsliebe.* Gesammelte Werke, Bd. 10, S. 306-321.
- (1915b). *Triebe und Triebschicksale.* Gesammelte Werke, Bd. 10, S. 210-232.
- (1917). *Eine Schwierigkeit der Psychoanalyse.* Gesammelte Werke, Bd. 12, S. 3-12.
- (1918). *Das Tabu der Virginität.* Gesammelte Werke, Bd. 12, S. 159-180.
- (1919). *Das Unheimliche.* Gesammelte Werke, Bd. 12, S. 229-268.
- (1920). *Jenseits des Lustprinzips.* Gesammelte Werke, Bd. 13, S. 1-69.
- (1921). *Massenpsychologie und Ich-Analyse.* Gesammelte Werke, Bd. 13, S. 71-161.

- (1923). Das *Ich und das Es.* Gesammelte Werke, Bd. 13, S. 237-289.
- (1930). *Das Unbehagen in der Kultur.* Gesammelte Werke, Bd. 14, S. 419-506.
- (1933). Neue Folge der Vorlesungen zur Einführung in die Psychoanalyse. Gesammelte Werke, Bd. 15.
- (1940). *Abriß der Psychoanalyse.* Gesammelte Werke, Bd. 17, S. 63-138.
- (1941). *Ergebnisse, Ideen, Probleme.* Gesammelte Werke, Bd. 17, S. 149-152.

Foulkes, S. H. & Anthony, E. J. (1957). *Praxis der psychoanalytischen Gruppentherapie.* München/Basel: Reinhardt, 1978.

Fromm, E. (1934). Die sozialpsychologische Bedeutung der Mutterrechtstheorie. *Zeitschrift für Sozialforschung, 3,* (1934). Wieder in Analytische Sozialpsychologie und Gesellschaftsstruktur. Frankfurt am Main: Suhrkamp, 1970, S. 77-114.

Gear, M. C. & Liendo, E. (1972). *Séméiologie psychanalytique.* Paris: Minuit, 1974.
- (1973). Psychanalyse, sémiologie et communication familiale. In A. Ruffiot, A. Eiguer, D. Litovsky, M. C. Gear, E. Liendo, J. Perrot (1981), *La thérapie familiale psychanalytique.* Paris: Dunod.
- (1976). *L'action psychanalytique.* Paris: Minuit, 1979.
-, M. Hill & Liendo, E. (1981). Working Through Narcissism. New York: Aronson.

Giraudoux, J. (1943). *Sodom et Gomorrhe.* Paris: Gallimard. Deutsch: Sodom und Gomorrha. Bühnenmanuskript. Zürich o. J. (1944?).

Glick, I. & Kessler, D. (1974). *Marital and Family Therapy.* New York: Grune and Stratton.

Granjon, E. (1982). Violence et fantasmes en thérapie familiale psychanalytique. *Dialogue, 78,* 24-32.
- (1983). Rêves et transfert en thérapie familiale psychanalytique. *Bulletin de psychologie.*

Green, A. (1968). Sur la mère phallique. *Revue française de psychanalyse, 32* (1), 1-38.
- (1972). *Le discours vivant.* Paris: P.U.F.
- (1973). Le genre neutre. *Nouvelle Revue de psychanalyse, 7,* 251-262.
- (1979). Le silence du psychanalyste. *Topique, 23,* 5-25.

Grimal, P. (1976). *Dictionnaire de la mythologie grecque et romaine.* Paris: P.U.F.

Grinberg, L. & andere (1973). *Introduction aux idées psychanalytiques de Bion.* Paris: Dunod.

Guenkine, M. & Benedikt, L. (1981). Psychothérapie de couple, aujourd'hui. *Psychothérapies, 1* (2), 103-107.

Guillaumin, J. (1979a). Pour une méthodologie générale des recherches

sur les crises. In R. Kaës, A. Missenard, R. Kaspi, D. Anzieu, J. Guillaumin, J. Bleger (Hrsg.). *Crise, rupture et dépassement* (S. 220-254). Paris: Dunod.
- (1979b). *Le rêve et le Moi.* Paris: P.U.F.
- (1982). La blessure des origines. *Nouvelle Revue de psychanalyse, 26,* 217-234.

Gurman, A. & Rice, D. (1975). *Couples in Conflict.* New York: Aronson.

Gutton, P. & Birraux, A. (1982). »Ils virent qu'ils étaient nus«. Différence et complémentarité des sexes à l'adolescence. *Psychanalyse à l'Université, 7,* 28-39.

Guy, F. (1987). âtat actuel du SIDA en Afrique. Données épidémologiques et aspects psychosociaux. *Journal des psychologues psychanalytiques,* November 1987.

Guyotat, J. & andere (1980). *Mort, naissance et filiation.* Paris: Masson.

Haley, J. (1963). *Strategies of Psychotherapy.* New York: Grune and Stratton. Deutsch: Gemeinsamer Nenner Interaktion. Strategien der Psychotherapie. München: Pfeiffer, 1978.
- (1976). *Problem-solving Therapy. New Strategies for Effective Family Therapy.* San Francisco: Jossey-Bass. Deutsch: Direktive Familientherapie. Strategien für die Lösung von Problemen. München: Pfeiffer, 1977.

Hermann, I. (1943). *Az ember ösi ösztönei* [Die archaischen Triebe des Menschen]. Budapest: Pantheon. Französisch: L'instinct familal. Paris: Denoël, 1972.

Jackson, D. D. (1980). Das Studium der Familie. In P. Watzlawick & J. H. Weakland (Hrsg.), *Interaktion* (S. 21-45). Bern: Huber.

Jacob, F. (1981). *Le jeu des possibles. Essai sur la diversité du vivant.* Paris: Fayard. Deutsch: Das Spiel der Möglichkeiten. Von der offenen Geschichte des Lebens. München/Zürich: Piper, 1983.

Jentel, L.-M. (1983). Dénatalité: la cause taboue. *Le Monde,* 27. August 1983.

Juliette (1987). *Pourquoi moi? Confession d'une jeune femme d'aujourd'hui.* Paris: Robert Laffont.

Kaës, R. (1972). Les séminaires »analytiques« de formation: Une situation sociale-limite de l'institution. In D. Anzieu, A. Béjarano, R. Kaës, A. Missenard & J.-B. Pontalis (Hrsg.), *Le travail psychanalytique dans les groupes.* Bd. 1: *Cadre et processus* (S. 1- 63). Paris: Dunod.
- (1974a). *Processus groupal et représentations sociales. Études psychanalytiques sur les groupes de formation.* Thèse de Doctorat d'État, Université Paris-X.
- (1974b). Le corps, l'espace et le groupe large. *Bulletin de psychologie,* Sondernummer, 123-132.
- (1976). *L'appareil psychique groupal.* Constructions du groupe. Paris: Dunod.

- (1979a). Trois repères théoriques pour le travail psychanalytique groupal: l'étayage multiple, l'appareil psychique groupal, la transitionnalité. *Perspectives psychiatriques, 71,* 145-157.
- (1979b). Introduction à l'analyse transitionnelle. In R. Kaës, A. Missenard, R. Kaspi, D. Anzieu, J. Guillaumin, J. Bleger (Hrsg.), *Crise, rupture et dépassement* (S. 1-81). Paris: Dunod.
- (1981). *L'idéologie. Études psychanalytiques. Mentalité de l'idéal et esprit de corps.* Paris: Dunod.
- (1982). L'intertransfert et l'interprétation dans le travail psychanalytique groupal. In R. Kaës, A. Missenard, J.-C. Ginoux, D. Anzieu & A. Béjarano (Hrsg.), *Le travail psychanalytique dans les groupes.* Bd. 1: *Cadre et processus.* Paris: Dunod.
-, Missenard, A., Kaspi, R., Anzieu, D., Guillaumin, J. & Bleger, J. (1979). *Crise, rupture et dépassement.* Paris: Dunod.
-, Missenard, A., Ginoux, J.-C., Anzieu, D. & Béjarano, A. (1982). *Le travail psychanalytique dans les groupes.* Bd. 2: *Les voies de l'élaboration.* Paris: Dunod.

Kestemberg, E. (1978). La relation fétichiste à l'objet. *Revue française de psychanalyse, 42* (2), 195-214.

Kestemberg, J. & Decobert, S. (1964). Approche psychanalytique pour la compréhension de la dynamique des groupes thérapeutiques. *Revue française de psychanalyse, 28* (3), 393-417.

Klein, M. (1932). *The Psychoanalysis of Children.* London: Hogarth. Deutsch: Die Psychoanalyse des Kindes. Wien/Leipzig/Zürich: Internationaler Psychoanalytischer Verlag, 1934; München/Basel: Reinhardt, 1971.
- (1940). Mourning and its relation to manic-depressive states. In M. Klein (1948). *Contributions to Psychoanalysis 1921-1945* (S. 311-338). London: Hogarth; New York: McGraw-Hill, 1964. Deutsch: Die Trauer und ihre Beziehungen zu manisch-depressiven Zuständen. In M. Klein (1962), Das Seelenleben des Kleinkindes und andere Beiträge zur Psychoanalyse (S. 95-130). Stuttgart: Klett-Cotta, 2. Auflage 1983.
- (1946). Notes on some schizoid mechanisms. *International Journal of Psychoanalysis, 27,* 99-110. Deutsch: Bemerkungen über einige schizoide Mechanismen. In M. Klein (1962), Das Seelenleben des Kleinkindes und andere Beiträge zur Psychoanalyse (S. 131-163). Stuttgart: Klett-Cotta, 2. Auflage 1983.
- (1957). *Envy and Gratitude.* London: Tavistock. Deutsch: Neid und Dankbarkeit. In M. Klein (1962), *Das Seelenleben des Kleinkindes und andere Beiträge zur Psychoanalyse.* S. 225-242. Stuttgart: Klett-Cotta, 2. Auflage 1983.

Kristeva, J. (1987). La recherche d'une nouvelle dramaturgie des plaisirs. *Libération, 1. Juni 1987.*

Lacan, J. (1958). Les formations de l'inconscient. *Bulletin de psychologie, 12* (4), 250–256.
- (1966). *Écrits*. Paris: Seuil. Deutsch (Teilübersetzungen): Schriften. 3 Bde. Olten/Freiburg im Breisgau: Walter, 1973, 1975, 1980.
Lagache, D. (1957). Fascination de la conscience par le Moi. *La psychanalyse, 3,* 33–45.
Laplanche, J. & Pontalis, J.-B. (1967). *Vocabulaire de la psychanalyse*. Paris: P.U.F.. Deutsch: Wörterbuch der Psychoanalyse. Frankfurt am Main: Suhrkamp, 1972.
Lebovici, S. (1960). Psychothérapies de groupe. In *Encyclopédie médicochirurgicale*. Psychiatrie, 37817, A 10.
- (1962). Le dynamisme de groupe. *Psychiatrie de l'enfant, 5,* 1.
- (1983). *Le nourisson, la mère et le psychanalyste*. Paris: Le Centurion.
-, Diatkine, R. & Arfouilloux, J.-C. (1969). A propos de la psychothérapie familiale. *La psychiatrie de l'enfant, 12* (2), 447–536.
-, Diatkine, R. & Kestemberg, E. (1958). Bilan de dix ans de thérapeutique par le psychodrame chez l'enfant et l'adolescent. *Psychiatrie de l'enfant, 1,* 63–179. Lederer, W. (1968). La peur des femmes, Paris: Payot, 1970.
Lederer, N. & Jackson, D. D. (1968). *The mirages of marriage*. New York: W. W. Norton. Deutsch: Ehe als Lernprozeß. Wie Partnerschaft gelingt. München: Pfeiffer, 1972.
Le Guen, C. (1981). Quand je me méfie de ma mémoire. Essai pour en finir avec les théories de l'inscription. *Revue française de psychanalyse, 45* (5), 1111–1141.
Lemaire, J.-G. (1971). *Les thérapies du couple*. Paris: Payot.
- (1979). *Le couple. Sa vie, sa mort. La structuration du couple humain*. Paris: Payot. Deutsch: Leben als Paar. Strukturen, Krisen, therapeutische Hilfen. Olten und Freiburg im Breisgau: Walter, 1980.
- (1980). Introduction aux thérapies familiales. *Dialogue, 66,* 3–28.
- (1981). Réflexions méthodologiques sur les thérapies du couple. *Dialogue, 71,* 2–24.
- (1982a). Thérapie familiale – thérapie du couple. Convergences, divergences. *Dialogue, 75,* 27–40.
- (1982b). Fantasme et mise en acte dans les thérapies familiales d'inspiration psychanalytique. *Deuxième Colloque sur la thérapie familiale, Institut des psychologues cliniciens*. Université de Paris-VII.
- & Lemaire-Arnaud, E. (1966). *Les conflits conjugaux*. Paris: E.S.F.. Deutsch: Ehekonflikte. Ursachen und Hilfe. Göttingen: Vandenhoeck & Ruprecht, 1968.
Lemaire-Arnaud, E. (1980). A propos d'une technique nouvelle, le génogramme. *Dialogue, 70,* 33–46.
Lévi-Strauss, C. (1949). *Les structures élémentaires de la parenté*. La Haye/

Paris: Mouton, 2. Auflage 1967. Deutsch: Die elementaren Strukturen der Verwandtschaft. Frankfurt am Main: Suhrkamp, 1981.
- (1956). The Family. In Harry L. Shapiro (Hrsg.), *Man, Culture, Family.* Deutsch: Der Blick aus der Ferne (S. 73- 104). München: Fink, 1985.
- (1958). *Anthropologie structurale.* Paris: Plon. Deutsch: Strukturale Anthropologie. Frankfurt am Main: Suhrkamp, 1967.
- (1973). *Anthropologie structurale deux.* Paris: Plon. Deutsch: Strukturale Anthropologie II. Frankfurt am Main: Suhrkamp, 1975.
Lévy, M.-L. (1983). La baisse de la nuptualité. *Population et sociétés,* 170.
Liberman, D. (1960). *Linguistica, interacción comunicativa y proceso psicoanalitico.* Buenos Aires: Nueva Vision.
Luquet-Parat, C. (1969). *L'organisation œdipienne du stade génital.* Paris: Éditions de l'Épi.
McDougall, J. (1973). L'idéal hermaphrodite et ses avatars. *Nouvelle Revue de psychanalyse, 7,* 263-275.
Maeterlinck, M. (1903). *La vie des abeilles.* Paris: Bibliothèque-Charpentier. 19. Tsd. Deutsch: Das Leben der Bienen. Leipzig: Eugen Diederichs, 1901.
Maffre, F. (1987). Prévention et SIDA. A propos d'une modification des comportements. *Journal des psychologues psychanalytiques,* November 1987.
Major, R. (1980). The voice behind the mirror. *International Review of Psychoanalysis, 7,* 459-468.
Marbeau-Cleirens (1987). *Le sexe de la mère.* Paris: P.U.F.
Marroncle, J. (1980). *Couples au fil des jours.* Paris: Le Centurion.
Marty, P. (1980). *Le conseil conjugal.* Paris: E.S.F.
-, M'Uzan, M. de & David, C. (1963), La pensée opératoire. *Revue française de psychanalyse, 27,* 345-356. Deutsch: Das operative Denken. Psyche, 32 (1978), 974-984.
Meltzer, D., Bremner, J., Hoxter, S., Wedell, H. & Wittenberg, I. (1975). *Explorations in Autism.* Strath Tay, Perthshire: Clunie Press.
Morgan, L. H. (1877). *Ancient Society, or researches in the lines of human progress from savagery, through barbarism to civilization.* Chicago: C. H. Kerr. Deutsch: Die Urgesellschaft. Untersuchungen über den Fortschritt der Menschheit aus der Wildnis durch die Barbarei zur Zivilisation. Stuttgart: Dietz, 1891.
M'Uzan, M. de (1974). S. j. e. m. *Nouvelle Revue de psychanalyse, 9,* 23-32.
- (1976). Contre-transfert et système paradoxal. *Revue française de psychanalyse, 40* (3), 575-590.
Nachin, C. (1982). Dépressions et maladies de deuil. *Annales médico-psychologiques 2,* 193-205.
Pasche, F. (1964). L'anti-narcissisme. A partir de Freud. Paris: Payot, 1969.

- (1975). Réalités psychiques et réalité matérielle. *Nouvelle Revue de psychanalyse, 12,* 189-197.
Pasini, W. (1982). Thérapeutiques sexologiques et leurs applications en psychiatrie et en médecine psychosomatique. In *Encyclopédie médicochirurgicale.* Psychiatrie, 37820, A 10.
Paul, N. & Paul, B. (1975). *A Marital Puzzle.* New York: Norton. Deutsch: Puzzle einer Ehe. Stuttgart: Klett-Cotta, 1977.
Pichon-Rivière, E. (1971). *Del psicoanálisis a la psiquiatría social.* Buenos Aires: Galerna.
Pirandello, L. (1967). *I giganti della montagna.* Marta Alba.
Pontalis, J.-B. (1963). Le petit groupe comme objet. In *Après Freud.* Paris: Gallimard, 1968. Deutsch: Die kleine Gruppe als Objekt. In Nach Freud (S. 224- 238). Frankfurt am Main: Suhrkamp, 1968.
Puget, J. (1982). Psicoterapía de pareja. In J. Puget & andere (Hrsg.): *El grupo y sus configuraciones.* Buenos Aires: El Editor.
Rabindranath Tagore (1921). *Fruchtlese.* Gesammelte Werke. Bd. 2. München: Wolff.
Racamier, P. C. (1980). *Les schizophrènes.* Paris: Payot. Deutsch: Die Schizophrenen. Eine psychoanalytische Interpretation. Berlin/Heidelberg/New York: Springer, 1982.
Racine, J. (1677). *Phèdre.* In Œuvres complètes. Bd. 1. Paris: Gallimard, Pléiade. Deutsch: Phädra. In Sämtliche dramatische Werke. Stuttgart: Cotta-Kröner, 1885.
Robert, J. (1976). *Dictionnaire alphabétique et analogique de la langue française.* Paris: Société Nouvelle Litt.
Rougemont, D. de (1939). *L'amour et l'occident.* Paris: Plon. Deutsch: Die Liebe und das Abendland. Köln und Berlin: Kiepenheuer & Witsch, 1966.
Rucquoy, F. (1976). *La consultation conjugale.* Brüssel: Mardaga.
Ruffiot, A. (1972). *L'instinct de couple et l'inconscient.* Vortrag auf dem Colloque franco-suisse des conseillers conjugaux, Mulhouse.
- (1974). *Mélanie Klein et le couple.* Vortrag auf dem Colloque franco-suisse des conseillers conjugaux, Lausanne.
- (1975). *Le Soi conjugal.* Vortrag auf dem Colloque franco-suisse des conseillers conjugaux, Annecy.
- (1979). La thérapie familiale analytique: technique et théorie. *Perspectives psychiatriques, 71,* 121-143.
- (1980a). Technique analytique de traitement du groupe familial. Son application en thérapie conjugale. *Dialogue, 67,* 3-22.
- (1980b). Ventre maternel et fantasmes primaires. *Génitif, 2* (6), 3-18.
- (1981a). Fonction mythopoïétique de la famille. Mythe, délire, fantasme, et leur génèse. *Dialogue, 70,* 3-19.

- (1981b). Appareil psychique familial et appareil psychique individuel. Hypothèses pour une onto-éco-génèse. *Dialogue, 72,* 31–43.
- (1981c). Le groupe-famille en analyse. L'appareil psychique familial. In A. Ruffiot, A. Eiguer, D. Litovsky, M. C. Gear, E. Liendo, J. Perrot (Hrsg.), *La thérapie familiale psychanalytique.* Paris: Dunod.
- (1982a). La thérapie familiale. Pourquoi? Pour qui? *Dialogue, 75,* 7–15.
- (1982b). Le holding onirique familial. La conception batesonienne du rêve. La fonction onirique en thérapie familiale psychanalytique. In G. Maruani, P. Watzlawick & andere: *L'interaction en médecine et en psychiatrie.* Paris: Génitif, Eres.
- (1983). La thérapie familiale psychanalytique: un traitement efficace du terrain psychotique. *Bulletin de psychologie,* Sondernummer »Clinique VI«.
- (1987). La pollution des mères. *Journal des psychologues psychanalytique,* November 1987.
- , Eiguer, A., Litovsky, D., Gear, M. C., Liendo, E. & Perrot, J. (1981). *La thérapie familiale psychanalytique.* Paris: Dunod.

Sartre, J.-P. (1939). Une idée fondamentale de la phénoménologie de Husserl: l'intentionnalité. In *La transcendance de l'Ego.* Paris: Vrin, 2. Auflage 1978. Deutsch: Eine fundamentale Idee der Phänomenologie Husserls: die Intentionalität. In Die Transzendenz des Ego (S. 33–37). Reinbek: Rowohlt, 1982.

Satir, V. (1964). *Conjoint Family Therapy. A Guide to Theory and Technique.* Palo Alto, Cal.: Science and Behavior Books. Deutsch: Familienbehandlung. Kommunikation und Beziehung in Theorie, Erleben und Therapie. Freiburg im Breisgau: Lambertus, 1973.

- & Liendo, E. (1980). A propos d'une thérapie du couple. *Dialogue, 79,* 49–60.

Schopenhauer, A. (1858). *Die Welt als Wille und Vorstellung.* Bd. 2. Leipzig: F. A. Brockhaus, 3. Auflage. Zitierte Ausgabe: Sämtliche Werke. Bd. 2. Frankfurt am Main: Suhrkamp, 1986.

Segal, H. (1964). *Introduction to the Work of Melanie Klein.* London: Hogarth. Deutsch: Melanie Klein. Eine Einführung in ihr Werk. München: Kindler, 1974.

Selvini Palazzoli, M., Boscolo, L., Cecchin, G. & Prata, G. (1975). *Paradosso e contro-paradosso.* Mailand: Feltrinelli. Deutsch: Paradoxon und Gegenparadoxon. Stuttgart: Klett-Cotta, 3. Auflage 1981.

Soulé, M. & andere (1978). *Mère mortifère, mère meurtrière, mère mortifiée.* Paris: E.S.F.

Spitz, R. A. (1965). *The First Year of Life. A Psychoanalytic Study of Normal and Deviant Development of Object Relations.* New York: International Universities Press. Deutsch: Vom Säugling zum Kleinkind. Naturgeschichte der Mutter-Kind-Beziehungen im ersten Lebensjahr. Stuttgart: Klett-Cotta, 1967, 7. Auflage 1983.

Stierlin, H., Rücker-Embden, I., Wetzel, N. & Wirsching, M. (1977). *Das erste Familiengespräch. Theorie, Praxis, Beispiele.* Stuttgart: Klett-Cotta, 2. Auflage 1980.

Teruel, G. (1965). New tendencies in diagnostics an treatment of marital conflict. In I. Berenstein & andere (1970). *Psicoterapía de pareja y de grupo familiar con orientiación.*

Thome, A. (1987). L'importance du mode relationnel dans la contamination. *Journal des psychologues psychanalytique,* November 1987.

Ullerstam, L. (1964). *Les minorités érotiques,* Paris: J.-J. Pauvert, 1965.

Villac, M. (1983). Les structures familiales se transforment profondément. *Économie et statistiques,* 152, 39–53.

Watzlawick, P., Beavin, J. H. & Jackson, D. D. (1967). *Pragmatics of Human Communication.* New York: W. W. Norton. Deutsch: Menschliche Kommunikation. Bern: Huber, 1969.

- & Weakland, J. H. (Hrsg.) (1977). *Interaktion.* Bern: Huber, 1980.

Willi, J. (1975). *Die Zweierbeziehung. Spannungsursachen, Störungsmuster, Klärungsprozesse, Lösungsmodelle.* Reinbek: Rowohlt.

Winnicott, D. W. (1958a). *Modern views on the emotional development in the first year of life.* Medical Press. März 1958. Deutsch: Über die emotionelle Entwicklung im ersten Lebensjahr. Psyche, 14 (1960), 25–37.

- (1958b). *Through Paediatrics to Psycho-Analysis.* London: Tavistock. Deutsche Teilübersetzung: Von der Kinderheilkunde zur Psychoanalyse. München: Kindler, 1976.

- (1971). *Playing and Reality.* London: Tavistock. Deutsch: Vom Spiel zur Kreativität. Stuttgart: Klett-Cotta, 1973, 1979.

- (1972). Basis for Self in body. *International Journal of Child Psychotherapy, 1,* 1.

Personenregister

Abraham, N. 44, 115, 145
Anthony, E. J. 123
Anzieu, D. 35, 50 f, 61, 66, 86, 105 f, 117, 137, 167, 169
Assoun, P.-L. 197
Aulagnier, P. 16, 123 f, 130, 139, 195, 197

Bachofen, J. J. 166
Balint, E. 103
Balint, M. 103, 107, 139
Bannister, K. 194
Barande, I. 35, 86, 115
Barande, R. 35
Béjarano, A 93
Benedikt, L. 61
Berenstein, I. 60
Bergeret, J. 105
Bick, E. 39
Bigras, J. 177, 185
Bion, W. R. 36 f, 39 f, 69, 132, 178
Birraux, A. 135
Bleger, L. 39 ff, 58, 96
Bolzinger, A. 133
Boscolo, L. 28
Boszormenyi-Nagy, I. 44
Bowlby, J. 107
Brazelton, T. B. 107
Brill, J. 177, 185
Buber, M. 101

Cahen, R. 194
Caillot, J.-P. 105, 168, 176
Cecchin, G. 28
Colin, M. 77
Cosnier, J. 105, 107, 195
Cramer, B. 107

David, Ch. 124, 127, 136, 141, 195
Decherf, G. 105, 168, 176

Dicks, H. V. 27, 66
Diderot, D. 191
Dransart, A.-M. 199
Durant, J. 199

Ebtinger, R. 133
Eiguer, A. 35, 44, 50 f, 54, 57 f, 77, 84 f, 93 f, 105
Ezriel, H. 47, 88, 169

Fain, M. 105, 192
Ferenczi, S. 136
Foulkes, S.H. 123
France, A. 191
Freud, S. 13, 32, 51 f, 54, 63, 101, 105 ff, 109 ff, 121, 128 f, 134 f, 140 f, 149 f, 170, 183 f, 188, 192, 195 f
Fromm, E. 166 f

Gear, M. C. 52, 90
Giraudoux, J. 100
Glick, I. 27
Granjon, E. 93, 105
Green, A. 32, 86, 177 f
Guenkine, M. 61
Guillaumin, J. 54, 105, 149
Gurman 27
Gutton, P. 135
Guy, F. 199

Haley, J. 27 ff
Hermann, I. 107, 115

Jackson, D. D. 27, 32
Jacob, F. 101
Jentel, L. M. 12
Juliette, 188
Jung, C. G. 132

Kaes, R. 35, 50 f, 66, 105, 117, 167, 177, 198
Kant, E. 142
Kessler, D. 27
Klein, M. 39, 170, 185

Lacan, J. 192
Lagache, D. 122 f
Laplanche, J. 169
Lebovici, S. 105
Lederer, N. 27
Lemaire, J.-G. 23, 73 f, 77, 84, 105, 117, 195
Levi-Strauss, C. 36, 67
Lévy, M. L. 191
Liendo, E. 24, 52 f, 90
Litovsky, D. 93

M'Uzan, M. 105, 107, 119, 174, 195
Maeterlinck, M. 180
Maffre, F. 199
Marty, P. 68, 166, 195
McDougal, J. 177, 185
Meltzer, D. 39 f
Morgan, L. H. 166

Pasche, F. 105, 107 f, 139, 177
Paul, B. 27
Paul, N. 27
Petot, J.-M. 196
Pichon-Rivière, E. 69
Pirandello. L. 68
Pontalis, J. B. 109, 195
Prata, G. 28
Proust, M. 59

Rabindranath, T. 100
Racamier, P. C. 105, 176
Racine, J. 19
Rice 27
Robert, J. 19
Rücker-Embden, I. 93
Rucquoy, F. 68
Ruffiot, A. 16, 35, 43, 50 f, 91 ff, 106, 131, 148, 173, 193

Sartre, J.-P. 116
Satir, V. 24, 27, 146
Schopenhauer, A. 142 f, 197
Searles, H. 178
Segal, H. 170
Selvini Palazzoli, M. 28
Soulé, M. 179
Spark, G. M. 44
Spitz, R. 51, 168
Stierlin, H. 44, 93

Thome, A. 199
Torok, M. 44

Ullerstam, L. 189

Valéry, P. 108
Villac, M. 11

Wetzel, N. 93
Willi, J. 47 f, 66, 192
Winnicott, D. W. 39 ff, 52, 107, 131, 139, 178
Wirsching, M. 93

Sachregister

Abhängigkeit, klebrige 39
Abstinenzregel 84, 94
Abwehr 27, 33, 48
— mechanismus 52, 92, 138, 145, 154, 164, 181
acting out 54
Adoleszenz 131 ff, 167
— negative 147
Affekt 30, 36 f, 41, 58, 88, 90, 93, 97, 126, 129 f, 169
— repräsentationen 32
— überschuß 129
— vorherrschender 48
Aggressivität 43
AIDS 180 ff
Alkoholismus 76
Allianz 60
— verbindung 46
Allmachtsvorstellung, narzißtische 65
Alpträume, kindliche 170
anale Besetzung 23
analytische Paartherapie s. Paartherapie
Anderer 122
— als genitales Objekt 133
— realer 44
— unbewußter 44
Angst
— agoraphobische 23
— gemeinsame 88
— klaustrophobische 23, 28
— primitive 173
— psychotische 178
— vor Nähe 24
— vor Trennung 34
— vor Ungenügen 35
Antinarzißmus s. Verliebtheit
Apparat 137

— archaischer psychischer 124
— der Gruppe, psychischer 50, 104, 164, 173
— höchst komplizierter 133
— Verschmelzung 136
— zum Denken der Gedanken 132
Äquivalent, symbolisches 34
Arbeit, psychische 164
Arterhaltung, biologische 141, 143
Assoziation, freie 83 f, 144, 158, 176, 181
Assymmetrie 85, 112
Auffassungen, psychologische 116
Aufmerksamkeit, wohlwollende 153
Austausch, dyadischer 147
Autismus 39

Begehren 13, 28, 38, 52, 55, 65, 118
— Erosion des 162
Behälter 83
Behandlungstechnik, Theorie der 82
Behavioristische Sicht des Paares 146
Bewußtes, manifestes 144
Bewußtsein 116, 123
— Illusion 122
Beziehung
— Definition der 28
— komplementäre 30
— leere, bilderlose 174
— Mutter-Kind 107
— narzißtische 93
— paradoxe 28, 31
— promiskuitive 186
— quasi-inzestuöse 71
— symmetrische 30

- synkretistische 93
- unbewußte Anteile 73
- zeitliche Perspektive 64

Bindung 36, 43, 53
- erweiterte narzistische 41, 44, 58, 68, 78, 83
- libidinöse 43 f, 192
- sadomasochistische 67

Bisexualität 32, 69

Charakter, analer 65
Child's Hospital, Boston 195

Denken 36, 116 f, 174, 177
- lautes 93
- operatives 174

Depersonalisierungserfahrungen 127
Depression 76 f, 163, 166, 187
Deutung 90
- assoziative 89 ff
- der Abwehrmechanismen 92
- des Inhalts 93
- dynamische 6, 69 f, 84 f
- Formulierung 88
- Gegenstand 88
- technische Parameter 86

Dialog, ehelicher 154
Dienste, psychosoziale 15
Dilemma 63
Diskurs
- innerfamilialer 171
- operativer 148

Dramatisierung, spontane 84
Dyade
- als Gruppe 14, 16, 35
- der Liebenden 138
- Dynamik der 119
- in Not geratene 148
- Libidoenergie der 120
- Ökonomie der 120

- psychische 117
- psychischer Apparat der 149

Ehe 19 f
- bund 28
- schließungen, Zahl der 144
- therapie 103, 117, 145, 156
- mit Kindern 151 ff
- Faktum der 35
- leben 122
- Scheidung 151

Eifersucht, homosexuelle 193
Eltern, Figur der 170
Energie, psychische 120
Entlieben 138 f, 145 f, 159 f
Epiphänomenalismus 116
Erinnerungen 70
Es 116, 118
Ethik 30, 56, 112, 153, 190

Faktor, irrationaler 114
Fallbeispiele 192
- Abwehr 175 f
- Bedeutung der Wohnung 62
- Deutung 79 f
- Gegenübertragung 98 f
- Narzißmus 24 f
- narzißtische Objektwahl 55
- Übertragung 70 f

Familie(n)
- diskurs, psychotischer 176
- ökonomische Auffassung 156
- psychotische 168

Familientherapie 51, 76
- psychoanalytische 93, 104, 124

Family Discussion Bureau 103, 194
Fetischisierung 62
Fetischisten 14
Fokus 73
Fremd-Körper 134
Funktionieren, unbewußtes 13

Gebärphantasie 141
Gefühl, ozeanisches 115, 121, 140
Gegensätze, affektive 46
Gegenübertragung(s) 97, 150, 159, 172
– affekte 21
Geschichte, zu zweit 129
Geschlechtsakt, Privatheit des 22
Geschwisterbeziehung 60
Gesellschaft, patriarchalische 166 f
Gesprächsmuster 26
Gestalttotalität 35
Grenzlinien des Ich 114
Grundregel, analytische 82
Gruppen
– illusion 168
– phänomen 50
– phantasmatik 46
– strukturen 41, 44

Haltung, therapeutische 89
Handlung, rituelle s. Vertrag, therapeutischer
Haß 93, 126, 184, 188
Haut, psychische 61
Heiratsritual 20 f, 60, 144
Herrschaft
– depressive 34
– genitale 34
– Grundzüge der 35
– narzißtische 34
– phallische 34
– sadomasochistische 34
HIV-Virus 182
Homöostase 29
Homosexualität 182
Humor 52
Hypnose 113

Ich 38, 106 ff, 122, 130, 149, 155, 169, 179
– bestandteile 24

– grenzen 127
– libido, narzißtische 134
– Nichtich 41
– objekt 122
– des Psychotikers 106
– Dialog des 147
– eheliches 146
– grammatisches Subjekt 122
– Haut- 137
– Hülle des 145
Ichideal 44, 58, 63, 118, 155, 169
– der Ehegatten 64
– gemeinsames 63
– Grenzen 65
– Repräsentation 63
– Vollkommenheitsideal 63
Idealich 118, 169
Idealisierung 115, 160, 164
– Gegen- 164
– Mechanismen der 115
Identifikationsobjekt 53
Identifizierung
– adhäsive 39, 42
– projektive 37, 39, 42, 90, 92
Identität
– Halt bietende 44
– sexuelle 33, 46, 48
Imago 79, 91, 167 f, 169 f, 173, 177
Indikation 70 f, 157
– Dysfunktionalität der Dyade 78
Individualität 108
Individualtherapie 19
Instinkt, sexueller 128
Interaktion(s) 45, 54, 70
– muster, sadomasochistisches 49
– Reziprozität 74
Interventionen 26, 82 f

Kastration(s) 33, 49, 179
– ängste 78

- bedrohung 135
- phantasma 69
Kindphantasie 158
Klichees, soziale 161
Kollusion, phantasmatische 48, 66
Kommunikation 37, 59, 89
- manifeste 168
- paradoxe 90, 178
- phantasmatische 155
- unbewußte 152, 157
Komplementarität 30, 118, 146
- anatomische 120
- der Geschlechter 135
- psychische 120
Konflikttypen 30, 46
Kontext 82
Kontrakt s. Vertrag, therapeutischer
Körper 130
- bild 61
- empfinden 131
- geschichte 130
Kränkung
- antinarzistische 165
- narzistische 162
Kreisläufe, pathogene 179
Krise, akute 74
Kunstgriff, technischer 154
Kurztherapie 73 f
- Indikationen 73

Leiden 160
Libido 39, 121, 186, 190
- ökonomie 121
- theorie 110 f
- narzistische 108
Liebe(s) 22, 43, 93, 110, 118, 122, 127 ff, 141, 158 ff
- ethik 188
- forderung, stürmische 112
- objekt 13, 23, 70
- wahl, infantile 111

- als Schöpfung 127
- als Traum 150
- Arbeit der 137
- des Paares 31
- Ethik 28
- Illusion der 130
- in statu nascendi 133
- infantile 52
- Kreativität der 127
- libidinöse Dynamik der 117
- Neues 124, 126

Macht
- ausübung 35
- kämpfe 33
- absolute 171
- sexuelle 172
Massenpsychologie 181
Material 86, 91
Matrix, psychische 107
Mechanismen, projektive 97
Medien, Rolle der 161, 181, 185
Metakommunikation 89 f
Metapsychologie 106
Metaregeln 29, 90
- Beispiel 56
- paradoxe 31
Metawissen, vorbewußtes 44
Methoden, behavioristische 15
Modell, physikalisches 106
Moral 29, 112, 190
Mutter
- bild, unbewußtes 172
- Kind-Einheit 42, 131
- gefallene 182
- gute, Imago 184
- phallische 177, 185
- primitive 184
Mütterlichkeit, primäre 131, 139
Mythen 29, 36, 48, 67, 93
- Analyse der 69
- Bezüge 177

— dualistische 102
— Funktion 67

Nähe 23
— Angst vor 66
Name 60
Narzißmus 23, 37 f, 68, 106
— gegenseitiger 24
— individueller 24
— Kampf 66
— narzistisches Gehäuse 27
— primärer 43, 106
— sekundärer 43
Neuäquilibration 85
Neugeburt 127
Neutralitätsregel 86
Norm, soziale 20
Normalität 35

Objekt 105 ff, 138
— besetzung 37 f, 43
— beziehung 41, 107, 163
— bindungen 44 ff
— bindungen, libidinöse 58, 68, 91, 96
— derivate 91
— libido 38
— modell 24
— wahl 69, 110 f
— Bewunderung 62
— böses 146
— der Komplementärzone 129
— großelterliches 53
— Gruppen- 148
— gutes 146
— heterosexuelles 53
— Idealisierung des 163
— Liebes- 110
— ödipales 122
— transgenerationales 78
— unbewußtes 52
— verinnerlichtes 105

Ödipuskomplex 51, 155
Organisation
— des Paares 48, 69
— originäre 171
Organisator(en) 50
— der Gruppe 169 f
— psychische, drei 168 ff
Originärbereich 128
Ortsveränderungen 61

Paar
— organisator 51
— als duale Einheit 115, 138
— als Instanz 119
— als Objekt 119
— anaklitisches 48, 62, 96
— Diskurs des 89
— dyadische Psyche des 121
— dysfunktionales 69
— Funktion des 101 f
— Konfliktmodus 66
— narzißtisches 65, 94
— neurotisches 48
— offen perverses 77
— Projektentwurf 64
— Typologie 46 f
— und die Gruppe 139
Paarbeziehung 12
— Energiereichtum 121 f
— sadomasochistische 14
— Zusammenleben 29
Paargemeinschaften, familiale 11
Paarkrisen 146
Paarmodell, traditionelles 11
Paarstruktur 16, 66
— dauerhafte 47
Paartherapeut 20
— Haltung des 20
— Handlungsfeld 20
Paartherapie 21, 26
— Gegenindikationen 72 f

- Indikationen 72 f
- Praxis der 14
- psychoanalytische 15, 68
- Technik der 68 f
- Vorgespräche 82
- Ziele der 68 f

Palo Alto Schule 28, 32
- Rollenbild der 32

Partialobjekt 52
Partialtriebe
- exhibitionistische 22 f
- orale 39

Partnerwahl 51
Patient, paranoischer 76
Phantasie(n) 15, 23 f, 38, 55, 97, 157, 181
- bildungen 67, 92
- leben 52
- tätigkeit der Gruppe 66 f
- welt, eheliche 157
- zwischen Familienmitgliedern 157

Piktogramm 126 f, 129 ff, 140
Pol 45
Prägenitales 32
Präliminarien, drei 70
Primär
- bereich 140
- vorgang 125 f, 129
- zustand, integrierter 131

Programm, genetisches 102
Projektion(s) 109
- schirm 26
- Umwandlung von 68
- von Erinnerungen 59

Prozeß
- analoger 98
- gegenläufiger 98

Psyche 130 ff
Psychoanalyse 13, 107, 124
Psychodramatisierung s. Rollenspiel

Psychologie
- Geschichte 13

Psychopharmaka 163
Psychose, (manisch-depressive) 76, 116, 126, 145 f, 163
Psychotikerfamilie 172, 178

Rahmen, therapeutischer 16, 83, 94, 112, 157
Rangordnung der Generationen 59
Ratschläge, technische 31
Raum
- originärer 140
- phantasmatischer 179
- privater 23, 139 f

Realität(s) 174
- psychische 27

Regeln 29, 32, 90
Regression 49, 112, 115, 140, 149
Restitutionsregel 84
Ritus s. Mythen
Rolle(n)
- leben 110
- prinzip 162
- spiel 92
- unterschied 32
- verleugnung 146
- Gestaltung der 45
- soziale 167

Sadomasochismus 32
Säugling, Fähigkeiten des 139
Scham 21 ff
Scheidungswunsch 77
Schlüsselsätze, assoziative 91
Schuld 24
Sekundärvorgang 125
Selbst 140
- entfremdung 166
- außerhalb 126
- eingeschriebenes 140
- gemeinsames 43, 58

Setting, psychotherapeutisches 152
Sexual
— moral 12
— praktiken, perverse 49
Sexualität 11, 101, 174, 189
— Abscheu vor 49
— Störungen der 49
Sich-Verlieben, Rolle des 66
Situation, Dringlichkeit der 73
Sodomiten 14
Soma 109
— Transformation 132
Sorgerecht 151
Spaltung 146, 159
Stereotypen, kulturelle 67
Störungen, sexuelle 76
Strukturalismus 32
Sublimation, Fähigkeit zur 163
Supervision 53
Symmetrie 146
Symptombewertung, positive 31
Synchronie 27
Synkretismus 41 f, 59, 66
System, geschlossenes 106
systemische Therapie 15, 90
Systemtheorie, allgemeine 27
Szenario, fetischistisches 99

Technik, therapeutische 73, 153
Terminausfälle 96 f
Theorie, systemische 27 ff
— Grenzen der 31
timing 86
Tod, individueller 172
Todestrieb 117
Topik
— dyadische 119
— psychische 134
Transvestiten 14
Traum in Aktion 128
Trennung(s) 74
— impuls 91

— der Eltern 151
— der Geschlechter 102
Trieb(e) 38, 135
— befriedigung 64
— Agent des 23
— intrapsychische Verbindung 36
— Sexual- 132, 162
Typus 192
— Anlehnungs- 23, 54, 111
— narzistischer 54, 111
— ödipaler 55

Über-Ich 51, 57, 63, 65, 118 f, 155, 169
Übergangsspiel 52
Übertragung(s) 17, 20, 31, 57, 70, 93 ff, 179
— liebe 112
— neurose 16
— phantasie 57
— situationen 94
— Analyse der
— auf den Prozeß 96
— auf den Rahmen 96
— Objekt- 97
— paradoxe familiale 168
— Proto- 94 ff

Umwälzung, topische 118
Umzüge 61
Unbewußtes 20, 132
— des Therapeuten 85
— Gruppen- 61
— Logik der Familiengruppe 158
— originäres 132
— Zugang 88
Ungleichgewicht 45
Untreue 161
Urbegegnung 125
Urphantasien 148, 168, 179

Urszene 154, 159, 179
— Anti- 173
Urteil, höchstinstanzliches 57

Verbindungen
— interpersonale 36
— intrapsychische 36
Verdichtung 109
Verdrängtes, Wiederkehr des 66
Verfahren, therapeutisches 153
Verhalten, autoritäres 30
Verhaltensanweisungen 84
Verleugnung, Mechanismus der 115, 159, 186
Verliebtheit 13, 103, 109 f, 113, 127, 136
Verschiebung 109
Vertrag, therapeutischer 82 f

Vorstellungshintergrund, originärer 133

Wahl, anaklitische 54
Werkzeug, fetischisiertes 70
Wert, affektiver 174
Werteproblem 29
Widerstand 17, 74, 94
Wohnung, äußere 61

Zeit 74
Zerstückelung, Idee der 60
Ziele
— der Therapie 152, 157
— gesteckte soziale 65
Zone, erogene 132
Zukunftsentwurf 64
Zwangsrituale 186

Über die Ursprünge des gesellschaftlichen Lebens

...die Psychoanalyse hat die Art und Weise, wie wir das Leben betrachten, tief beeinflußt, und sie wird in Zukunft noch wesentlich mehr zu dem beitragen, was wir über die Gesellschaft und über den normalen Menschen wissen...

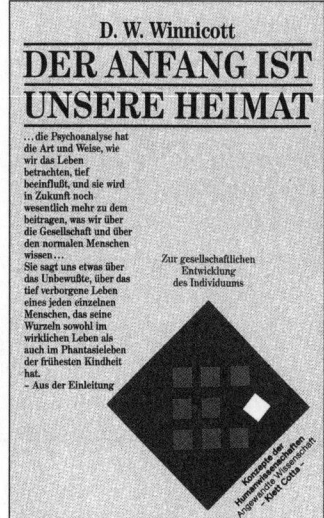

304 Seiten, kart.,
ISBN 3-608-95471-6

»Der Mangel an wirklich lesenswerten neuen psychoanalytischen Büchern kann sich gelegentlich als Glücksfall erweisen. Dann nämlich, wenn die Verlage etwas zutage fördern, was über den Tag hinaus seine Aktualität bewahrt...
Bei den hier zusammengetragenen Vorträgen und Aufsätzen, die sich an politische Organisationen, Mathematik- und Religionslehrer, Sozialarbeiter und Studenten, an Zeitungsleser und Rundfunkhörer wenden, imponiert die Weite des Horizonts, die Vielfalt der angesprochenen Themen. Winnicott macht sich Gedanken über den Feminismus und über die psychischen Auswirkungen der Pille, reflektiert scheinbar selbstverständlich Begriffe wie den der Heilung, äußert sich über die Berliner Mauer und über den Sinn der Monarchie, wobei das ursprüngliche sozial- und entwicklungspolitische Anliegen, die Frage nach dem inneren Wachstum, nie aus dem Blick gerät...
Seine Vorstellung eines schöpferischen Lebens, das sich seine Welt immer aufs neue schafft, macht seine Aufsätze so lesenswert. Denn mit der Neugier und Naivität eines Kindes setzt Winnicott sich selbst und die Leser immer neuen Erfahrungen und Sichtweisen aus, wagt sich in Spezialgebiete vor und gewinnt so durch Unvoreingenommenheit neuen Zugang zu den Dingen, der bereichernd ist.«
(Frankfurter Allgemeine Zeitung)

Klett-Cotta

Postfach 10 60 16, 7000 Stuttgart 10